デジタル革命で機械の奴隷にならない生き方

ディストピアを超えて現代のユートピアへ

R.D.プレヒト
美濃口 坦［訳］

Jäger, Hirten, Kritiker: Eine Utopie für die digitale Gesellschaft
Richard David Precht

日本評論社

Jäger, Hirten, Kritiker
Eine Utopie für die digitale Gesellschaft
by Richard David Precht

デジタル革命で機械の奴隷にならない生き方

——ディストピアを超えて現代のユートピアへ

Jäger, Hirten, Kritiker

Eine Utopie für die digitale Gesellschaft

もくじ

ファーストコンタクト

《未来の経済は少し違います。わかりますか。二四世紀には貨幣はありません。富を得ることは生きる動機にはなりません。私たちは、自分自身と世界を良くするために働くのです》[1]

二〇年以上も昔のことだ。U・S・S・エンタープライズ指揮官のジャン＝リュック・ピカード艦長が二三七三年の未来から人類の先行きをこう予想したのは。未来はお金も賃金労働もない社会である。こうなると、自分や社会のために何かするのに物質的な動機づけが必要だった一九九六年の日常生活は二四世紀から見るとまったく想像できない。

米映画『スタートレック』第八作「ファーストコンタクト」のなかで登場する未来社会はSFの空想以上の意味がある。というのは、これこそ、資本主義と賃金労働がはじまりかけた一六世紀・一七世紀からの人類の夢だったからである。英国人トマス・モア、南イタリア・カラブリアのトマソ・カンパネッラ、技術好き英貴族フランシス・ベーコンのユートピアでも、貨幣や金（ゴールド）による報酬など存在しない。一九世紀の先駆的社会主義者は、高度な自動装置のお陰で機械が働き、労働者が歌をうたっている時代を夢見た。「貧乏を不可能にする基盤の上に社会を築くことこそ本当の目的だ」[2]とオスカー・ワイルドも二〇世紀が果たすべき課題として叱咤した。「オートメーション」のおかげで労働がなくなるのが当時の夢であった。というのは自由な時間のみが人間を完成させる。人々は、手仕事から自由になったときに、何よりも重要な個人主義の実現が可能である。
もっと有名なのは、カール・マルクスとフリードリヒ・エンゲルスが描いた理想像である。知り合って間もない二人は、一八四五年亡命先のブリュッセルで自分たちの考えていることに夢中になり、ワインの酔いも手伝って、はじめて「共産主義」の定義を下す。それによると、「誰もが明日は今日とは別のことをするだけでなく、朝狩猟に出かけ、昼は魚釣りをし、夕方には放牧をする。夕食後は好き勝手に批評するが、だからといって狩人にも漁師にも羊飼いにも評論家にもならない社会」[3]である。これは「階級のない社会」でもあり、人間としての全体性の回復が可能になると、二人の青年は考えた。この結果、労働も「自由な活動」になると。

こうなると共産主義も個人主義になり、自分の気持ちを大事にし、愛情をもって心配するようになり、その結果として真の責任感が生まれることにならないだろうか。こう考えると、マルクスとエンゲルスのユートピア思想は、スターリンの歪んだ国家資本主義とはまったく別のものであったことがわかる。ところが、現実は長年「共産主義」という言葉が誤用され、「人間としての全体性」の夢は全体主義に置き換えられていった。また人々が想像した真に自由な社会の外観は色とりどりに輝くだけでなく、それぞれの時代を反映するものであった。たとえば、それは、ドミニコ会修道士カンパネッラの太陽崇拝者の白い衣装であったり、オスカー・ワイルドのダンディズムのビロードの背広であったりした。またマルクスとエンゲルスの場合は、工場の煙突を目の前にし、夢想された遠い過去の羊飼いのロマンであった。ときには、不毛で緑のないピカード艦長の宇宙船であったり、核シェルターであったりした。

二〇一八年、私たちは時代の転換点に立っている。長年待ち望まれた「オートメーション化」が、人類史上はじめて多数の人々に賃金労働をしなくても満足な生活を可能にしてくれるかもしれない。私たちが今でも学校でたいていはホワイトカラーとしてワンパターンの作業に従事するように仕込まれているが、このような仕事が必要な世界も崩壊しつつある。この事情は、二〇世紀後半に鉱山や製鉄所で肉体重労働が不必要になったのと似ている。今や私たちに実現可能なのは、本来の自分の在り方と無関係な、単調な作業の繰り返しでない、自分ですることを決めることができる人生である。それでは、自主的に決めることができる人々は具体的にはどのように生きていくのだろうか。誰が、いったい誰がオートメーション化から得られた巨大な利潤を彼らのために活用してくれるのか。彼らは生きるに値する未来の世界を具体的にどのように想像するのだろうか。

ところが、今生きるに値する世界を思い浮かべることが、多数のヨーロッパ人、特にドイツ人にはピンと来ない。というのは、私たちの世界、私たちの文明と文化は、今や想像を絶した危機に瀕しているのではないのか。気候変動でアフリカの砂漠が枯れつつある。地球が太陽に焦がされ、文字通り「バーンアウト」しているというのに、自分のことばかりを心配している私たちはろくろく気がつかない。海面は上昇し、海水が豊穣な大地を不毛にし、環礁も残らず呑み込む。人口の急激な膨張で巨大都市が出現し、次から次へと出てくるゴミの山の高さは高層ビルに匹敵する。川が地中海に注ぎデルタをつくるように、難民は一度は待機するものの、人の流れは、将来のある日には必ず、貧困に対する欧州の防護壁を崩してしまう。植物や動物の世界も消滅し、生き残るのは役に立つものか、動物園で愛嬌をふりまく人気者だけになる。原油、リチウム、コバルト、コルタン、希土、飲料水といった資源争奪の戦争が信仰や人道の名目で繰り返される。化石エネルギー時代の遺物というべき大国が最後のチャンスとばかりに威圧的に立ち上がり世界を癒やす代わりに、ドナルド・トランプのような末期的現象が伴って破滅させる。こうしたことは、自分の人生を自分で決めるユートピアをはじめるための理想的な状態なのだろうか。私たちは転換点にさしかかっているのだろうか。あるいは、終末に到達したのだろうか。

状況は困惑させる。技術と経済成長の信望者は来るべき革命がいかに素晴らしいものであるかを夢中に語る。ところが、西欧社会の住民の多くにとってそんなことは信じられない。「未来と資本主義は結びつかず、この二つの概念が並べられると異様に聞こえる」とドレスデン生まれの小説家インゴ・シュルツェが記したのは一〇年前のことだ。今となっては、一九六〇／七〇年代のように火星や月に住むことや、海底の巨大都市などを夢見る人などはいない。西欧社会は未来に大きな希望など抱かず、「このままで行く」という現状維持を自分に義務づけているようだ。とはいっても、欧州の政治家はどこでも「共同で」、「自信をもって」、「私たちの状況は申し分ない」といった文句を口にして選挙民を安心させようとする。それも、技術が私たちの立つ土台をくずし、私たちの生存の在り方をすっかり変えようとしている真っ最中にである。長年夢見られた社会変革のための機械化は今や現実となった。コンピューターとロボットは連結されて、そこに人間の想像を超えた大量のデータが入力され、人工知能（ＡＩ）がどんどん自動的に活動するといった世界に私たちは直面している。これは「このままで行く」はずの世界とは本当は正反対だ。

そうだとすると、この新しい社会を設計しているのは誰なのだろうか。何を、どのようにデザインするかを指示しているのはいったい誰なのか。私たちは、グーグル、アマゾン、フェイスブック、アップルなどの短絡的な利潤追求者に自分の未来をお任せしてよいのだろうか。ドイツにも「まずデジタル化、心配するのはその後のこと」などという単純に便乗した経済リベラル派がいる。それとも、私たちは、機械の独裁を予言する悲観論者にまんまと引っかかったのだろうか。米国には、以前から未来についての楽観論者に反抗する終末論者がいる。環境悲観主義者は、もう何もかもすっかり手遅れで地球の滅亡を予言する。私たちはこのような人々の言いなりになっているだけなのか。

今やまた、ユートピアと諦めが、理想郷の約束と人類の没落とで並んでいる。この状況は中世末期と同じで、当時、地上にキリストの再来による千年王国の到来を待ち望む人がいるかと思うと、その傍らに次の戦争とペストで何もかも消滅すると信じている人がいた。このように相反することが同時に存在していたことこそ、後になってわかることだが、ルネッサンスという人間性の新たな復活のはじまりになる。現在、私たちが巨視的に眺めたら、人類は当時のような転換点に立っていることにならないのか。不吉な運命から逃れることができるのはチャンスがあると信じている人々だけである。そのためには、一見客観的な事実の強制力に抵抗し、他の選択肢がないという思い込みを考え直し、自分のしていることで誰からも好かれたいといった支離滅裂な期待は捨てなければいけない。今日ほど、「政治」と「ユートピア」がバラバラになって結びつかない時代はない。この事情はちょうどシュルツェが「資本主義」と「未来」という二つの概念について言ったことと同じである。とはいっても、自分が望まないことを心得ているからといって個人の人生が良くなるわけでない。同じことは社会についてもいえる。

筆者は本書によって、いくら拒んでもこのまま進行するという運命論を捨て、未来をかたちづくる意志をもとうとする楽観主義に寄与したいと思っている。また良い未来のイメージをもつことに役立ちたいと思っている。でもそれだけでない。シリコンバレーのフリークたちは、技術だけが私たちの幸せを左右できると思い込んでいるが、そうではない。私たちがどのように技術とかかわりあい、その可能性を利用し、ときには手遅れにならないうちにその危険を阻止するべきことを、分かってほしい。簡単にいえば、技術が私たちの生き方を決めるのではないということだ。使う人がいないスマートフォンやＡＩは何だといえるのだろうか。文化こそ決定的に重要な問題である。私たちは、技術を開発し利用する前に人間について自分がどのように理解しているのかを考えなければいけない。技術が人間を助けるべきためにあるのか、それとも人間に取って代わるべきものなのかをはっきりさせるべきである。また本当に人間を改善・改造する必要があるのだろうか。私たちは人間を技術に適応させるのでなく、私たちに本来備わっている欲求を出発点にしなければいけないのではないのか。文化が欠落した経済は非人間的である。文化とは、映画館や劇場やコンサートホールといった高所得者のためのアクセサリーだけでなく、何が生きるに値するかを考えるための問いかけでもある。火星や月や巨大な海底都市に住むのが生きるに値することのようには思われない。クラウドストレージのデータの一部としてマトリクスに閉じ込められている人生も同じである。

デジタル化は、「頭脳でなく、内臓と末梢神経」[4]で理解されるべきといわれるように、人間の身体や情緒と関係するものだ。アルゴリズムを把握できるのはデジタル化の未来でなく、そのために投入されている機械のほうである。その未来も、技術的な予言が当たったからといって、それは豊かな恵みを意味しない。この地上でできるだけ多数の人々にとって生きることが今以上に生きるに値するようになったときに、幸せをもたらすものだといえる。

文中に添えた算用数字は、原著の注で三〇八〜三一一ページに置いています。小文字のローマ数字は、訳者による注で側注としています（編集部）。

第1部

デジタル革命——ディストピア

技術者が人間を理解することなどなかった。金融市場の投機家にとって人間などどうでもよいものである。なぜこのような人たちに私たちは自分の未来を委ねるのだろうか。

第1章 私たちにお馴染みの業績主義社会の終わり
――パラダイムの転換

妖怪がグローバル化した世界をさまよう。デジタル化（デジタライゼーション）という妖怪である。全世界がこの妖怪を見つめ、なかには希望にあふれている人も、心配と不安におびえる人もいる。デジタル化とは自分は無関係だと思っているメーカーやサービス業者がまだいるだろうか。百パーセント納得していなくても、誰もがその利点や娯楽性を享受しているのではないのだろうか。このような事実から二つのことがはっきりする。デジタル化はどこの国でも大きな力として認められている。でも今こそ、このまま進展して、恵みになるか、それとも呪いになるかの転換点がどこかにあるかを、はっきりさせるときではないのだろうか。未来が私たちを訪れるのではない。未来学者が演壇でどんなに自信満々と予言しようが、未来をつくるのはあくまで私たちである。問題は、将来私たちがどのような生活をしているかでなく、どのように暮らしたいかである。

バロック時代のドイツの哲学者ゴットフリート・ヴィルヘルム・ライプニッツは、仕えているエルンスト・アウグストブラウンシュヴァイク公爵に世界を「0か1」の二進法で表現することを提案した。そのとき、彼はこの数学的言語がいつの日か私たちの世界を、特にコミュニケーションと思考様式をすっかり変革することなど夢にも思わなかった。それだけではない。この言語のお陰で、機械同士が自動的に相互に協力するだけでなく、今や「IoT（モノのインターネット）」やロボットが、またAIまでもが登場し、その能力が人間の頭脳を凌駕することをプログラマは夢見る。

その多くは人類の夢がとうとう実現した印象がある。ネットのなかで次から次へとサイトを訪れるのは、私たちが時空を超えるようなもので、天使が飛ぶのに似ていないでもない。私たちは過酷で退屈な労働からも解放されたし、バーチャルな世界にふけることもできる。病気を克服し、このまま行くとどんどん長生きし、いつの日かほぼ不死に達するかもしれない。でもこうして夢が現実になると、夢そのものはなくなるが、そのときにはどうなるのか。精神的な次元に属すること、非合理的なこと、どうしても解明できないこと、また偶然性や、生き物といったことは技術と無関係であるが、多くの人にとって重要である。このようなことは今後どうなるのであろうか。技術的世界像だけになると、「魂について理解し報酬を得ている聖職者や歴史家や芸術家といった」人々は収入源も失うことになるのだろうか。数学も本当に「性悪な理性の源泉で、人間を地上の主人公にすると同時に機械の奴隷にしてしまうのだろうか[5]」。

このような疑問を抱いたのは、エンジニアで、それも、数学の誠実な信望者の、オーストリアの作家ロベルト・ムージルである。彼は、技術革命が人間の魂をどうしてしまったかを何千頁にも渡って記した。私たちは、彼の小説のタイトルにあるように「特性のない男」や、また女になってしまったのだろうか。ムージルが小説を書きはじめたのは第二次産業革命とよばれる時代で、米国のフォード自動車工場ではじまった流れ作業による大量生産によって特徴づけられる。前世紀二〇年代の中頃、ムージルはそれまで抑えられていた人間が一度に解き放たれて、制限を失うのを感じる。すべてが機能的に区別されると、「内部が乾き切ってしまい、それぞれ個々の物の輪郭が鋭くなるのに対して、全体のほうはどうでもよくなる」「個々の物と全体が混合すると、砂漠で無数の個々の物に囲まれて、置いてきぼりにされた薄気味悪い人間になる」。ムージルは、「論理的に鋭い思考は魂に何を喪失させたのか」と問わざるを得ない。

当時と比べて、どのような時代も、また問題も変わったのだろうか。今、第四次産業革命がちょうどはじまったところで、生活がどの分野でも劇的に変わりつつある。それをひきおこすのは今回は技術革新で、ムージルではないが、私たちの魂はどうなるのだろうか。人間の共同生活の在り方も変わるのだろうか。技術革命は資本主義経済を強めるのだろうか。それとも別の経済体制になるのだろうか。この変動は、第一次と第二次産業革命に匹敵するものになるだろう。第一次産業革命は一八世紀と一九世紀に農業国家から工業国家に、第二次は二〇世紀のはじめに現在の消費社会を生みだした。どちらの革命も、長期的には、多数の人々を幸せにし、市民社会の成功と後の社会的市場経済の基盤を築いた。そこに至るまでの途中で、予測もコントロールもできない変動のために付随的な被害があったかもしれない。たとえば英国の炭鉱で働かせられて命を失った多数の子供たちや、ロンドンやベルリンの裏店《うらだな》で日の光も射し込まない住居に住み肺病になり、便所にいるハエのように次から次へと死んだ多数の労働者がその例である。当時、大都会で暮らす人々は農家や職人の家の出身で、不幸に遭遇しても災害保険も失業保険も健康保険もなかった。第二次産業革命の結果も劇的であった。遠近法を放棄したキュビズムも当時の生存感の変化を反映する。高層建築、エレベーター、電化、自動車といったものが生活に息つく暇もないリズムを刻み、近代化の特徴となった。でもこれは負担を過剰にし、自己防衛反応と国粋主義的な憎悪心をひきおこし、挙句の果て二度の世界大戦にエスカレートしてしまう。

これまで、前世紀の七〇年代、八〇年代のマイクロエレクトロニクスによる第三次産業革命だけが、ひどいことにならずに進行した。次の第四次産業革命は確実に大きな変動をもたらすと思われる。というのは、今度の技術革新はものづくりでなく情報に関連するからだ。情報がネットワークを経由して伝達される速度そのものが人類の歴史で前例のなかったことである。メモリー容量はこの一〇年で数千倍になったし、今後も爆発的に増大する。

現在、経済のどの領域でもデジタル化が進行中である。それは原料の調達から始まって、生産、マーケティング、営業、ロジスティックス、さらにサービスにまで及ぶ。古い分野の代わりに新しい活動領域が登場する。いわゆるプラットフォーム資本主義は顧客に商売をさせる。それらは、eBay（イーベイ）、米ライドシェアのウーバー、エアビーアンドビー（Airbnb）であったり、また将来ブロックチェーンなどフィンテック経由が増大すると思われる。多くの新しいビジネスモデルは、デジタル革命で好まれることばをつかうと、「破壊的（ディスラプティブ）」である。既存技術や、昔から良いとされているサービスが改良されるのでなく、新しいものに置き換えられる。タクシーの代わりにウーバーが登場し、ホテル業はエアビーアンドビーに侵食される。自動運転車が伝統的な自動車メーカーの高性能車に取って代わる。未来には製造の大部分が3Dプリンターの積層造形によって行われる。銀行の従来の顧客サービスも近い将来には存在しなくなる。デジタル化によって支払いも、あいだに立つ人々や組織を必要としなくなるからである。その結果、利潤を生みだす部分が分散化する。

このような発展は自然の法則に基づくものでなく、特別の思考様式や経済の在り方、要するに、効率性重視の思考から生まれたものだ。人間が何かをつくる場合、儲けることは生物としての人間の在り方に由来するものではない。でも、もし利潤追求が本性だとすると、人間はルネッサンス時代になるまでは、自身の本性に反して生きてきたことになる。現在でも、地球上のいくつかの地域では、たとえば、アフリカのコンゴのイトゥリ原生林の住民や、またマサイ族、フィリピンのミンドロ島のマンギャン族は人間としの本性に反して暮らしていることになる。得することと、そのためのコストを比較する損益計算書が規範になったのは、一四世紀、一五世紀のイタリアの商人のあいだであった。その前の中世時代は同業者組合の変化を求めない秩序のもとで、価格は固定されているか、合議で決まったもので、変化や進歩に対して懐疑的であった。昔から正しいとされていることを変えるのは嫌われて、トマス・アクィナスを筆頭にキリスト教会の権力者は変化を悪魔の仕業として弾劾した。金銭は悪いものとされ、それに対する激しい欲求は罪過とされ、利子を取ることも禁じられた。法皇も領主もこの規則をよく破ったが、とはいっても、進歩でなく、停滞こそが当時の指導的イデオロギーでさえあった。

私たちが今日、第四次産業革命によって経済の効率を高めようとするのなら、一五世紀に手形を発行し、金融制度を爆発的に発展させた論理に従っていることになる。とはいっても実際には、その後の大量生産の開始こそが、この論理をはじめて指導原理に昇格させた。それ以来、効率性、有効性、最適化が経済の推進力になった。私たちは原油や石炭といった化石燃料を利用し、一瞬のうちに燃やす。するとこの瞬間が「新たな昨日」になるだけに過ぎない。こうして、資本主義には終了という考えなどなく、新しい限界が絶えず出現する。それも克服されるためだけにある。資本主義にとっては、物質だけでなく、物質でないモノ（コト）も資源になる。だからこそ、第二次産業革命以来、時間までもお金になってしまった。フォードの自動車工場が示すように、生産時間は情け容赦なく工程に分割されて、ベルトコンベアに合わせて作業を済ますようになっている。今では私たちが生きることもそれと似ている。時間とは計算の単位に過ぎず、なぜかというと、それは貴重で、無駄なく利用されなければいけないからだ。効率至上主義は、ドイツの哲学者のマックス・ホルクハイマーやテオドール・アドルノが「道具的理性」と呼んだが、利用するための論理に従い、非情になり、要求する速度も増大するばかりである。

ところが、第四次産業革命の効率性志向には新しい点がある。それは、効率を最大限に高めることが求められているのは生産過程だけではなく、人間そのものに改善の必要があると思われていることだ。シリコンバレーの予言者は人間と機械の融合を公言している。頭脳のなかにマイクロチップを内蔵させるのがそうで、こうしてホモ・サピエンスは改良される。とすると、人間も現在のままでは欠陥があると見られていることになる。それなら、人間の改良の必要性を決めるのは誰になるのか。そもそも人間に何かが欠けていて、それに気づかなければいけないという考えはプラトン以来の哲学の伝統でもある。でも哲学で問題にされている点は人間がもっと公正になるべきだとか、もっと洞察力を身につけるべきだとかいったことだ。種としての人間がもっと配慮したり、謙虚になったり、平和的であったり、慈悲深くなったりすることに、反対はないかもしれない。お金、名声、権力に対する欲望がもっと抑制されてもいいように思われる。でもシリコンバレーの人々はデジタル革命によってこんなことに手をつけようとは思っておらず、良くしたいのは利潤のほうではないのか。彼らの考える人間改良は、人間を機械に似たものしようとすることで、より人間的にするのでなく、人間的でないようにするためでしかない。

ここで疑問視されているのは、効果なしの烙印を押された多数の経済形態や、ビジネスモデルや、企業である。また問題とされているのは、私たちの人間理解であり、生活や政治の在り方について「効果が上がらない」ことである。でも人間自身がオンライン化され、情報処理機能を持つようになり、また相互の人間関係の効率が上昇したからといって、私たち人間が本当に幸せになるのだろうか。いったい誰が、時間を節約し、短くて障害物の少ない道を歩くのが一番良いといっているのだろうか。私たちは技術の影響下に置かれれば置かれるほど個性的になるのだろうか。でも誰が、何を目的にして、本来関係がないことに関係があるかのようなことを主張するのか。外から何もかも見通すことができて、いつ呼び出されても応じることができる生活のほうが、不明確で予測のつかない人生より生きるに値するというのであろうか。

これまでは、シリコンバレーがめざす不毛で、きわめて非人間的な進歩に対抗するために必要な人間的なビジョンが欠けていた。技術によって自由になるという約束の後に続くのは自由の度合の減少だ。この事情は、個人データの強奪、企業や情報機関による不明瞭な監視や、個人レベルでの効率性向上のための圧力強化といった点に反映される。私たちが生きている空間も、表面ばかりが磨かれて立派になればなるほど、ユーザーに成り下がった人間も自分に欠陥があると感じる。いつの日か自分の存在が（機械の熱烈なファンにはあたりまえなことかもしれないが）機能不全に思えてくる。フィルム、自動車、レコード、カセット、フロッピーディスク、CDなどの技術だけでなく、ノキア、コダック、フォルクスワーゲン、ドイツのコメルツ銀行や自動車保険のフーク・コーブルク社もいつか消える。これらの会社や役所の建物は、以前の炭鉱や製鉄関係の建物のように進歩の廃墟として残るだけだ。でもそれだけでない。私たちの記憶やライフスタイルや古臭い生き方も未来技術の世界ではその居場所をすっかり失っている。

二五年以内に世界中で四七％の人が仕事を失う？

これまでのところ世論での議論は労働問題だけに限定されている。芸能人、有名人、作家、未来学者、大学教授が登場していろいろな機会に労働の未来について議論してきた。ここに極端に相対立する二つの予測がある。一方は完全雇用の時代の到来を予言する。技術の進歩はいつも生産性を高め、この生産性の向上が雇用を拡大したのではなかったのか。こう考える人々は、ノーベル経済学賞受賞者のロバート・ソローの学説を挙げる。一九五六年の論文「経済成長理論への貢献」によると技術の進歩はいつも生産性の向上を可能にした。労働や資本でなく、技術こそ成長の決定要因である。そうだとすると、今回も、生産性も、成長も、雇用も増大すると考えてはいけない理由があるのだろうか。

この立場は、豊かな知識に裏付けられた自信から笑いながら、いろいろな見解を紹介すれば、ますます強固なものになる。そういえば、英国の経済学者ケインズも一九三三年に工業国家での進歩は大量失業をもたらすといわなかっただろうか。というのは、彼は「私たちは、余分になった労働力のための雇用創出より、ずっと速やかに仕事を効率的にするからだ」といったからである。でも本当にそうなっただろうかといって、一九七八年四月一七日付けのドイツのニュース週刊誌『シュピーゲル』の表紙をみせてみるのも面白い。そこには「進歩は失業を生みだす？　コンピューター革命」とある。不親切なロボットが鉤手で元気のない土建労働者を押さえつけている。記事を読むと、「こんな小さな部品が工業やサービスの世界で何百万もの雇用を脅かす」とある。この悲観的予想は当たらなかった。というのは、それからずっと後の一九九五年に米国の社会学者ジェレミー・リフキンは、「労働の終末」はまだ先の話だといっている。

蒸気機関、紡績機、電化、エレクトロニクスと来て、その間仕事は長期的には少なくならず、増加した。このような歴史があるために、未来について楽観視する人々は冷静でいることができて、予言に懐疑的である。未来がどうなるかなど分からない以上、彼らはビジョンなど余計だという。その結果、今後世界がどうなるかについて問い直すことなく、未来について心配する人々を嘲笑し、技術の進歩についての些細な事実や、また数字やグラフの曲線を信頼し続ける。

昨日の予言者は今日の愚か者である。とすると、すべてが間違った警告なのだろうか。とはいっても、ダボスで開催された世界経済フォーラムの二〇一六年度総会では、デジタル革命によって先進国で今後五年間に五百万人の失業者が出ると発表された。またオックスフォード大学の経済学者カール・フレイは米国を例にして既存の職の半分が失われたり、急激な改革の対象になったりする危険性があると述べたが、このような数字も幽霊なのだろうか。彼は同僚のマイケル・オズボーンと共同でより大規模な研究を実施したが、それによると、今後二五年以内に世界中で四七％の人が仕事を失うという。[6]

このような数字はどれも、研究をした本人も知っているように、信頼できるものではない。とはいっても、会計士、税務署職員、行政機関の専門職員、法律家、税理士、トラックやバスやタクシーの運転手、銀行員、証券アナリスト、保険外交員など多くの職業で数百万人に及ぶ人々が働いているが、彼らが遠くない将来に必要とされなくなることはないのだろうか。どんな活動も、そのルーチンワークがアルゴリズムとして表現できる場合には、機械に代わってもらうことができる。IBMの「ワトソン」のように、ユーザーの意図を理解する検索エンジンは映画の予告編を作成したり、医学の診断書や法律の鑑定書を印刷したりする。自動運転車はとっくに現実のことで、従来の路上交通の大部分に取って代わるのもあまり先の話でない。運転する仕事にしろ、机に座ってする仕事にしろ、上記のオックスフォード大学のフレイとオズボーンは、部分的にあるいは全部コンピューターに任せることができる七百以上の職種をリストアップしている。

教育に携わる職業だったものも、将来にはロボットが代わりをつとめる。また専門的職業を身につけた人々にやってもらっていたことの多くを、顧客がスマートフォンやコンピューターをつかって自分でやってしまう。こうして彼らはプロシューマーに、つまり生産者兼消費者になる。とはいってもこの現象はデジタル化とともにはじまったものでない。というのは、ドイツでは前世紀の六〇年代に食料品からはじまってスーパーマーケットが専門店に取って代わっていったが、これがこの傾向の発端である。ディスカウントストアが安いのは大量販売をするだけでなく、顧客のセルフサービスがあり、店員の人件費を節約できるからである。八〇年代や九〇年代のコーヒーや乗車券の自動販売機も、購入者が自宅で組み立てる商法で成功したスウェーデン家具量販店のイケアも同じ理屈である。ネットで旅行を予約するのも飛行場でチェックインするのも、衣服や書籍を注文するといった「働いてくれる顧客」も、このようなセルフサービスが延長されたものである。

とはいっても、モニターを前にして自分でできるからといって顧客は何でもするが、以前はこのサービスは顧客に提供されるれっきとした職業であった。このような職業は、ＩＢＭで以前マネージャーだった数学者のグンター・デュークの表現によると、顧客接待係として「モニターの裏側に消えてなくなりつつある」仕事である。

このようなプラットフォーム資本主義は何でも商売ネタにすることができる。モノ、宿泊、コミュニケーション、交通、エネルギー、金融取引、食生活、人生相談、交際相手の斡旋、娯楽提供などは専門的知識をもち助言する人間を必要としない。オスカー・ワイルドが夢見た「自動機械」の成功を止めることはできないようである。

とはいっても、同時に新たな雇用が生まれないだろうか。少なくとも、たとえばユナイティッドパーセルサービスのドライバーだった者はしばらくのあいだ宅配のための運転をする代わりにドローンに荷物を乗せる仕事ができるかもしれない。でも、この作業をするロボットが登場するまでのあいだだけである。デジタル革命で生まれた低賃金労働も、一〇年か二〇年間か存在するだろうが、その後はなくなる。

反対に現在、情報工学者やエンジニアは未来の職業と見なされている。今や彼らこそ嘱望されて、企業からも必死に求められる人材である。ドイツ経済を勇気づけようとする者は、多数のＩＴ専門家が出現してドイツに完全雇用が実現すると思っている。本当にそうなるかどうかは検討に値する。実際には、誰もがこのような面倒で専門的な仕事をする能力をもっているわけでない。大学で情報工学を専攻しても辞めてしまう人は多い。次に情報工学を勉強した人なら誰でもいいというわけでなく、求められているのは最高に優秀な人たちだけである。というのは、将来ＡＩができることが確実にあるとしたら、それはプログラムをつくることである。国家レベルで特別に重要視される数学、情報工学、自然科学、技術といった学科で本当に有能な専門家は持続的に必要されるかもしれない。たとえば、バーチャルな世界や人間像を設計するウエブデザイナーや、ロボットの開発や、メンテナンスや、修理に従事する人々、また新たなビジネスアイデアを生みだして、それを展開する人たちがそうだ。反対に平均的な情報工学者は、中長期的に見て、取り替え可能になる。

このような状況を考慮すると、エリック・ブリニョルフソンとアンドリュー・マカフィーの状況診断も安心させようとしているだけに思える。彼らは、グーグル社の自動走行車がどの道路でも無条件に走るようになるまでには「まだ時間がかかり、また従来の会計係、渉外係、弁護士、ドライバー、警官、派遣介護、マネージャー、他の従業員も存続する」と不安にならないように指摘する。[7]「誰もが追い出される危険があるわけではない」そうだが、要するに「全員が被害に遭わない」で、人間がしてもいい仕事がまだ少しは残っているといいたいようだ。[8]でも誰を安心させようとしているのだろうか。全員にする仕事がなくなるのではない、といわれて元気になる政治家がいるだろうか。ドイツのような国では、賃金を得て働いている人々の一〇人に一人が失職するだけで、その社会的状況は破局的である。ところが、マサチューセッツ工科大学の専門家はこれからも心安らかにこれまでの経済体制を信頼して、成長を実現するようにと助言する。

アンドリュー・マカフィーとエリック・ブリニョルフソンの著書『ザ・セカンド・マシン・エイジ』[i]を読んだ人はそのような助言に驚くしかない。この本は、デジタル化によって現在の経済モデルが打ち負かされて、新しいものに取って代わると説明する。AI時代の新しい機械について報告する著者はとてつもなく熱狂的になる。私たちの想像力は、すっかり変化する世界を想像するのに十分でないという。ところが、人間や社会や政治がテーマになると、今度は彼らの想像力のほうがすぐに停止してしまう。第一次産業革命は、人々の生活をすっかり変えてしまい、それまでの教会と貴族の支配の代わりに、市民による民主主義という新しい社会モデルをもたらしたのではなかったのか。ところが、マサチューセッツ工科大学の二人の専門家は、今回の変化が比較的大きいにもかかわらずこれまでの経済・社会モデルのままで今後もやり続けることが可能と思っている。労働市場のほうも、教育に今以上に投資したり、教師の給与を上げたり、起業を刺激したり、ネット回線スピードを上昇させたりすることによって問題は発生しないそうだ。経営者団体はこのような話をよろこんで聞くかもしれない。でもこのような助言の無邪気さは、一九六〇年代に国民にみ

i 邦訳、村井章子訳『ザ・セカンド・マシン・エイジ』日経BP社、二〇一五。

せられた核戦争になったときにどのように対処したらいいかという映画を思い出させる。当時、砂袋でバリケードをつくり、地面に伏せて、カバンを頭の上に置くように助言されていたのだ。

もちろん将来にも新しい職業は生まれる。問題は多いか少ないかである。低賃金の職種での雇用は、高度の情報技術をはじめ高度のサービスの分野ほど多くはならない。飛行場を予定通り完成させることはデジタル化時代でもやっかいな課題であり続けるかもしれない。[ii] プロジェクトマネジメントや、物流管理は未来も続く職業である。というのは、このような課題を機械に任せるためには、現実社会はあまりにも複雑で、状況も厄介で、人間の行動も予測できないからである。なんといっても、二四世紀が舞台の『スタートレック』の宇宙船も乗務員なしでは動いていない……

機械に代わらないのは、現実の人間と関係をもつことが重要な職業である。たとえば、幼稚園や学校の先生をロボットやコンピュータプログラムに代行させることは技術的に可能である。でもそうなることは望んでいないし、またその可能性も低い。というのは、実際に話しかけられたり、関心を寄せられたり、世話をしてもらったりすることに掛け替えのない価値があるからだ。同じことがソーシャルワーカー、保護司、セラピストといった職業についてもいえる。ホテルのレセプションで働く人間、またはリゾート地のエンターテイナー、魅力的で有能な店員、環境デザイナー、インテリアデザイナー、美容師などをしている人々が機械に取って代わられることなど想像できない。私たちの健康についても事情は似ている。糖尿病患者の手首につけられ、同時に大学病院と結びついている高度な測定器は彼の命を守ることができる。またどんな人に対しても、このような測定器は、血圧もホームドクターが測る瞬間値より信頼性の高い血圧を測定することができる。とはいっても、私たちは、自分の身体や精神の状態について、話し相手になってもらいたい人を必要としているのではないのだろうか。また裸の私たちを赤くなったり狼狽したりすることなく診てくれる人が、また私たちを見栄えが良いから評価するのでなく、そうでなくても受け入れてくれる人が重要なのではないのだろうか。とすると、ホームドクターには、技術で解決できない分だけ人間としての責任が増大することになる。おそらく未来のライフスカウト[iii]は本当にあなたの自宅に訪れ、状況を熟知し、話を聞いて、精神的にも身体的にもあなたを気にかける「ホームドクター」になるかもしれない。余暇、休養、健康は、必要な力を保つために重要な領域である。

職人の仕事は将来も重要である。これまで大学などの高等教育の修了が必要だったサービス業が少なくなればなるほど、そのような資格が必要とされなかった仕事に対する評価が高くなる。工場で製造されるものは将来3Dプリンターがつくるようになり、その結果イケアのビジネスモデルも脅かされるかもしれない。しかし、優れた職人の仕事、たとえば、手作りの机も、また上手な石材の床も将来はその価値が今まで以上に評価されて値も張るようになる。自分か、または誰か別の人が組み立てたものがプリントできる3Dプリンターショップでは、いろいろ便宜をはかったり、変更したりする器用な職人が必要になる。将来家事をしてくれるロボットの修理をする人もなくてはならない。

ii　ここで揶揄されているのは、二〇〇六年に着工されて、二〇一一年開設予定が実現しなかった新ベルリン国際空港である。二〇二〇年一〇月三〇日にようやく開港された。
iii　アメリカのボースカウトで指導力のランクで最高位のイーグルスカウトのつぎ。

とはいっても、全体の動向ははっきりしている。やはり多数の職業が将来なくなるだろう。サービス業では低賃金の「アルバイト」からはじまって単純な仕事もまた難しい仕事も失われる。新しい労働市場で出現する多数の職業が私たちにはまだ知られていないかもしれない。だからといって雇用が減るとか増えるとか思い悩むのは軽率であるだけでなく、もはや正気の沙汰とはいえない。というのは、デジタル革命は、以前の産業革命と違い、新しい製品が生まれるのでなく、既存の製品の生産性を向上させるだけだからである。経済成長についてのソローモデルをはじめ、すべての賢明な経済学説は自然法則でない。ロバート・ソロー自身は彼の経済モデルより懐疑的であるかもしれないが、それでもデジタル化が生産性を大幅に高めるのは確実である。ところが、生産性が上昇したからといって必ず雇用が上昇するとは限らない。

少なくとも二つの理由からそうならない。これまでの三度の産業革命はグローバリゼーションとともに進んだ。英国ランカシャーの大工のジェームス・ハーグリーブスが一七六四年に紡績機を発明したとき、英国やオランダで東インドや西インドとの貿易に従事していた人々はその一五〇年前から世界の海を往来し香料や奴隷や木綿の商売をしていた。木綿を紡ぐという新たな技術は地球規模で展開する貿易と結びついてその経済効果を発揮した。当時、遠くの離れた国々は原材料を提供するだけであった。でも欧米の帝国主義はこの利点を次から次へと発見する。ベルーギー人がコンゴで野蛮になることを気にかけないで天然ゴムをもたらさなかったら第二次産業革命の自動車製造はどうなっていただろうか。

第三次産業革命は東南アジアを繊維工業の出先工場に、ブラジルやアルゼンチンを家畜の飼料栽培地にしてしまった。低コストで生産させると同時に、自動車や機械や家電エレクトロニクス製品の販売市場という二つの機能が仲良く手を取り合って進行した。

経済がより効率的に生産するのと同じテンポで原材料の利用も市場規模も増大した。ところが、今やこのように展開しないで停滞するようになってしまった。欧米も中国も残り少なくなった資源の争奪戦を繰り広げている。以前はごくわずかな国だけだったのが、今日では二〇億以上の人口をかかえる国民経済が競合している。コンゴ、中央アフリカ、南スーダン、ソマリア、アフガニスタンといった後発の開発途上国が未来のいつの日か経済力をもち、西欧や東アジアの高度の工業国家の製品を大量に購入するようになると信じてはいけない。以前の産業革命の時代とは異なり、ケーキの分配は終了している。雇用を増大させるための効率的生産をもたらすものなどもう何も残っていない。

それはそうと生産そのものであるが、デジタル化のビジネスモデルの特別な魅力は、従来の意味では何も生産しない点にある。この事情こそ二番目の異議申し立てだ。これまでの会社や銀行の代わりにプラットフォームを通じてビジネスをするからといって、価値が付け加わって増えるわけでない。個人データを利用してより効果的な宣伝をすることについても同じことがいえる。二つのことは、すなわち企業が利益を上げることと、国民が機械、自動車、飛行機、鉄道路線、道路、建物などを経済的に利用することとはお互いに関係がある。ところが、フェイスブックやグーグルが国民の経済にもたらす利益のほうはそうでない。コンピューターで大量のデータを結びつけ、自動的なアルゴリズムに基づいて決断することは大きなビジネスであるが、そもそも誰のためのビジネスになるのだろうか。「社会全体の繁栄」になるようにはどうしても思えないし、もたらされる雇用も驚くほど少ない。eBayのドイツでの売上は三〇億ユーロもあるが、従業員は八〇人に過ぎない。YouTubeはもっと少ない。

この結果がどうなるかについては繰り返し書かれている。超国家的な秩序を築き上げたり、また賢明な政治的な決定が下されたりしないと、デジタル化によって何よりも貧富の格差が拡大されるばかりである。もうかなり前から社会学者が診断・批判しているように、このまま野放しにしたままだと、社会に亀裂が生まれる危険がある。たとえば、中産階級も、資産収入や遺産相続の相違や、子供に対する教育の機会も均等でなくなり、上下に分裂する。今やこのような状態を予感するだけで、多くの人々が動揺して保守的になるばかりである。

でも誰が現状を真面目に考えているのだろうか。経済についての討論会では批評家や未来学者が好き勝手なことを言い、必ず速やかな思考転換を要求する。彼らが未来の職業として勧めるのは、ストーリーテラー、ネットワーカー、コーチ、童話の語り手、「黒幕」、お世話係といったもので、このような経済活動によって国民全体の経済を支えることができるのだろうか。彼らは若い人々に、これは間違っていないことだが、大企業という安全そうに見える港に自分のボートを停泊するのでなく、起業家になる勇気をもつようにすすめる。またドイツは落伍者になるのを禁じる度合が高いことから、間違いに対して寛容な「ミステーク文化」が欠けていると難じる。彼らは、私たちが学校の成績や、大学の卒業や専門的な資格を重視し過ぎて、私たちがいったい何をできるかと考えたりしないという。ドイツの慣習通りに進んでいるかどうかばかり気にかける人々は、政治的思考が欠如しているのだろう。この思考がないと、ほとんどの人の耳に響くものはすべて空気ポンプで風向きを変えようとするのに等しい。

政治家はただ官僚を減らすだけでなく、別のことをしなければいけない。ドイツの多くの若者が新規事業を立ち上げ、そのなかでごく少数が成功しても、直ちに米国の五大ソフトウェア企業のどこかに買収されてしまうのなら（これは本当によくあることだが）、何の役に立つのかということにならないだろうか。国民が直面しているどんな経済問題が解決されたことになるのか。どんな雇用が生まれたり確保されたりするのだろうか。そのイノベーションが賞賛されるデジタル経済の企業も米国の例がしめすように国民の経済を救ってくれることはない。シリコンバレーがブームで大騒ぎしているあいだ、昔からある産業は死滅し、失業と諦めを生み、多数の人がトランプ大統領に投票するだけである。特別に勇気のある楽観主義者でも（ソフトウェア業界ではマイクロソフト、オラクルに次いで世界第三位のＳＡＰ社は別にして）、現在の政治的条件下で独企業がソフトウエアやソーシャルネットワークの分野でシリコンバレーの企業に対して吸収されることなく対抗できるとは夢にも思っていない。

画一化の論理とはお金の論理

一九世紀に搾取されて裏店に住んでいた労働者が裕福になるまでほぼ一世紀かかった。そうなったのは、企業家精神だけでなく、社会福祉についての立法を強いられたからである。これまでのドイツ政府が、特に社民党の労働大臣がしてきた政策を眺めると、良いアイデアを見つけるのがほとんど不可能に近い。最低賃金の導入を歓迎する人々や、勤労者を公平に扱う労使協約を役に立つと思う人々も多数いると思われる。とはいっても、彼らの職が一〇年か二〇年後になくなるのであれば、これらの良いこともあまり良いことにならないではないのか。正規に雇用される人々が減少したら、労働組合はどうなるのだろうか。多くが自分の労働力を売るのに競争するようになると、誰が彼らの面倒をみるのだろうか。この新しい世界で古き良き連帯精神がまだ可能なのだろうか。

現在、また将来において経済的に消滅してしまうものは、心理的に考慮すると何百万人の人々の自負心と関係する。彼らは仕事ができることを道徳的に優れたことだと考え、より正確にいうと、努力を価値とする労働倫理では「有能」と定義されている。ところが、今や多くの人々には、仕事が、少なくともお金が支払われる仕事がなくなるかもしれない時代に向かって進んでいる。こうなると、現在の社会保障システムは終わるしかない。働く人の数がどんどん減り、彼らが支払うことによって機能する社会保障体制は維持できなくなる。そのときには、勤労でなりたつ社会はどうなるのか。

それではここで別の角度から問い直す。なぜこれまでの業績主義社会が今後も存在しなければいけないのだろうか。私たちに退屈で、同時に本当はやりたくない仕事がなくなり、それでも生産性が上昇するならば、どこが悪いのだろうか。

ホモ・ハビリス（「器用なヒト」）やホモ・エレクトゥス（「直立するヒト」）といった初期のヒト属が叩き割ってつくった最初の石斧以来、人間は技術によってできるだけ労働をしないで済ますことを夢見てきた。でも残念なことに、三度の産業革命もあまり役に立ってくれなかった。というのは、その度に生産性は向上したものの、すでにふれたように、労働力の需要も増えてしまったからである。労働が減って、より適切な仕事のほうに向かって進んでいく様子はまったく見られない。一九世紀の英国やフランスやドイツでも八〇%の住民は古代ローマの奴隷よりずっと良い生活をしていたわけではなかった。彼らは政治的にも私的領域でもあまり権利をもたず、労働や病気で速やかに死ぬのが普通であった。第二次産業革命後に工場労働者の世界がどのようになったかは、チャーリー・チャップリンの映画『モダンタイムス』がしめす通りである。労働者は大きな機械の歯車の一つに過ぎない。今日誰が、たとえば一九世紀後半の鉱山や鉄工所や肉体を酷使する畑仕事がなくなったことを悲しむだろうか。また百年後に誰が、今なくなろうとしている退屈な事務の仕事や、また騒音にあふれ、悪臭がするだけでなく危険でもある路上交通を懐かしく思うだろうか。

たくさん働かなくてもすんだり、お金のために働かなくなったりするのは悪いことでなく、良いことである。ただしそうなるためには、私たちの文化が現実に歩調を合わせて変わっていかなければいけない。人間の価値は、お金の支払われる仕事に左右されない。これは一七世紀の英国で生まれた考え方で、その成立には、ウィルアム・ペティ、ダドリー・ノース、ジェーザエ・チャイルドといった経済の関係者や理論家や、また哲学者のジョーン・ロックも関連している。何千年もの人類史には、別の徳目をもち、別の仕方をする社会は存在した。今やはるかに高い生産性に達し、その結果、人間の価値について別の新しい考え方をしてはいけない理由など何もない。

技術が問題視されるのは、賃金労働者に取って代わるからでなく、監視もされず反道徳な目的に利用されるからである。この問題は、驚くべきことだが、現在強力なビジネスモデルによく見られる。情報工学者やプログラマーやネットワークデザイナーは良き未来のためでなく、少数の人々の利益のために働いている。その彼らは私たちの生活や共存のしかたを変えようとしている。ところが、彼らにはそんなことをする正当性がない。これまでは、正当性がなくても私たちの生活において、少なくとも複雑さを、たとえば行政手続きの煩雑さを少なくすることが繰り返して約束されてきた。ところが、現実にはその試みがなされる度に、逆に面倒になってしまった。

デジタル技術が私たちにもたらしたのは、グローバルな画一的な統一文明である。デジタル化のコードは国や文化の境界をごく簡単に超えるだけでなく、1か0かの普遍的なコードで相違をなくすと、ナイル川、ライン川、アマゾン川であろうが、その沿岸ではどこでも同じように理解が可能になる。こうして私たちに強いられるのは、儲かって歓声をあげるか、損して嘆くだけしかないグローバルな統一文化である。

文化的に見たら、どんな進歩も退歩を意味する。人間文化の多様性は小さくなるばかりである。このようなことは、効率性重視主義が勝利の道を踏み出したのがその始まりであった。その後、お金という質を計測して量に転換する唯一の手段によって強力に推し進められてきた。お金が支配するところでは、境界線は消えて、週一度開かれる市場《いちば》も、原材料や完成品や、または投機のための、誰も見渡すことができないグローバル市場《しじょう》になってしまった。繁栄の代償として文化が失われる。私たちのライフスタイルもまず欧米で、それからアジアで、最後は残りの世界でも同じものになる。社会的相違も伝統もお金によってなくなる。貴族であるか、市民であるか、カトリックであるか、プロテスタントであるか、それとも仏教徒であるか、アラブ人であるか、インド人であるか、それともドイツ人であるかも、また女性か男性であるかといった相異も、お金には重要でない。重要なことはそれを持っているか持っていないかである。

ニューヨーク・タイムズのコラムニストのトーマス・フリードマンが二〇〇五年に世界的ベストセラー『フラット化する世界』[iv]のなかで、今日の世界が平たいとしたのは、世界が平たいスクリーンに収まっているだけでなく、文化が平板になったからである。[9]

画一化の論理とはお金の論理である。紀元前六世紀にアナトリア半島で栄えたリュディア王国で硬貨が導入されて以来、お金は自分の物質としての境界をぶちこわそうとする。はじめはお金の価値はその物質的価値に相当するが、次第に純粋な象徴になる。遅くとも、一五世紀に約束手形が、一八世紀初期に紙幣が導入されてから、お金は現実にもつ物質的価値とは無関係でバーチャルになる。近々物質としての存在は消滅し、現金を伴わずに支払われて、コンピューターを経由して瞬時に取引が成立するようになるだろう。

フィレンツエから出発してロンドンを経由してサンフランシスコ湾まで世界制覇した効率性思考に押し流されているうちに、グローバルな違いは均一化してしまった。その終着駅に立っているのは、どんなスタイルも精神も伝統も身につけていない運動靴を履いた身なりの悪い実業家である。人類に彼らが約束するのは、自身の文化を失った人々も少なくともネット上のバーチャルな砂地にはか

iv 邦訳、伏見威蕃訳『フラット化する世界［増補改訂版］（上・下）』日本経済新聞社、二〇〇八。

ない足跡を残すことによって自分の世界にとどまることが許されることである。以前は生きることに伴う抵抗感と必ず結びついていたことも、今や自分の姿に見惚れる鏡に変わってしまった。でもその背後には巧く機能するように配慮して顔を出さないで儲けている人がいるのだ。

この世界が多くの人をぞっとさせるとすれば、それは矛盾しているからである。この世界では、一方で上下の階層を明らかに廃止しようとしているが、同時に他方では格差は深まるばかりである。鏡の表で自由が約束されればされるほど、その裏では自由が私たちからどんどん奪われていく。この影響を受けるのは私たちに重要な啓蒙主義的価値で、これは私たちの社会秩序や民主主義の基盤である。すべての社会的発展はいつもその影響を受ける人々の背後の意識されない政治空間で進行するといったのはマルクスであるが、彼の認識は時代を超えて今も正しいことになりそうだ。

啓蒙主義的価値感は劣勢に立たされている。未来社会のユートピアは、どのようにこの価値感を救うことができるかという問いに答えることができないといけない。賃金労働の終わりが多くの人々にとって自身の労働力の代わりに個人情報を利用させることになるのなら、デジタル化がもたらすはずだった大きな約束はその輝きを失う。というのは、オスカー・ワイルドの表現を借用すれば、自身の本性に反する賃金労働ではなく、生産的な個人主義こそ文化の在り方を決めるからだ。

二〇世紀の後半にドイツで大人になった者には、西欧文化の歴史とその経済が無限に上昇し続けるものではないといわれても、ピンとこないところがあった。特にドイツで暮らしていて、豊かな社会を享受していると、現在の幸せを継続的にもたらす経済秩序を疑うのは本当に難しい。敢えてそうする者は文句ばかりいう知識人で「左翼」として片付けられるのがオチだ。でも、このように見られるのは、歴史的には奇妙である。というのは、技術的にも経済的にも進歩し続けるという考えは本来左翼の立場である。だからこそ、彼らは技術によって世界を絶えず改善し、労働者に権利や安全を、また教育や豊かな生活を可能にしなければいけないと考えた。反対に、右翼や保守は、西欧諸国の自由主義や、個人の自由を絶対視する考え方を、伝統や美風や理想主義からの堕落と見なしてきた。

現在、デジタル革命は「進歩・左翼」対「保守・右翼」という二世紀以上も長いあいだ慣れ親しんだ敵味方の区別と合致しない。一般にこの革命はこの世の中にあるすべての保守主義を脅かすが、それは左翼の立場からではない。本当はその正反対で、この革命は資本主義経済で可能なもっとも過激な在り方であり、何十億ものユーザーに知られることなく、また民主的なコントロールも受けずに、不透明で分からない商売をしているのがその証左である。色とりどりで好感を覚えるようにデザインされた仮構の世界に、ユーザーは引き込まれて、その行動が操られるだけでなく、その深層心理まで影響されてしまう。こんなことは、二〇世紀の独裁者が夢に見るだけで、実現できなかったことである。このようなデジタル革命は、すべての社会空間に、自動車のなかにも、住居のなかにも、友情関係や恋愛関係のなかにも浸透する。

人間について儲けになるものは何もかも、また最後の最後まで利用しつくすことが非人間的である点について、大多数の人々の見解は一致しているように思われる。ところが、この点がドイツのように裕福で経済が重視される国では多数の人々にとって問題になる。それは、成功ために肯定しかないこの経済方式が、文化や価値を失うことと結びついているからである。文字通り個人の「個」

とは(これ以上)「分けることができない」という意味であるのに、それが無視されて、何百万ものデータに分割されてからプロファイルとして束にされて一番たくさん払う人に売られてしまう。それも、人間を操って商品を欲しいと思うようにさせる目的からである。もっとはっきり感じたり、目についたりするのは、騒音やスピード、四六時中続けられる宣伝や、何とか注意をひこうとして、社会空間に強引にも入り込んできて、子供たちと食卓をともにするつながりを解消したり、安心感や落ち着きや、引っ込んでいて自分たちだけでいるのを不可能にしてしまう。

私たちの時代は(富の格差は拡大しつつあるが)、歴史上稀なる繁栄を享受している。それなのに楽観主義が欠けている。企業経営者も、社内の祝い事があると演説をして従業員にデジタル化を激励する。でもそれは彼の表の顔で、アルコールが入るうちに本音になり、現状が良いとも思えないし、今後もっと良くなるという確信ももてないでいる。経済的には世界はガタガタである。直面する問題は私たちにとっては過剰な負担だ。啓蒙主義的価値や、私たちの生存する世界を守ることなど個人にも、また個々の企業にも自分たちだけでできることではない。とすると、政治家の課題もその分だけきびしいし、また切迫している。彼らは、私たちが生きるに値する未来をかたちづくるのに貢献しなければいけない。さて、彼らはこの大きな期待にこたえることができるのであろうか。

第2章　私たちはタイタニック号のデッキで寝椅子の飾り付けに励む——あまりにも重い課題

自分のまわりの地面ばかり眺めていると、怪獣は見えない。ローランド・エメリッヒが一九九八年に制作した映画『ゴジラ』のなかでは、五人編成の調査チームがパナマで巨大なトカゲの足跡をさがす。核爆弾の実験で巨大な怪獣に変異して、その痕跡があるといわれているからである。ところが、彼らはそれらしいものを見つけることができずに途方に暮れて立っていると、カメラは上昇し、空の上から彼らがいる穴を映す。それこそ巨大な怪獣の足跡であった。[10]

私がなぜこんな話をするのだろうか。それは、現在のデジタル化に対するドイツの政治家の態度がまさにこの調査チームと同じだからだ。自分が知るモノに似たモノをさがし、決まりきった尺度を当てはめても、何も見えず、また何も分からない。デジタル化は、これまでの経済的効率化の道を歩み続けるだけの話ではない。過去二五〇年来の経済史上最大の変化である。それに伴う生活と価値観の変化も世界史的次元の出来事である。今や、近代社会での個人の自由に対する攻撃が、文化を超えて広範囲に進行するが、それに歯止めをかけることができない。私たちの私的領域が将来失われる危険がある。問われているのは、人間をいくらでも操ることができる時代に民主主義を継続することができるかどうかということである。

二〇一四年にドイツの三人の大臣は「デジタル・アジェンダ」を発表したが、彼らは大きな穴の足跡の中にいて怪物が見えない調査チームのメンバーに似ていた。彼らはビクビクしていて、ペーパーのなかでは一般的な見解ばかりが表明されているだけで、本当の決断も抱負もはっきりしない。治安であろうが、データの安全性や保護であろうが、また版権やネットの中立性であろうが、どうとでもとれる発言に終始してその立場が分からない。諜報活動にはデータ収集の拡大を望むが、市民は匿名にとどまらなければいけないとされる。光ファイバーケーブルを地下に敷設してネットを速くすることが唯一のはっきりした意志表明であった。

発表されたものは、自信がなくて、どうしていいか分からないでいることの現れであることもすぐにわかった。というのは、市民をどのように効果的に保護するか、「社会や経済のために保護と信頼」をどう確保するかを、このアジェンダは何も教えてくれない。ブロードバンドに何十億の巨額な投資がされることによって市民がどのように得するか、それとも別の誰かが得するだけに終わるかについても沈黙するばかりである。将来の労働市場についても、道徳的でないデータビジネスについても、シリコンバレーの巨大企業に対してドイツ経済を保護することについても、もうとっくに論じられていなければいけない教育革命についても、今やもう誰の目にも明らかな諜報機関の権力拡大についても、いっさい言及されていない。サイバー戦争の悪夢も、ソーシャルネットワークによってユーザーが操作される危険も、未来の民主主義が危険にさらされていることもテーマにならない。またもっとも重要であるはずの私たちの人間像や価値観についてもいっさい議論されない。

「インターネットは私たちみんなにとっても新天地だ」[i]とは、アンゲラ・メルケル首相の発言である。彼女がこういったのは、二〇一三年に米国家安全保障局（ＮＳＡ）によって自分の携帯電話が盗聴されていたときのことで、すでにふれた怪獣の足跡の穴の中にいるのと同然の三人の大臣と好一対である。ドイツの内相は二〇一四年にグーグルが個人プロファイルを作成することの禁止を要求した。また経済相はプラットフォームを運営する巨大企業の分割について思い悩んでいたり、また法相も巨大なデジタル企業にアルゴリズムの公開を要求したりしている。とはいっても、これらの点については上記の「デジタル・アジェンダ」に出てこない。どの目標も真面目に追及されていないし、それと関連した立法は四年後の二〇一八年でも実現していない。

それどころか、その正反対で、二〇一七年にも政治でデジタル化についての議論などろくろくされなかった。いずれにしろ社会全体に関連する問題としては扱われなかった。二〇一三年のドイツの国政選挙というべき連邦議会選挙の最大のテーマは、ドイツの道路を走る隣国のオーストリアのドライバーが払うべき通行税であった。その四年後の二〇一七年の連邦議会選挙も与党のキリスト教社会同盟に押されて、戦争や飢餓や貧困のためにドイツに逃げて来る難民受け入れの「上限数」が一番重要な争点であった。このような心配しかしない国についてどう考えたらいいのだろうか。国民は、「皆さんは私を知っているでしょう」[ii]という政治家を信頼し、彼方の水平線にはデジタル

i　オバマ米大統領（当時）との共同記者会見でメルケル首相自身も盗聴されていた米国家安全保障局の極秘監視プログラムについての質問の回答で、ドイツ国民の多くを驚かせることになった。

ii　二〇一三年の連邦議会選挙で二〇〇五年以来の首相のアンゲラ・メルケル陣営は「皆さんは私を知っているでしょう」と人物本位の選挙戦にして政策論争にならないようにして勝利をおさめる。

化の津波が見えているのに、ドイツや欧州や世界がどうなるのかについての計画や考えや戦略について問いもしない。ドイツの政治家は「現実」を忘れてしまったようだ。私たちは、沈没することになるタイタニック号のデッキで寝椅子の飾り付けに励んでいるのに似ているのではないか。

唯一の例外はドイツ自民党で、ドイツの歴史上はじめてそのポスターに「デジタル化はすべてを変える。政治はいつ変わるのだろうか」というデジタル化についてのスローガンを記した。とはいっても、デジタル化で何もかも変わることが、この政党に重要視されているようにはあまり感じられない。起業を支援するとか、高速の光ファイバーケーブルを敷設するとかあるが、社会的大変動に対する準備としては充分とはいえない。デジタル化で何もかも変わるが、もっと重要な問いは「誰がデジタル化を変えるか」である。

私たちがデジタル機器をどんどん利用し、コンピューターやロボットによって仕事を片付けるだけでなく、両者を組み合わせるのは人間がしていることである。どんなことも人間がする以上はすべて別のやり方をすることができる。デジタル化によって私たちの社会が変わることは決まっている。しかしどのようにするかは決まっていない。経済や文化や教育や政治の分野でどの方向に進むかはまだ決まっていない。これらは必ずしも技術や経済だけの問題ではない。

「何かを変えると、すべてを変えずにそのままにして置くことなどできない」はオーストリア生まれのユダヤ人哲学者マルティン・ブーバーが残した、時代を超えて有効な教訓である。このことは誰もが自身の日常経験から承知していることである。夫婦は子供が家から出て行ったりすると、突然すべてが前とは別になってしまったことを体験する。どこかが少し動くだけで、すべてが変わる。技術・経済的な大変革で、すっかり変わることはいうまでもない。私たちは新しい時代がはじまるのにいま立ち会っている。私たちの政治家はこのことを理解しているのであろうか。

西欧諸国の政治を見ると、「すべてを変える」ことなど想像すらできない。以前は広いビジョンをもつ人がいて、戦後西ドイツが西側陣営に属することを、その後東方外交を、そして欧州統合を展開し、共通通貨のユーロを推進させた。ところが、今では板金工がへこんだところを叩いているだけである。誰かが壊したのを修理したり、マスコミの感情を動かす出来事があればコメントしたりするだけで、このような政治からは未来像は生まれて来ない。このような政治は、誰からも好かれることを、誰をも敵にしないことを、愚かなほど切望する。大問題に対しては肩をすくめてみせるが、これは、根底的な変革を実現するためのアジェンダを考える政治的構想力が欠如しているからである。デジタル化が利潤追求者のみに委ねられると、本当なら世界を豊かにする可能性があるのに、そうならず、生き甲斐や、活動や経験、感情や驚きが欠如し、また何が本物であるかも確信できない世界になってしまう。それだけではない。市場ルールが優先するために、社会規範が通用する空間もどんどん縮小する危険性もある。このようなことが政治家にはどうしても理解できないようだ。自分が何かを達成できると思うことは社会心理学者から「自己効力感」とよばれるが、AIが幅を利かす世界では、このような体験をする機会はどうなってしまうのだろうか。デジタル化によって、少なくとも現状を眺めていると、現実とか人間とかと係わり合いをもつ人がどんどん少なくなるのではないのだろうか。

政治家はこのような問題を自分の職業の管轄外と考える。とはいっても、彼らが無関係と思っているわけではない。どちらかというと、政治そのものがかなり前から大きな変革を避けるようになった。何かを変えようと思う人は目標をさがす。何かを実現することを望まない者にも理由がある。少なくとも二〇年、もしくはもっと前からこの国では人々は、目標をもたないことが優先する世界のなかで生きている。その結果失われてしまったのは戦略的発想である。戦略的発想とは将来に目標を設定し、それを目指して進もうとすることを意味する。ところが、ドイツではそうでなく、戦術的配慮が支配的になった。これは状況に応じて選挙民に利点を約束するだけの短期的な思考である。戦略に対して戦術が勝利をおさめたことによって、私たちの国は本当に麻痺してしまった。

私たちは役職に就いている政治家に責任転嫁する傾向があるが、問題は政治的なものだけではないかもしれない。政治家として頭角をあらわそうとする者は、はじめから改革のためのアイデアをもっているわけでない。最初は角張った水晶だった理想主義者も時間とともに洗い流されているうちに滑らかな小川の小石になってしまう。というのは、政党内のいろいろな部署を異動するうちに熱意が覚めてしまうことが唯一の原因ではない。私たちの政治家はずっと前から押し寄せてくる情報と時間に追われるストレスにさらされている。興奮も、ニュースも、問題も、選挙民からの訴えも、何もかもが束の間のことだということを知れば知るほど、彼らは鈍感になり、バタバタ走り回っているだけで本当は停滞していて、じっとしていても休息にならない状態に陥る。大きな決断を下すことは、彼らの職業の在り方に反し、再選されるチャンスを減少させる。大都市だと建物からの光や広告照明で夜空の星など見えないのと同じで、未来は現在の光の影に隠れてしまう。この視点からデジタル化を眺めると、それは私たち人間がしていることでなく、未知の強力な力によって一方的に命令されていることのようにも思える。この有無を言わせぬ命令に対しては、私たちという発想も、ドイツという国家も、また市民の関心も存在しないに等しい。現在、政治の世界では、別の選択肢を提案したり、実行したりすることを自分の使命だと思う人は皆無に近い。大きな決断を下すのはEUの権限であるが、この機関が決断をすることなどあまりないこともよく知られている。勇気をもって進む方向を定めると、法的紛争になるが、今度は敏腕な弁護士がシリコンバレーのパロアルトやマウンテンビューにいる支払いのいい依頼人のほうに集まっている。

こうした無力感に関する限り、デジタル化の未来についての問いは、エコロジーのために是が非でも変わらなければならない経済の在り方と同じである。「有機」とか「エコロジー」といったことばも、近代化から置いてきぼりにされた地域で生まれて、緑の党の結成による環境運動を経て、今や国民意識にしっかりと根差すようになったが、これにも三〇年以上かかっている。こうして一般には受け入れられたにもかかわらず、危険をともなうドイツの工業中心主義に影響を与えているようには見えない。何千年ものあいだ、私たちは信じていたことを知らなかった。今では、知っていることを信じていない。荒廃をもたらす地球の温暖化を知っているが、ところがそうなるとは信じられないでいる。いずれにしろ日常生活もそうだ。また政治家もそうで、だからこそ彼らも地球が（少なくともヨーロッパ人に）居住可能であれば二℃か三℃ぐらいは暖かくなってもよいことにしようと駆け引きをしているほどである。私たちも同じだ。というのは、量的な成長を、それも消費やお金や楽しみやゴミを今後継続できずに制限しなければいけないことを心得ている。経済の在り方を新しく持続可能なものにしなければいけないことも周知のことである。私たちは、必要なのは何か目新しいモノではなく、時間であることも知っている。とはいっても、すでに述べたように、何かについて知っていることは、それを信じて行動に移すことにはなっていない。

もし私たちが、地球の未来に対するのと同じように無責任にデジタル化に対応すれば、啓蒙主義とともに勃興した市民社会で私たちが勝ち得たものは近い将来、過去のものになるだろう。デジタル化によって環境を破滅させる可能性があることは今更いうまでもない。というのは、未来のデジタル化はサーバーに大量のエネルギーが必要だからである。こうして私たちは生存に欠かすことができないものの総目録を作成しなければいけない。特に必要なのは新たな社会契約である。経済の根本的な変革の時代ほど、これを実施するのに都合が良いときはない。

今から、デジタル化の結果というべき文明的な混乱状態に秩序をもたらそうとする試みについて紹介する。基本的人権についての心配であるが、これは市民プロジェクトとして二〇一六年に「欧州連合デジタル基本的人権憲章(デジタル憲章)」[11]をもたらした。基本的人権について、たとえば(国家に対する)抵抗権や給付受給権や平等権、または、共同決定権、基本的人権の在り方、保護義務といったことを考えるのは意義があり、また正しいことでもある。基本的人権をめぐって国家と市民のあいだで起こる紛争の重要度が相対的に低くなったというのは正しい。たしかにデジタル化の結果、独裁国家はジョージ・オーウェルの『一九八四年』をはるかに超えた監視手段をもつことができる。現状において基本的人権はドイツでは、多くの人々に知られていることだが、平気で国境を超えて経済活動するインターネットによって脅かされている。

これに関連してデジタル憲章は繰り返し権利について言及する。たとえば、働くことの権利を規定している。これは正直のところ少々奇妙である。もし未来において何百万人の人々に仕事がなくなってしまうとき、そのような権利そのものにどんな意味があるのだろうか。似たように奇妙に感じられるのは、「労働は生活費を確保し自己実現をするための重要な基盤であり続ける」というセンテンスである。ここで「あり続ける」とは何を意味するのだろうか。低賃金で雇用される何百万人に及ぶ人々にとって仕事は自己実現ではなかった。どうしてデジタル憲章によって、賃金労働が今後も永遠に存続すべきだと規定できるのだろうか。このようなセンテンスは、いずれは消滅する状態を何とか続けるためのものにしかならない。でもこんなことは、ダイナミックに変化する社会を小さな段ボール箱にしまい込んで、動かないようにすることに似て、はじめから不可能である。

数字がすべて

疑いもなく技術的進歩こそ人類史上では唯一の不可逆的な進歩である。ところが、今や想像もできないほどの膨大なデータを収集し処理できるが、この結果デジタル企業がトップサービスを提供する会社になっただけでなく、諜報機関にもなりつつあり、これは社会的な悪夢でもある。こうして政治は麻痺し、その課題のあまりの重さのために思考停止においやられてしまった。無力感だけでなく、方向転換が政治や社会の価値観の基盤を崩壊させて、今やすべてを測定し、計量化する思考様式がはびこるようになった。

このような計量化に基づく純粋経験主義の生みの親は、英国一七世紀の投機家で経済学者でもあったウィリアム・ペティであった。他の人なら人間の性格や運命の力を見ることとすらペティにとってはリソースに過ぎなかった。彼の「政治算術」といった数学的クールさは、人々をすっかり惹きつけたのである。こうして彼は行政のための統計をはじめ、数字を最優先した。彼の見解では、政治による支配は信頼に値する数字と統計によってのみ可能になり、統計という理性が政府に決断を命じることになるという。たしかに今日では世界中で政治家はこの通りにしている。それは、彼らの評価と決断の尺度が数字、統計、世論調査によるからだ。より良い生活とは、国民総生産に反映し、政治家の市場価値は、世論調査の人気度ランキング以外の何ものでもない。

こうして自身の見解に固執もしなくなり、政治的創造性も失われるといった望ましくない状況になる。コンピューターが計量するという面倒な仕事をあっという間にすませてくれるようになってから、倫理的な姿勢も量的な観点からのみ論じられるようになった。質そのものは問題にされず、重要なことは量のみである。量は簡単に評価できるので、質の判定という面倒な仕事をしないですむ。

特にこの傾向から影響を受けたのは大学などの研究者の世界である。経済学者や、もっと困難な立場にあるのは社会学者で、彼らは昔からの羅針盤を失ってしまった。今や、政治学者、社会学者、教育学者をはじめ、文化やコミュニケーションやメディアの研究者が前世紀の六〇年代や七〇年代のように重要な刺激を政治に与えていない。大学のどの学科も定量的な研究重視の姿勢で多かれ少なかれ麻痺してしまっているようにみえる。教育学者や社会学者として研究プロジェクトのための予算を獲得しようとする者は、定量的にアプローチしなければいけない。このような調査の意味を疑う者はいない。とはいっても研究上の意図や解釈や介入が定量的な尺度によって判定されるようになったことの影響は重大である。今日では、学校をはじめとしたいろいろな制度の質の評価も定量的にのみ把握され、その質の評価も定量的になる。このような魂の込もっていない評価方式について、「測定できる世界は世界そのものではなく、あくまでも測定可能の世界の側面に過ぎない」という哲学者のマーティン・ゼールに賛成したい。

こうして出来上がった膨大な量の研究成果はどうなるのだろうか。あまりないことだが、運が良くて誰かに気づかれると何百ページにおよぶ論文や鑑定書からレジュメが作成されて、それを今度は上のほうの役人が二ページに縮め、そこから政治家がせいぜい三つほどの数字を演説で引用する。このような骨折りを見ると、「沼で冷遇されて絶望したカエルが鳴く巨匠らしい卓越した鳴き声」というニーチェの皮肉な表現が思い出される。とはいっても、定量研究のほうは「巨匠らしい卓越さ」とあまり関係ないかもしれない。これらは、社会的に重要な言論を展開できなくなった「納入業者」の手仕事に過ぎないからだ。データ処理のデジタル化が勝者になるのと同時に社会学の没落がはじまったといっても決して誇張でないと思われる。学問的に厳密になろうとすればするほど、社会的には重要でなくなる。さらに、データ量が大きくなればなるほど、注目度は低くなるばかりだ。

このような現状を考慮すると、ニコラ・ド・コンドルセの夢がいかにロマンチックであったかがわかる。革命の前兆が感じられる一七八〇年代に、この著名なフランスの哲学者は、科学のいろいろな部門が一致協力して勝利の道を歩み、将来すべての政治を「社会数学」に合理化するという考えに夢中になった。こうして政治は科学になり、科学も政治にならなければいけなかったが、今日では科学と政治は離れるばかりである。それは、相互理解のための意思の不在であり、フランスの哲学者ジャック・ランシエールによれば、民主主義の弱々しい夕日の影であり、破廉恥なほど哲学との対話を拒む政治と、政治との対話を断念した哲学との「不和」にある。

世界を理解する代わりに定量化してことを済ませる人は、政治も、社会科学も没落させるランシエールの「不和」の溝を「セメント工事」によって補強していることになる。社会と取り組んできた学問によって育まれた想像力を糧にしない政治は盲目に等しい。反対に、政治的に重要でありたいと思わない社会科学も空洞化するばかりだ。政治は、慣習化した諮問委員会や審議会においてこのきびしい現実を見ないで済ます。でもこのような審議会政治は現実の在り方を形作るのでなく、参加者の虚栄心を満足させるだけである。

このような状況と社会的影響を現実的に評価するために真面目に一度は問わなければいけないことがある。このような社会学の教授たちは、もしコンピューターやデータ処理プログラムがなければ何をするのだろうか。そのときには彼らの専門分野がどこに向かって進んでいくのであろうか。もし定量研究を一時停止し、後ですることになったら、何が起こるのだろうか。多くの教授たちやそこで働く研究者は、何をしていいのかがわからなくなるのではないのだろうか。

ここで批判されているのは、意味があり、成果が挙がっている領域での定量研究ではない。本当に残念なのは、数値化しようとして定量化の偏重のために、伝統ある社会学の諸分野が数字を提供するだけの存在に成り下がってしまったことである。この結果、認識は知識に置き換えられ、それが優先されてしまう。認識とは個人的な解釈の枠のなかに組み込まれることであり、この点で知識とは異なる。知識はいくらたくさん集めても、それだけでは、何かを洞察したことにはならないし、また賢さとも関係ないし、正しい行動が何であるかも想像できないままである。

知性（インテリジェンス）とは、スイス人心理学者のジャン・ピアジェによると何をしていいのか分からないときに使うものである、という。数値を参考にすることは自分のほうから思考を制限することで、何をするべきかを本来知っていることになる。この意味で、数値に直して定量化することは知性を使わないで済ませることになってしまう。ここで疎かにされているのは、判断する能力や、判断する喜びや評価すること、心構えといった態度を養うことである。アリストテレスからカントを経てフランクフルト学派に至るまで西欧文化の道徳律すべてが結果優先の帰結主義やリスクアセスメントに取って代わられたのである。一九六〇年代にテオドール・アドルノとアルフォンス・ジルバーマンは、批判的社会学か、それとも定量的社会学かについて論争をしたが、勝負がつき、ジルバーマンの勝利に終わった。政治と社会学の忌まわしい平和的共存から倫理的態度は生まれない。有権者は、選挙戦で政治家の倫理感に注目するが、それは彼らの信念がどこにあるのかを知ろうとするからだ。

現在の政治の特徴

ヨーロッパの至るところで私たちが経験することだが、現在の政治の特徴は、戦術的に機敏であることや、特に柔軟であることを原則とするため倫理的態度などは望まれない。この意味で官僚に支配が委ねられるのも当然なことである。政治家はどうなるか正確に予測できないことはしない。政治家に内容やテーマがあるわけでなく、メディアを通じて内容やテーマが登場するだけで、それは金融危機、債務危機、防諜スキャンダル、移民危機といった具合である。そのどれもが知りもしなかったことばかりである。未来に向かって計画されたり、また確信することがあっても政治によって形作られたりすることなどない。政治のほうは、テーマは天気と同じようなもので、現在だけが重要で、過去も未来もないがしろにされている。そうして、何もかも動くことは動くが、何も変わらない。

政治を形作る力としてのユートピアは消えてしまった。ユートピアの語源はギリシア語の「ou（無い）」と「topos トポス（＝場所）」の組み合せで「無い場所」という意味である。とすると、測定されるものしか重要でなかったら、登場しなくなるのも当然である。私たちが将来どのように暮らすのかを決めているのは、今や政治家でなく、グーグル、フェイスブック、アマゾン、アップル、マイクロソフト、サムソンといったデジタル革命の空想家でありユートピアンである。デジタル超大国の彼らに対してドイツの政治家など戦略的には矮小な存在である。政治家の権力などとっくの昔に取り上げられてしまった。選挙は権力をもつ者を選ぶことに意味がある。それなら、グーグルやフェイスブックのトップに選挙に立候補してもらい、その戦略やビジョンを公表し、賛否を問うべきではないか。彼らは、私たちの個人データで何をしようと思っているのだろうか。コミュニケーションに関してどんな変化が望ましいのか。それとも禁じたほうがいいのか。彼らに集中した権力と資本力がどのように利用されるのだろうか。これらは社会に根本的な変化を及ぼし、私たちの生活を巻き添えにして被害をもたらす。そうであるにもかかわらず私たちは蚊帳の外に置かれたままである。このことと比べると、ドイツで誰が首相をつとめているかなどはどうでもいいことかもしれない。

どうしたら私たちは数値に従属する考え方や反応しかない世界から抜け出すことができるのだろうか。文化は、周知のように、価値判断と無関係でなく、意味を理解したり、解釈したり、重要度や利点を評価したり、尊重したり、排斥したり、受け入れたり、拒んだりすることから成り立っている。これも驚くべきことだが、デジタル化は多くの政治家から真剣に道徳的評価を受けたり、意味を与えられたりされない。リベラルな思考の持ち主も仰天するほど単純に肯定してしまう。左翼政党のなかには一方的に拒絶する人もいて、他の政党もぞっとするほど評価していない。

そこで欠けているのはいろいろな点をきちんと区別する態度である。デジタル革命は多くの人々から慣れ親しんだ世界の大きな部分を、またそれと結びついた情緒の世界を奪い取る。何十年も、なかには何百年も通用した経験や、生きることについての知識はもはや当てはまらない。すべての知識がマウスをクリックするだけで手に入るなら、教育の価値とはいったい何なのか。このように昔から信頼していたことが通用しなくなる。それに対して私たちはどのような態度をとったらいいのだろうか。新たに買うお客よりお得意さんに高い値段で売ったら、長年の顧客の信頼に報いるのでなくあだで返すのに等しい。たとえば、医者、学校の教師、大学の先生が権威を失ったらどうだろうか。多くの職業で一生かかって得た経験が瞬く間に価値を失ったらどうしたらいいのかということである。今、昨日と今日のあいだの隔たりは人類がこれまで知るどの場合よりも大きいであろう。

以上のことはすべて、その意味が問われ、整理され、評価されるべきである。文化も文明も事実だけでなく価値もその糧にする。道徳的なことも、社会的なことも、精神的なことも、政治的なことも、デジタル化推進のイデオロギーに登場しないという理由から、無価値になるわけではない。どの文化も、その担い手の人間を幸せにするか、賢明にするか、親切になるようにさせるか、より文化に馴染ませるかどうかという観点から問われなければいけない。効率性の優先主義と資本活用の論理が唯一の文化尺度であってはいけない。私たちが第一次産業革命から学んだことがあるとすれば、経済的尺度だけをすべての判断の基準とするのは道徳的でなく、必ず非人道的である点だ。

このような状況では二つの潮流がはっきりしてくる。それはこの非人道性に目をつぶる人々と、それを心配する人たちだ。この対立は出版物にも反映する。一方では楽観的な勇気づける内容で、どこを見てもチャンスだらけで、未来を気楽にさせようとしたり、面白くしたりする道具やその活用に夢中になる。似たような話も多い。彼らは、メモリーの性能と集積回路の能力が指数関数的に増大するという米インテル社のゴードン・ムーアが言った「ムーアの法則」について好んで語る。時代の流れに乗れなかったコダック社とノキア社も大好きなテーマである。これに関連して彼らが愛好する逸話は自動車でなく馬にこそ未来があるとしたドイツ皇帝ヴィルヘルム二世であったり、一九七七年に「自宅にコンピューターなど必要でない」といった初期のデジタル起業家のケン・オルセンであったりする。

この種の本は、簡素なことばで語られて、表やグラフ、奇を衒う思いつきや可愛らしいシンボルがもちいられているのがその特徴である。技術と社会と政治の相互関係は緊密でなくルーズである。彼らの多くは、生存の苦難も厳しさも、問題とその解決の繰り返しであると、技術者らしく考えるようだ。でも現実は関係が多次元に渡り、複雑に絡み合っているが、このような発想は乏しい。技術的な欲望や喜びを超えた情緒は感傷でしかなく、非合理的な不安であり、恐怖と不安をひきおこすのを職業としている人々の仕業だとされる。最後にイノベーションによる喜びを、また起業家精神を、また勇気をもつように呼びかけられる。ここでいう勇気とは、デジタル化が進むのを楽しみにし、できるだけ儲けられるように心がけることである。というのは、「生きることは市場で、私たちは消費者であり……」となるからだ。

ずっと問題意識が高いのは二番目の潮流である。こちらは、デジタル革命が個人や社会や民主主義の未来に対してもつ意味を分析する。この結果予想される未来は多くの場合明るいものではない。二〇一一年にデジタル経済とインターネットの暗黒な側面について警告したベラルーシ出身のジャーナリストのエフゲニー・モロゾフと似たような、批判論になる。ちなみに、それから二年たった後も、首相のアンゲラ・メルケルにとってインターネットは「新天地」であった。批判者が根拠とするのは、デジタル巨大企業の商業的利益と国家諜報機関の不幸な癒着についてエドワード・スノーデンがした暴露である。彼らは、危険はすっかり進行していて、それに対する闘いもこのまま進むと敗北に終わると警告する。

この潮流は、大投資家のイーロン・マスクやスウェーデン人哲学者ニック・ボストロムによって代表され、米国では未来の予想についての主導権を獲得している。満ち溢れる終末論的な現状診断や予言からみて、世界で米国ほどデジタル化に対して懸念を抱いている国はない。とすると、シリコンバレーは、現在どこの工業国より終末論的な予言が強い米国という国のなかにある孤立した「飛び地」のような場所である。ところが、ドイツで討論会があると、米国を模倣するべきだといわれるが、面白いことに米国で、批判的な世論がとっくにAI支配の阻止について議論している。ビル・ゲイツでさえ警告する一人であり、ゲストとして討論会に招かれると発展のテンポの速さについて嘆き、ブレーキをかけるためにロボット税の導入を提案しているほどである。[12] とはいっても、クルマがカーブで曲がり切ることとできず道路から飛び出したときにブレーキオイルを交換しているようでは手遅れではないのだろうか。

ドイツはどうだろうか。ネットのなかや、コンピューターや情報技術の同好会の集まりや、いわゆる未来学研究所や、ネット関係の新興企業や、ときには大学で夜にアルコールが入り、また技術にうっとりすると誇張されたり、またその反対に抑制されたりした未来の生活の断片が語られる。経済的には期待が大きいのに、社会的に心配なことも多く、希望も少ないために、心配しないように宥めるしかない。その結果、見せられるのは、本物のちゃんとした絵ではなく、その切り取った一部や、見取り図や、モザイク用の個々の石であったりする。私たちの社会のデジタル化についは肯定的な未来のシナリオはないようだ。きっと大都市は緑が増えて、エネルギー消費も効率化するかもしれない。医学もその精度が改善されるかもしれない。また高齢者は、家事手伝いとペット兼用のネットワーク・ロボットが利用できる。賢明な照明は私たちに適応し、何もかもより美しくみせるかもしれないが、こういった例をいくつ集めても、社会的、政治的、経済的ビジョンにはならない。それらは断片に過ぎず、人間らしい色をつかって、望ましい未来の絵を描くかもしれないが、その額縁にもならないのだ。

ここで要求されていることは数字にならないことである。すでに述べたように、自分のほうから創造的になろうとしない政治家に任せることもできない。「政治」のほうには、批判を送りつける先の住所も、また郵便ポストもない。この点は「経済」にも「資本主義」にも共通する。政治家が反応するのは、批判的な世論でたたかれたときだけだ。次に、批判的な世論が生まれるのは意識が変わるときだけである。でもそうなるには、単なる不安や心配だけでは十分ではない。必要なのは、肯定的で建設的な未来のシナリオである。単調で人間にふさわしくない労働をしなくてもいい社会形態や経済方式があることを示さなければいけない。もしかしたら、人間の価値が賃金の高低に比例するという認識をなくすことが可能であればもっと都合がいいかもしれない。

私たちはデジタル技術の可能性を経済競争の観点から眺めるだけでなく、良い社会のモデル実現のチャンスとして見ることを学ばなければいけない。現在、以前の中産階級の肥沃な土壌からいろいろな新しい生活様式の芽が吹き出している。カーシェアリングをするデジタルネイティブがそうだし、屋上で都会の百姓として農業をしたりするのもその例である。これは裕福な人が物珍しさから農民の真似事をしているだけか、それとも未来社会の萌芽になるのだろうか。この問題がどうなるのかは政治的に決まることである。というのは、社会は自動的に良いほうに変わるわけではないからだ。経済論理が働いて人間の尊厳に相応しい生活が実現するわけでもない。生きるチャンスを民主化することは政治的課題である。何も起こらなければ、暴利を貪るデータ独占者や、自分の労働力を競売に出して、その結果搾取される人々や、無数の落伍者が登場するお馴染みのシナリオが現実になるだけである。まず私たちは、ディストピアの空恐ろしい光景を思い浮かべてみるべきだ。人間的なユートピアに反対するわけがあるかどうかを考えるためである。デジタル革命がはじまる今の時代（たとえば二〇一八年）に生きている人々が、二〇四〇年という未来社会の生き方に対してどのように反応するかを眺め、またその理由について考えてみよう。

第3章 パロアルト資本主義が世界を支配する[i]——ディストピア

二〇四〇年のドイツ。二〇一八年に生まれた人ならまだ若いが、とはいってもれっきとした大人である。彼らは、何か思い切ったことを試み、その結果を経験する試行錯誤の世界で暮らしてはいない。彼らはデータから構成されるマトリックスの世界で暮らしていて、これが、何が良いことかを教えてくれる。朝、彼らが目を覚ますと、本物と見間違えそうなホログラムのチャーミングな女性か、またはハンサムな男性が現れる。このデータ・マトリックスは、彼らが安眠したか、夢見が悪かったか、またなぜそうであったかまで知らせてくれる。というのは、血糖量、心臓と循環器関係、またはホルモンについてのデータが把握されているからである。その日に何をするのがいいのかを助言し、買いたい商品まで手配してくれる。こうして私たちの人生はいつもうまく回るようになっている。グーグルやフェイスブックといったネット大企業のおかげで私たちは「自由の独裁」

i　パロアルトはシリコンバレーの中心都市。この地域に誕生した「GAFA」とよばれる巨大企業の資本主義はその発想が斬新で、従来の延長線でなく、これまでの技術や製品やサービスの提供者を市場で存在できなくするために、破壊的とされる。とはいっても、これらの企業経営者の破壊は市場での競争に向けられるだけで、社会や政治についての彼らの固定観念は温存されたままである。

から解放されたことになる。

このような事故もない人生では百歳以上になる可能性は高い。ペトリ皿で私たちは自分ののどの細胞からもそのクローンをつくることができるので、必要に応じて3Dプリンターで自分の新しい腎臓、肝臓、心臓を製造できる。ドイツにはオーツ麦とドライフルーツと混ぜてミルクやヨーグルトをかけて食べる「ミュースリ」という食事があり、自分の好みの「マイミュースリ」をつくることができる。この「マイミュースリ」と同じように自分の好みの臓器の「マイ・オーガン」が可能になる。私たちが街を歩くと、すべてがネットワークにつながっていて、センサーとカメラが私たちの歩行の一歩一歩を監視している。正常から逸脱した行動は直ちにばれるので、犯罪も不可能である。町の街灯も必要に応じて点滅し、店頭価格も誰が入って来たか、この客がどんな気分にあるかによって変わる。自動運転車も呼ぶ必要もない。それは、私たちからいつ必要とされるか心得ているからだ。私たちの周囲にあるお店の大部分はダミーで、発注も納入もオンラインやドローンで片付く。私たちの交際相手もそのためのアプリのお陰で、好みに応じて、例えば古風でロマンチックな願望にしたがって「偶然な出会い」を設定してもらったりできる。

お金はまだ存在し、それも前以上にたくさんあるが、とはいっても、もはや硬貨やお札としてではない。現実になった『トゥルーマン・ショー』[ii]の舞台裏では数百億ユーロといった巨額の儲けがかき集められる。国家から多くの人たちにベーシックインカムとして支給されたお金は微妙なかたちでまだ働いている人々のところにももたらされる。社会には、気分が高揚した生活をおくる高収入の人々と意気消沈した多数の落伍者の二つの階級があり、お互いに関係をもたない。前者のグループの子供たちは私立学校からエリート大学をへて超一流とされるネット巨大企業の慣れ親しんだ空間に落ち着くことになる。そうでない人々は、低所得の幼稚園の先生や美容師になったりして、また老人介護師としてロボットに助けられて、何とかして生活費を稼ぐ。彼らの子供たちは公立学校へ通学し、最初からエリートとしての道が閉ざされていて、社会の下積みにとどまる。

勝ち組は、グローバルに活動する投資家、企業、投機家、奇矯でも抜群に専門的知識を身につけた「ギーク」と呼ばれる人々の合同グループである。データビジネスは、それを営む人にとっては単に大きなビジネスに過ぎない。また金融ビジネスなどよりはるかに大きいだけでなく、何よりもリスクがない。彼らはお金があるところには必ずいる。倫理的問題と関わることもない。いずれにしろ職業上そうで、彼らは自分が携わるビジネスが自分と関係があるとは思っていない。マーク・ザッカーバーグやラリー・ペイジのファンタジーより、このような人々の効率性追求がシリコンバレーを前進させる。彼らの同僚や納入業者はまず男性で、早熟で抜け目なく、聖域・人間の知能を脅かす「第二の機械時代」の若い近衛兵のような存在で、出資者の支援を得て、次から次へと自分の夢を実現する。彼らは監視国家を怖れてはいない。それは、隠さなければならないことを彼らが体験しないからである。グーグルをはじめそのお仲間が私たちを巧みにマトリックスの中におびきよせても、彼らには失うものなどない。どっちみち社会的な空想力をもたず、技術的なファンタジー

ii 平凡な男性の生活が本人は知らずに二四時間リアルタイムで全世界に生中継される米劇映画。一九九八年制作。

しかない者は、飛行場でも電車でも、またレストランのなかでも人々がスマホばかりに掛かり切りなのを見ても何も感じない。彼らは、不死を実現するデジタル化医療の夢をみながら、エネルギーと資源を使いまくって人類の終焉を迎えることに矛盾を感じない人々である。歳を取ってから「R2-D2」ロボットに介護してもらえることを想像するのは彼らに不安をあたえるどころか、喜びにすらなる。やっと自宅にもどった！　という気持ちになるのかもしれない。もともと誰か他人に迷惑になるかもしれないという発想すら彼らにはない。こうして、彼らの二〇四〇年の勝利が実現する。でもこれは、リスクより退屈を望む人々の勝利であり、本当の人生に対して本当でない人生が勝ったのに等しい。

シリコンバレーの発展には多くの要素がある。なによりもいえることは生きていくことの不安が勝利を収めたことだ。アプリやアルゴリズムは偶然や運命や人生の冒険をなるべく避けて、それをネタにして巨大なビジネスをする。GAFA（グーグル、アップル、フェイスブック、アマゾン）の時価総額は二〇一八年には数兆ドルであるが、二〇四〇年には五〇兆ドルに及ぶとされる。二〇一〇年代にこれらのIT巨大企業はエクソンモービル、ペトロチャイナ、ゼネラル・エレクトリックといった巨大企業などを追い抜いて、時価総額の世界トップの地位を占めるようになった。古い産業の前チャンピオンというべきこれらの企業は二〇四〇年には、一部の利用可能な事業分野がGAFAに吸収されているだけで、もはや一社も残っていない。マーク・ザッカーバーグが米大統領をつとめていて、古臭い工業を代表する無作法者の政治家ドナルド・トランプもとっくにこの世の人でなくなっている。

欧州も米国も、まだ力があるあいだに、これらの独占企業を阻止しなかったし、市民の節操と自由を守ることも怠った。当時のドイツ経済界もブレーキを掛けようともしなかった。GAFAのビジネスのやり方も、そのデータビジネスにも好感をもてなかったのだが、そのようなビジネスで自分たちも儲けることを夢見ていたからである。だかこそ、ドイツの経済界は、プライバシーを商業的に利用することを不道徳なビジネスとして禁止することに対して断固と抵抗した。この勝負に勝てず、負けるばかりであることは二〇一八年の時点でピンと来なかった。とはいっても、現実的に考える人々には予測できないことではなかった。すでに二〇一八年の時点でグーグル社の時価総額は欧州の電信電話業界全体より大きかった。ということは、競争して追いつくことができると思うことそのものが当時でもすでに軽率な空想だったことになる。

普通の市民の個人情報の収集反対運動にブレーキを掛ける二番目に大きな勢力はドイツの諜報機関であった。連邦情報局と憲法擁護庁と軍保安局[iii]は自身もデータを好んで収集し、それを制限したり、個人データを匿名化したりする試みをつぶした。内務大臣がテロ行為を心配する世論に押されて何かをするのは、これらの諜報機関の願望に合致するものだけであった。テロ活動に対する闘いに関して他にどのようなかたちで断固とした態度をしめすことができたのだろうか。メディアは毎年データの監視が機能し、暗殺を早期に阻止できたケースを発表した。ヒューズが切れたようなイ

iii 連邦情報局はプラハにあった対外情報機関。憲法擁護庁はケルンにあった国内での防諜機関。軍保安局は連邦軍内の防諜機関。

スラム原理主義者が二〇一〇年代に行ったテロ活動はタイミングが悪かったことになる。というのは、もしテロがなければ、諜報機関が世論やネットを監視するための手段を当時本当に利用したかどうかは疑問だからだ。とはいっても、同じように見逃されていた問題がある。それはベルリンに新しくできた連邦情報局と憲法擁護庁のそれぞれの本部である。冷戦終了後三〇年も経過した時点で以前の所在地のプラハやケルンよりはるかに大きい建物になったのは何のためなのだろうか。もはや大きな書類保管室も物置場も必要でなくなり、場所をとらない電子データになったというのに。本来なら何もかも小さくなるはずではなかったのか。

濫用できない権力はいつもあまり魅力がないものである。この事情は二〇一八年にそうだったし、二〇四〇年も違わない。インターネットによる円滑なコミュニケーションが約束された後に登場したのは自由社会の春などでなく、完璧な監視社会の冬であった。西欧の民主主義は驚くほど速やかにこの事態と折り合う。一方では憲法にある基本的人権を大切だとし、政治家は演説のなかで自由を賞賛すると同時にこの新しい監視の可能性を利用してきた。ということは、社会心理学者がいう「シフティングベースライン症候群」が発生していたことになる。これはある状態がゆっくりと、ほとんど気づかれないほど少しずつ移行し、判断の基準が変わることに慣らされてしまうことである。以前ドイツ国民は似たようにナチスになったし、また日焼け止めクリームも昔はSPF（日焼け防止係数）3だったのにSPF50に慣れるようになった。似たように、彼らはデジタル化にともなう小さな安楽さを享受するうちに、抵抗なく自由の制限を甘受するようになった。たとえば、それは、自動車のナビや自動運転車であったり、暴力予防に役立つカメラからはじまって、何千個に及ぶセンサーが備わっていてどんな小さな動きも見逃さないスマートシティでの監視体制であったりする。また自国兵士を危険にさらさないで、ドローンを投入する戦争も似たような例で、こうなると、誰も顔を見せずに、責任に問われないですむ。

でもなぜドイツの世論は抵抗しなかったのだろうか。文句をいう人はいた。でも特定のビジネスや監視することに反対する人は奇矯な人間だとか、パニックを煽る人とか思われたり、もっとまずいのは技術や進歩の敵対者としての烙印を押されたりすることであった。この場合、本当は技術にも、また進歩にも反対していたわけでなかった。本当は、彼らは特定の技術の利用に反対し、別の進歩を望んでいるだけであった。ところが、進歩は他の選択肢がないかのような格好をとるのがお好みだ。ロビイストは進歩のための衣装を上手に着こなし、その姿を目前にした私たちは他の姿を想像できなくなる。

二〇一八年に、エルナン・コルテスとフランシスコ・ピサロによる米大陸の「新世界」の征服のことを思い起こすべきだったかもしれない。二人のコンスキタドール（征服者）は七百人の兵士でアステカ帝国を、一六〇人の無頼者たちでインカ帝国を征服してしまった。そうなったのは、原住民の誰もが危険が迫っていると考えなかったからである。それどころか、インディオの文化は侵入者を海の向こうから訪れた神々と見なした。征服者は原住民を仲違いさせて、彼らに新しい考えや憧れを吹き込み、伝染病をもたらした。原住民は最初のうちなら自衛できただろうが、それをしそこなった。二〇一八年の経済人や政治家も、私たちがその大多数を見る限り、似た状況にあった。しかし彼らは自身が置かれた状況をそのように診断しなかった。というのは、彼らは、自国経済を支える中小企業が元気だとか、一人当たりでみるとドイツが米国より多数の世界市場で重要な特許をもっているとか自分に言い聞かせていた。また多くの市場分野で先頭を走っていると思い込んで、防備は固いと確信していた。ところが、彼らが放つ矢は敵の盾にぶつかって砕けるばかりで、敵弾のほうが次から次へと自国兵を死なせる。

彼らが助言者に恵まれていたとはいえない。助言者といっても、僧侶や占い師を連想させる人であったり、自称「時代精神」の理解者であったり、イエスマンの便乗者であったりして、助言内容もお世辞にも良かったとはいえなかった。彼らは、派手な色のスニーカーをはいて舞台の上に立ち、頭が剥げて木の葉色のメガネをかけて、少し出たお腹を気楽なスェットシャツで隠し、「デジタル・ディスラプション（革新的イノベーション）」やシリコンバレーの未来を約束する研究について熱狂的に語る。ちょうど訪問販売のセールスマンが首からぶら下げた箱から裁縫用の巻糸を売るように未来の「コンセプト」を語る。彼らは自分までが未来を創造したかのように熱く語り、くだけた衣装を身にまとい、ネクタイをはずし、ヒゲを生やし、その途端魔法が大西洋を超えて自分たちの会社を活性化してくれると期待している人もいた。

楽観主義はやる気を起こさせるだけでなく、すっかり油断もさせる。理解しやすいから、胡散臭いと思われている発展までを受け入れるためのイデオロギーにもなる。国民にとって経済的にかえって不利になる危険があるとか、約束されている生活の質が今より良くなるどころか悪化するとか、賛成できない理由もいろいろあった。ところが、シリコンバレーでは早い時期に変化とか発明とかといったことが、奇妙にも自然法則のように扱われるようになった。変革が子供の無邪気さと結びついたことさえある。たとえば、「私は自分が好きなものをつくっただけである」とマーク・ザッカーバーグが語ったが、あたかも子供が自分の部屋の模様替えをしたかのように聞こえる。あるいは、「朝、目を覚ましたときに、私たちにお金を稼ごうという目標があるわけでない」[13]。そんな目標がシリコンバレーで思い浮かばないとしたらけっこうなことである。二〇一〇年代後半には、このような素晴らしい新しい世界はどんどん拡大し、私たちの生活は彼らに考案されたルールによってすっかり変えられてしまった。

中国の「社会信用システム」がもたらすもの

二〇四〇年のシリコンバレー・巨大IT企業は過去の輝かしい栄光の時代を懐かしく思い出すことになるのではないのだろうか。まず幼年時代の一九九〇年代。「西部開拓時代」に似た輝かしい時代が始まる。当時白人開拓民の居住地がバラバラに散らばっていたのに似ていて、インターネットの普及も包括的ではなかった。でも万人に自由をもたらすことが約束されて、民主主義と共同決定が実現する予感が生まれた。そして二〇〇〇年代に入ると、頭のよい人々、プロとスマートな人たちが登場した。彼らは投機家に支援されて土地を開墾し、効率よく耕作する。そのときに彼らは閉鎖的なプロトコルを利用した。それは、所有物に外から入れないように鉄条網で囲うのと同じである。彼らは自分の土地にそれぞれツイッター、インスタグラム、フェイスブック、リンクトイン、ワッツアップとかいった響きのいい名前をつけて、相互に買収し合う。彼らの商品は、フリーなネット上で、ザッカーバーグがそう言ったが、好まれるものをつくると好き勝手に使われるので、財産として十分に保護されるようにするしかない。そしてこのまま行くと、いつの日か、インターネットはみんなに属するものでなく、米のGAFAに、バイドゥ、アリババ、テンセントといった中国三大インターネット企業のBAT（バイドゥ、アリババ、テンセントの頭文字）、ロシアのメール（Mail.ru）やヤンデックスといった少数の人々の所有物になる。

誰もが権力者を友人にしたり、結びついていたりしていないと生きていけない以上、これらのインターネット企業は収集した価値あるデータを絶えず出身国の諜報機関と嫌がらず交換する。このことはすでにスノーデンが口を滑らせている。中国はこのようなことを実行していることを隠す努力さえしない。たとえば、二〇一〇年代に、より良い人間のためのデジタル計画が中国に生まれた。「こんなことは人類史上前例がなかったし、世界中どこにもない」と北京大学のジャン・ジェン教授は喜ぶ。良い人間と悪い人間を区別するために、「社会信用システム」を中国が導入したのは画期的なことである。[14] こうして二〇二〇年から中国では、人間が問題なく機能するように継続的に改善される。この「社会信用システム」は全市民のデータを把握し、彼らが横断歩道を使って道路を渡るか、また父親や母親を敬うかどうかといったことまで気にかける。あるいは、彼らが子供を余計につくるか、またネットで映画を違法にコピーするか、散歩の犬の糞をきちんと処理するかといった情報が重視される。この結果で、国家から優遇されたり、あるいは冷遇されたりする人々が出てくる。山東省栄成市の正直奨励庁ではじめは一〇五〇点だった点数が六〇〇点以下になると、すべてのチャンスを失ったのに等しくなる。とはいっても、これも周知のことだが、そうなることはあまりない。二〇四〇年の中国では、この罪人カードは二〇年間完璧に機能したことになる。「信頼に値する人は自由に歩き回ることができ、反対に信頼を裏切る人々は一歩も歩けなくなる」という中国政府の目的は、模範的に満たされた。

世界の他の地域では、事態は、これほど露骨ではなく、もっと微妙に進行する。欧米の住民は自由幻想を好む。でもだからといって現実が中国とはまったく別だとはいえない。「私たちは、あなたがどこにいるかを知っている。どこにいたかも承知済みだ。何を考えているかも多かれ少なかれ知っている」と言ったのはグーグルのトップのエリック・シュミットである。この発言にたいして二〇一一年の時点で苛立ちを覚える人はまだいた。[15] 彼の別の発言は中国に近づき、「他人が知ったら困ることがあるなら、はじめからするべきでない[16]」となった。その後、このような発言は聞かれなくなり、忘れられてしまった。だからといって、米国では二〇一〇年代にアルゴリズムが、犯行者の再犯する確率について、また刑罰の量について影響を及ぼすようになっていたことを見逃してはいけない。数学的に蓄積された過去についての知識は将来の在り方を決める。個人は自由意志の持ち主と見なされて心理的に判断されるのではなく、計算されて、烙印を押される。誰かが一度過ちを犯し、それが知られるとずっとついてまわり、雇用されないこともある。疾病保険の会社も、監視の結果得られた健康や栄養摂取のデータに基づいて保険料計算の基準を決める。保険会社側も血圧、グルコース、コレステロール、中性脂肪、お腹まわりについてのデータを要求し、それにしたがって掛け金を決める。

二〇一〇年代のヨーロッパでデータ保護の理由から禁止されていたことも二〇二〇年代には巧みにその禁止の網がくぐられるようになった。その結果、欧州も米国と同じようになってしまう。一九九三年の米映画『デモリションマン』に登場した社会のように、暴力や不法行為はなくなる。少なくとも路上で起こる月並みな犯罪としては存在しない。とはいってもおおっぴらに罵ったり、多数派とは異なる見解を表明したり、性的嗜好を公然と示したりしないように警戒する。インターネット企業と諜報機関とのあいだの野合関係が行動を規定するようになる。この関係は続いただけでなく、強化されて人的交流に発展し、二〇一〇年代にはうまく機能することが判明した。こうして情報が得られた代償に、国家は、秘密裏に行われる情報収集サービスやデータビジネスや宣伝などの彼らのビジネスモデルに対して目をつむる。

長年に渡ってこの状態が続くと社会の基盤というべき人間観も、また価値観のほうも変わる。二〇世紀的な自由主義であった欧米諸国では啓蒙主義がその正当性の根拠として挙げられた。ロック、ルソー、モンテスキュー、カントの精神が絶えず呼び起こされた。万人の自由と平等を強調し、人権宣言を参考にした。自由の適切な行使とは、カントに従って自分の判断力を使うことだとされた。二一世紀に入って時間が経過するとともに、誰もそんなことをいわなくなった。せいぜい日曜日の教会でのお説教の中ぐらいである。今や便利が自主性に、安楽が自由に、幸運が思案に取って代わった。啓蒙主義が目指す人間像は、監視用センサーとクラウドが活躍するデジタル化された新世界に存在場所はない。アルゴリズムとその持ち主のほうが自分より私のことをよく心得ている以上、判断力に何の意味があるのだろうか。生きることは暇つぶしである。「成人に達している」のは、私の理性でなく、いわば自分の意志であり、私の知識である。より成人度が高く事情通であるのは、アルゴリズムに把握された私の行動の全部で、私が何をしたとか、何者であるかだけでなく、私が次に何をするかも教えてくれる。このような世界には、古臭い意味での自由など存在しない。もしあるとすれば、それは自由の幻想で、こんなのは、ときには自然の緑を眺めることや、十分にスポーツをして身体を動かすことや、たくさん賞賛されることが必要であるのと似たようなものである。

二一世紀のキーワードは「判断力」でなく「行動」である。啓蒙時代（一七世紀後半から一八世紀）の哲学者にとって人間の行動とは意志によって決断されたことの表現であった。二〇世紀に入ると、情勢がすっかり変わる。行動主義が勃興し、有機体に対する見方が新しくなる。動物であろうが、人間であろうが、米国の行動主義心理学の創始者のジョン・ワトソンにとって、すべての有機体は刺激を受けて反射する機械になる。生物は環境に接するが、そのときに刺激をキャッチする。嫌なものを反射的に避け、快楽をもたらすものに従う。外面的に現れる行動であろうが、内面的な思考であろうが、どちらも、外から見えるか見えないかの相違があるかもしれないが、同じパターンで機能する。このような事象を長いあいだ観察していると、どんな行動も十分予想できるときがくる。

こうなると、有機体の行動と技術的システムを同一視するようになるのは後少しである。それを実行したのは米国の数学者ノーバート・ウィーナーであった。一九四三年にウィーナーは第二次大戦時の戦闘機パイロットの行動を分析し、機械と有機体と社会組織の三者を制御するサイバネティックス[iv]という学問を創設した。行動の分析に成功すると、今度は環境を変えることによって行動を目的に応じて制御することが可能になる。ウィーナーが当時考えたのは、制御可能な義手や義足などのプロテーゼ（人工物）を製作することだけで、サイバネティックスによって得られた認識からビジネスモデルを展開することや、環境を変えることによって人間を目的に合わせて制御しようなどとはまったく考えていなかった。彼は、後になって「オートメーション」を夢見るが、これはオスカー・ワイルドと似て、退屈な人間の労働を代わりにさせて、人々が教育を受け、自分の可能性を試み、芸術的な能力を広げるのが目的であった。一九四八年に発表された彼の著書『人間機械論』[v]で、聡明な機械は「人間に役立つようにもちいられて、人間により長い余暇をもたらし、視野を広めるためでもある。この見解に従えば、利潤を増大させ、機械を新たな《黄金の子牛》として偶像視することが目的であってはならない」[17]ことになる。

その後数十年間が経過するうちに、サイバネティックスは人工頭脳研究から行動経済学までのいろいろな分野に分かれてしまう。たとえば、望ましい行動に巧みに誘導することを「肘で軽く突く」という意味の「ナッジ」ということばをつかうが、この「ナッジ」の理論化によって、米国の行動経済学者リチャード・セイラーは二〇一七年にノーベル経済学賞を受賞した。彼の同僚のキャス・サスティーンはこの「ナッジ」論の大家で二〇〇九年にホワイトハウスの情報・規制問題局に就職した。

機械相手にプログラムをつくろうが、人間を条件付けようが、同じメカニズムで行動を規定し制御しているに過ぎない。サイバネティックスによる認識を利用して操作して儲けることがタブーだなんて二一世紀には誰もいわない。グーグルやフェイスブックなどの実例からわかるように一番儲かるビジネスモデルである。その第一歩は、検索エンジンやソーシャルネットワークのユーザーのデータを売ることとである。そのために、データをプロファイルにまとめて一番たくさん払ってくれる人に売る。第二歩はこれらのデータを分析することで、どんな行動をユーザーが次にみせるかを予測できるようにする。情報を選択したり購入を勧めたりするが、それとらしくするために、行動が操作される。このようにして行動が操作された結果、企業や宣伝会社、ときには諜報機関の願望に合致するようになる。

ロシア人ハッカーが二〇一六年の米大統領選を操作した確率が高いとされているが、当時それはちょっとした話題の一つにしか過ぎなかった。今では、考えられる限り、どの政府も、企業も、機関も、またいろいろな組織が選挙に影響を及ぼそうとしていることは周知のことである。というのは、簡単に実行できるからである。また選挙はもはや特別なものでないし、日々何十億回と個々の人々を相手に実施される操作と比べて些細なことかもしれない。ソーシャルネットワークは、ユーザーに対する刺激とそれ対する反応が起きる環境を絶えず変え、決断、願望、好みや意図を操作する。啓蒙主義の人間観、たとえば「(誰かに従うのでなく)自分こそ判断能力を発揮する主人公」といった大げさな表現は、二〇四〇年にはもう誰もピンとこない考え方である。またこんなことは個々の

iv　物理学・心理学・数学など多くの従来の科学を包含し、機械を使って、人間の頭脳の働きの代わりをさせようとするもの。人工頭脳の科学。
v　邦訳、鎮目恭夫・池原止戈夫訳『人間機械論——人間の人間的な利用[第2版]』みすず書房、二〇一四。

人々が幸せになるのにも不必要でもある。また国家にとっても余計なものである。というのは、国家も「ポスト民主主義」で、民主主義に驚くほど似ているが、選ばれた政治家が権力をもたない国家形態になっている。

二一世紀に、サイバネティックスが到達した高度な水準を考慮すると、議員になった人々に政治を委ねることはもはや意味がない。社会を効率的に形成することができるなら、どうして民主主義の望ましくもない側面を模範として尊重しなければいけないのだろうか。社会を導き、形成することができるなら民衆にまかせる必要などないのかもしれない。ジャック・ランシエールが以前述べた「ポスト民主主義」は二〇四〇年にはとっくに現実になっている。政治はモデル化やシミュレーションの対象であり、メディアの売り物であり、目に見える分野であっても、またその背後で決定するのはテクノクラートとよばれる高度な専門的知識を備えた官僚である。選挙戦も偽薬とし効果を発揮し、懐古的感情をよびおこして、本当の権力関係に私たちの目が向かないようにする機能を果たしているだけである。二〇一〇年代の選挙戦もすでに演出され、テーマも狭められ、細部まで計画されていて、現実の生活がそこに入り込まないようになっていた。何をしていいかも分からない二人の政治家が「首相候補の一騎討ち」と称してイエロージャーナリズム的な雰囲気で騒ぎの対象にされた。英国の社会学者のコリン・クラウチは二〇〇四年に公的機関や国家体制がいつも否定的に評価されていることに気づいたが、この状況はそのまま進行し、どちらも完全に権力を失ってしまった。これは政治についてであるが、経済にも妥当する。本当の権力者はどこにいるかであるが、鏡の裏にいて見えないようだ。

コンピューターのいうことを実行するだけの世界

二〇四〇年をより詳細に眺めよう。二〇一八年に世界をよりよくすると約束した人々は、ほとんどすべての権力をその手におさめた。グーグルの親会社アルファベット社の顧問エリック・シュミットの「世界をネットで結びつけることが世界を自由にすることになる」というスローガンほど人を愚弄するものはない。コンピューターに何をするべきかというのは少数である。多くの人たちはコンピューターのいうことを実行するだけで、それ以上のことはできない。以前は技能がなければできなかったたくさんのことも今では自分でしなくてもすむ。この結果、手仕事の能力や方向認知能力や教育によって身につけた能力が退化してしまう。このことは歴史的にも前例がない。私たちは自動車の運転をしたり、また地図を見たりする能力もなくしてしまった。また知らない街なかで自分独りになったときに迷子にならない能力も喪失してしまう。電子機器が私たちのために記憶してくれるので覚えていなくてもすむ。私たちは世界についての知識も自分の頭のなかに入れて置かないで、機械に任せる結果どんどん無知に近づく。ほとんどの人は、世界についての知識では幼児にもどり、技術のお世話に頼り、生きる気力も乏しくなり、助けてくれる器具なしには、あるいは、近い将来には頭脳にチップが内蔵されるようになり、それがないと外出もできない。彼らは石器時代に似て絵文字でコミュニケーションをし、幼稚にも世界を好きか嫌いかに分けるだけしかできない。

このように判断力を奪われた人々からお金をまきあげることなどいとも簡単である。二〇一〇年の後半から誰もが価格設定のデジタル化を実行するようになった。ネット販売価格も店頭価格も、もはや信頼できず、誰が、いつ、どのくらい買うかによって決まる。知能が高い機械は数千の要因を考慮して、消費者がいつも損するように価格を適応させる。一生毎日価格と取り組んでいる人々は自分が損をしないように努める以上、他の人々が被害をうけることになる。保険だけでなく、またスマートフォンなども、長年のユーザーは貧乏くじを引くはめになる。こうしてユーザーに対する誠実さが裏切りに転じる。ここでも「シフティングベースライン症候群」が発生する。というのは、すべてが日常生活で、少しずつ頻繁に起こり、誰も被害を受けたと感じない。こうして、昨日道徳的に恥ずべきことも明日には普通のこととなる。

二〇四〇年にはこんなことは誰も気にさえかけない。衣服のどこかにチップが入っていて、メーカーに着用者の居場所を連絡する。そのために、誰かがどこかで何を買ってもお見通しである。アルゴリズムがすべてを決定する。生活する領域のどこにも商品がある。私たちがネットに残す足跡から私たちが何者であるかがわかる。この世界では、私たちのネット上のアイデンティティが、私たちがこれこそ自分だと思っているアイデンティティより客観的でまた現実的と見なされるようになっている。ということは、私たちが生きていることが私たちの存在ではない。計算ではじきだされた私たちの欲求に合うようにデザインされたユーザーとしての表向きの顔に過ぎない。環境のほうが高い知能をもち、私たちに邪魔することなく、のらくら者の天国に変わっていてくれている。モノのほうが私たちの願望をそれとなく察して、呼ばなくても私たちのもとに走ったり飛んだりしてやって来る。私たちの町はモノのインターネットを基盤にインフラも生活も機能するスマートシティで、住居のほうも万事が指一本で機能する。犯罪も危険もなく、私たちは自由で、トマス・モアのユートピア島の住民のように入り口のドアをはずしたままでも差し支えない。不自由のなかの自由ほど素晴らしいことはない。正しい行動マトリックス図の中には誤った人生は存在しない。

ついていけず困っているのは老人だけである。彼らには、今や巨大なスーパーマーケットで電気掃除機を連想するクルクルした目玉のロボット以外に話し相手がいない。別の時代を知っている以上、彼らは当然この状態を苦痛と感じる。無数の数字やコードやキーワードも覚えていることができず、そのようなときに利用できるアプリにもパスワードを忘れると近づくことができないので、彼らの悩みは増大するばかりである。二〇一八年に生まれた子供にはこんなことは問題にならない。彼らは他のことは苦手かもしれないが、パスワードやコードを覚えておくことには習熟している。

とはいっても彼らが歳を取ってから思い出すことができるのは何かしたり遊んだりしたことだ。二〇一八年の時点では、彼らの両親は自分たちの暮らす世界、すなわち試行錯誤によって良い経験も悪い経験もして、築きあげた人生の価値がどこにあるかを心得ていたと思われる。また歳を取ればとるほど、情緒的な、創造的な、また道徳的な基盤が自分の子供のときにできていたことも認識されている。ところが、二〇一〇年代の当時、自分の子供には用心深く望ましくない経験を避けさせるようになったのも、この世代の両親である。彼らは、リスクを自分で経験して確かめることなく、また自身がつくったわけでもない技術で輝いて見える世界に子供たちが潜り込んで体験することを許した。彼らは、自分の子供が正しくフルートの音を出す度に才能のようなものを感じながらも、同時にこの器用に指を動かす能力がキーを打つだけになってしまうのを見守るしかなかった。子供たちがスマホやタブレットで過ごす時間を別のかたちで活用できないことも両親にははっきりしていた。生きていて何かを築こうとするためには土台がなくてはいけない。でも高邁な教育の理想より重要なことは、平穏な家庭で、子供たちから「平たいディスプレー（LCD）」を楽しめないと文句をいわれないですむことであった。

二〇四〇年に二〇歳過ぎになる人たちが生まれた当時、市場調査専門家が彼らの性格を予想している。それによると、彼らには「人間」とか「市民」といった名称が当てはまらず、何よりも「顧客」、「ユーザー」、「消費者」であり、それも押し並べて利己的で、辛抱できず、怠惰になるとされたが、実際にその通りになった。この点で、彼らは生まれたときから何十億という多額な宣伝費によって絶えずちやほやされて、他人より多くの利点を確保して、うらやましく思われ、何もかもがすぐに実現されて、苦労しなくてもすむよう仕向けられた。

このような子供たちに両親から与えられた愛は際限なく、その後似たような体験をできるパートナーを見つけられないで、絶えず幸運を探してさまよい続ける。彼らは、繰り返される楽しい事件のあいだの平凡で灰色の日常に耐えることができない。その結果、非日常的なものに対する彼らの願望が日常生活では極端に強い。彼らの人生を映画にたとえれば、この映画は場面がどんどんかわっていかなければいけないし、またリスクを負わずに予想外なことや決定的瞬間が絶えず登場しなければいけない。彼らはこれが極みというべき体験をさがすのだが、そのときにできるだけ手間やお金がかからないようにしなければいけない。彼らは何かをするために生きることが強制されている。その目的とはほとんどが面白いことの体験である。彼らが憧れるのが「エリジウム」[vi]である。これは二〇一三年の米映画のタイトルで、地球は経済的に破綻し、人口過剰で荒廃するいっぽうであるのに、理想郷のエリジウムでは特権階級に属する人々が変化に富む楽しい生活を過ごしている。でもここに住む権利は富の蓄積者が代々相続するので、少数の人々に限られている。そうでない多くの人は全員支配者から提供される無数の無意味な娯楽のための製品によって慰められている。現実とフィクションの境界線は日常生活では曖昧になり、もはやなにが現実なのかを問う人もいない。

開発途上国の恐怖をよびおこす巨大都市も、また地球がすっかり荒廃していることも支配階級には気にならないが、この事情は、二〇四〇年であろうが、二〇一八年であろうが、同じだ。どのデジタル化超大国もこの問題と関わりをもとうとせずに、腐ってカビが生えている箇所にペンキを塗って見えないようにするだけである。フィクションと現実が混ざり合っている社会では、悲惨な状況も、貧困も、環境の破滅も他の無数の情報の一つに見えるだけだ。それをかき消そうとする行動も変化と面白さが増えるだけのものと考えられている。生活が保証されて生きるための苦悩がない特権的な世界に入ろうとして、その境界線で何十万という人々が命を失うことは知られている。ところが、このことは先進国の住民の道徳意識に何の役割も演じない。この事情は、二〇一八年に

vi ギリシャ・ローマ神話で神々に愛された者が死後に住む理想郷。

家畜やペットの飼育環境のひどさが話題にされて、見た目には悪いことだが、仕方がないこととされたのと同じである。

自分が歳を取ることも忘れようとする。肉体的に健全なまま百歳以上になるチャンスは二〇四〇年には大きい。人間の健康状態は絶えず監視されてデータが収集されて秒単位で査定される。そうすることに熱心なのは何よりも保険会社で、遺伝子工学や生殖医学は真の奇跡をおこす。ところが、認知症だけはお手上げである。その理由は、この疾患の研究が、二〇四〇年の時点では何百万というお決まりの美容整形手術ほどお金を払う価値があると思われていないからだ。ここで、二〇一三年封切りの米SF映画にもどると、理想郷「エリジウム」に移住できた人、もっと良いのはそこで生まれた人々であるが、どちらのほうも歳を取ってからは介護をしてもらえる。それも、歯磨きクリームの宣伝に出てきそうな感じが良くて、姿のよい介護士のお世話になれる。そうでない場合でも、力強い腕をもち、フアフアした毛皮で覆われた可愛らしいロボットが面倒をみてくれる。万事申し分のない話ではないか。生命をもつ有機体と生命のない無機体を区別する能力も、また自身の身体感覚もとっくの昔になくなっているからである。私の状態は機械のみがご存知だ。この機械は私の延長であり、私の主人で、守護者である。何かが起こって困った状況にある私をいつも助けてくれるのは機械なのだ。

二〇四〇年の人々は、身体感覚を失っているように、はじめから獲得しなかった人もいるが、一般的な生物の本能というべきものとも無縁である。未来の人間は、自分が他の動物よりコンピューターのほうとより親近感を持つ。自身が自然と関係があるという私たちの情緒も喪失してしまった。

二〇四〇年、人間が暮らす世界は直接自然を経験することと無関係である。私たちと出会うものは、人間の手でできたものか、機械によってできたものか、または、文化の世界か、技術の世界からなのか、これらは溶け合って区別できなくなってしまう。本来、私たちが眼にするものは何もかも人間を反映している。この世界は私たちから見えるだけのもので、何かそれを超越するものは存在しない。人間が技術によって自然を支配すればするほど、支配されるものも、（「魂」にも似た）目に見えない存在を失ってしまうばかりである。

仰天させられるのは、技術上の小細工で、今や「巨大な技術の神殿で」文化的崇拝物として演出されて、わざとらしい照明をあてられて祝われるもののことだ。旧約聖書にあるように宴に興じながら「金の子牛」[vii]を拝んでいるのにも似た物質崇拝に対する不安に根拠があることは、二一世紀初頭のアップストアを見たら理解できる。技術的功績を祝う人々が集団的自己陶酔に溺れているのに等しい。私たちが自分で創造しなかったものに価値は存在しない。まわりにある自然はその価値が下がり、あまりにも地味で感動できなくなり、子供たちにとってはノロノロしていて、またその広がりも一望できてしまい、失望をもたらすだけである。現実のほうがバーチャルリアリティに対抗できないのだ。「故郷」、「自然」、「根源性」、「本物」、「保護」などといったことばによって表現される感情のさまざまな側面が死に絶えつつある。いつの日かそれが何だったかを誰も知らなくなり、

vii　金の子牛という概念は、今日では偶像崇拝を意味しているだけでなく、物質崇拝、拝金主義、唯物論の比喩としても用いられている。七四ページ参照。

またそれらが欠けていても、気づかれもしない。二〇四〇年の人間はデジタルホームレスになっている。なぜなら、ビットやバイトやらは、本当の居場所をもたないからである。

この事情を否定できないことは、世界中の企業で模倣されているオフィスのレイアウトを見ればわかる。それは、シリコンバレー的な創造性を考慮した丸い机が置かれ、上下関係が抑えられたオープンフラットなオフィスであったり、スポーツができるフィットネススタジオを設けたり、技術オタクたちが解放感に浸って仕事ができるガラス張りの空間であったりする。でもこれらは、ハワイにナイル川が流れていて、その岸辺に地中海のマヨルカ島があるような世界である。このような世界の住人は、その体験は貧弱で、頭の中にはメディア経由の映像がつまっているだけだ。この事情を考えたら、飢餓や、世界での不公平、移民、地球という惑星上での乱獲と濫用といった問題に対して答えが誰にもないことも当然である。技術オタクたちの世界にはこのような問題は存在しない。彼らは落ち着いて仕事を続けて、これらの問題を今後も拡大させるだけである。とはいっても、世の中には問題になる前にその解決について頭を悩ます人もいる。二〇一〇年代、飛行機に乗ると、3Dメガネを渡されて、乗客はそのメガネをかけて理想のリゾート地の宣伝映像を眺めることができた。このような映像に対して現実の場所は失望をよびおこすしかなかった。でもこのような事態は、二〇四〇年になるずっと前に、人々に現実に対する本能的な感覚がなくなっていたことを物語る。こうして世界の心配と苦難に耳を傾ける代わりに、人間と機械の融合を夢見るようになる。別の表現だと、超人の誕生を待ち望むようになっていたのかもしれない。

超人の誕生を待ち望む？

超人は、清潔な水もまた熱帯雨林も必要としないのだろうか。海の中の生物が絶滅してもいいと思うのだろうか。超人はどんな気候になっても生き続けることができるのだろうか。大地がもたらすものから栄養をとらなくても済むのであろうか。ロボットのドイツ人研究家でグーグルの副社長のセバスチャン・スランが二〇一六年に「超人」について熱狂的に語ったときに、このような点に彼が気にならなかったのは奇妙である。「このAIによって私たちの感覚や能力が自然の生物的境界線を今まで以上に思い切って超えて、これまで考えもしなかったことを創造できる」[18]。当時、何もかも覚えているし、誰もかれも知っているようにできるという目標を聞いて、馬鹿げていると笑いだす人がいなかったのも奇妙である。インタビューをする人が「夕方仕事が終わってから帰宅して何をしますか。どうしてスイッチを切って気分転換するのですか」という質問をすると、スランが「スイッチなど我が家にありません。世界をより良い場所にするために、家族も私もいっしょに努力します」とこたえたときに、インタビューをした人が笑いをこらえるために口に手をあてなかったことも理解に苦しむ。

スラン氏の世界は、私たちを今より幸せにするだろうか。それとも私たちを惑わすだけなのだろうか。世界人口の増大が加速し、地球上で生存に必要な資源がなくなっていくのに、私たちは本当に彼やそのお仲間とおなじように不死の実現を目指して努力するべきなのだろうか。人間は哺乳類として自然の中で迷子にならないで適応できる本能を失ってしまった。資本主義経済がはじまって以来、宿主に襲いかかり、搾取し、破壊し、それから移動し、最後は適切な環境を見つけることができなくなるウィルスのように、人類は周囲の世界を扱ってきた。

二〇四〇年も、まだこのような破壊的生き方が支配的である思われる。人間を技術的スーパーマンとする子供じみた夢からもまだ覚めていない。それどころか、非人間性崇拝は強くなるばかりで、技術は宗教にさえなっている。二〇四〇年の「技術教」大司祭というべき人の御託宣によると、二〇六〇年から死ぬ人はデジタル情報としてマトリックスに蓄えられるという。こうして頭脳はデジタル化されて保存されることになる。これは、魂が転生して技術的空間に宿るという約束でもある。これらはすべて二〇一〇年に、AIの研究家でグーグル関係者のレイ・カーツワイルが予言したことだ。しかし、彼が見ようとしないことは、不死とかといっても地球上に最早生きる場所がなくなってしまうことである。というのは、不死になるために私たちが二〇四〇年に頑張って努力しても、それと並行してエネルギーと資源を消費尽くして、人類全員が地球上に生存できなくなるようにしているかもしれない。

技術教の占い師がご託宣するように、ある日、AIが人間の頭脳を超える「シンギュラリティ（技術的特異点）」に達し、AIの時代がはじまって人類支配の終了が私たちに告げられる事態には決してならないだろう。というのは、超人的頭脳の持ち主が人類の優位を終わらせるずっと前に地球自体が居住不可能になっているからである。少なくとも第五次産業革命に対する不安は不必要であった。スタンリー・キューブリック監督が一九六八年の映画『二〇〇一年宇宙の旅』のなかで人間対機械の闘いを描いたが、これは現実にならなかった。どうやったら、ＡＩに良いモラルをもたせることができるかという問題はスウェーデン出身の哲学者ニック・ボストロムが長年取り組んでいるが、もはやこの問いも成立しない。彼は、技術によって人間を進化させるトランスヒューマニズムの代表的哲学者であるが、人間が住むことができる社会のために問題の設定を変えるべきではなかったのだろうか。本当に存在する問題のために頭脳をつかうこともなく、ＡＩにかまけていると、二〇七〇年には悪いモラルのスーパーロボットが登場するまでもなく、人類のほうこそ消滅しているかもしれない。そうなると、スーパーコンピューターや巨大サーバーや万能に近いロボットも未完成のまま地上に置きっぱなしにされるばかりだ。それは、宇宙飛行士の旗、乗物、ラジオゾンデ、飛行測定器が月面で永遠の静けさにつつまれて存在しているのと似ている。でも地球のほうは、何百万年もたつうちに錆びてくるので、最後に残っているのはその上を吹く風だけになるのかもしれない。

第4章

過ぎ去らない過去
――レトロピア

社会は歴史を必要とする。歴史は、私たちの人生の起伏に深みをあたえるだけでなく、反響板でもある。存在しているものを認識するとは、それが何からできあがったかを知ることでもある。人間は過去、現在、未来という三つの時間軸の広がりのなかで暮らしている。その意味では過ぎ去ったことも死んだわけではないし、それどころか、人々の頭の中で存在している限り、過ぎ去ってもいない。未来は決して約束ではなく、いつも現在の地平線に見えて、今私たちが抱く心配をやわらげてくれるものでもある。

苦しかったり、何かなくて困ったりするのは、生きることにつきものであるが、問題とその解決という図式には従わない。私たちの人生で価値があり、また重要なものは問題でもなく、その解決でもない。私たちの矛盾も特徴も、よく意識されていない経験も、色とりどりの記憶も、情熱も、私たちの成功も失敗も、誰かから解決策を教えてもらうことによって、消えてしまうものではない。すっかり自分に気に入ったり、また苦しめられたり、捨てたり、引きずってきたりした過去が存在しなければ未来もはじまらない。人間は、自身が思っている以上に自分を肯定しているものだ。自分の経験は自分がしたために重要視する。歳を取ったときに、私たちは自分の歴史以外のなにものでもない。

通常、人々は動揺、変動、断絶をあまり望まない。唯一の例外は直接的な利点を期待できるときだけである。ということは、普通、時間的にも、空間的にも、伝統、慣習、慣れ親しんだこと、また今後も持続可能なことといったしっかりとした土台の上に立っているのを好ましく感じる。ところが、今やこの事情が急速に変わりつつある。というのは何百万という人々が地球上の別の地域から欧州と米国へ押し寄せてくる。それも、時間の流れが加速し、昨日まで通用していたことがそうでなくなり、不安に駆られる。でもそれが一概に非合理的だといい切ることはできない。人間の不安の多くは情緒的なもので、その意味で合理的でないかもしれないが、それでも理屈が通っているものである。人類の誕生以来、不安が生存することを確実なものにした。頭の上に天井があることや、見通しがきく生存空間や、その意味が理解できる生存の営みといったことは生物学的にも、また心理的にも重要である。しかし、地球上での空間的な境界線を取り去り、急速に文化を根無し草のようなものにし、伝統を新しいものに変えた。これまで比較的平等であった社会に巨大な貧富の格差をもたらす経済方式から見れば、このような心の故郷など少しも重要でないかもしれない。似たように変わりつつあるのは私たちの時間感覚でもある。経済は時代の変革を、スピードアップを、変わることを宗教らしいものに昇格させた。事態が変化していくことが重要視されて、存在しているだけのものは軽視されるようになる。こうして過去とは疎遠になる危険に絶えずさらされている。こうして昔からあるものは、古いというだけで胡散臭く思われる。

二〇世紀の人々がもっていた時間と空間の座標軸は解消するしかない。この時代に人々が分け合った経験も、共通点もあっという間に過去のことで無関係なものとして扱われるようになる。デジタル化の宣伝者（プロパガンディスト）は、私たちが見る限り、自分たちが実現しようとすることが良くて正しいことかも、自分たちの価値観と矛盾するかどうかも問わない。彼らに重要なのは、私たちが時機を逸して、置いてきぼりにされるか、されないかという問いである。こうして道徳的問題も時間の問題になる。判断力や評価でなく、また同意するかどうかでなく、必要に迫られて未来の社会が決まることになる。この意味で変化のテンポが重要で、道徳的側面は二の次にされて、まずデジタル化され、心配するのはその後という話になる。

ところが、過去や現在と断絶しないで未来をはじめることなどできないという見解を説明しようとした途端、心配を表明する人が次から次へと出て来る。これも当然なことである。二〇一八年にドイツで暮らしている人々は二〇四〇年のディストピアの絶望的無力感にまだ陥っていない。二〇一八年に、経済関係者の討論会で、いろいろな人生経験を積んだ白髪の老人が、技術信望者の楽観論に貸す耳を持たないという態度をとっても、このことを同席する人々は誰も悪いと思わない。それは、彼らが古き良き時代に思いを巡らすことができるからである。それは、経営トップがドイツ語を話すことができて、実績があることが良いとされる時代であった。また家庭でも両親と子供たちがテレビで出来の悪い番組であってもいっしょに眺め、食事のときも話し合うことがあったのではなかろうか。そのような時代を少しでも知る人々は、技術者は人間を理解しないし、人間がどうであるべきかなどは金融投機家にとってどうでもいい問題であることを感じている。どうして、よりによってそのような人々に私たちの未来を任せなければいけないのだろうか、と思っているのではないだろうか。

私たちの多くはこのようなことを感じているが、でもそれを適切に表現することばがなかなか見つからない。また批判しても小声だし、慎重である。また自分たちが嫌に思うことが歓迎されていないことも感じている。誰もが役立たずの老いぼれで、時代遅れだという烙印など押されたくない。そういえば、人間はこれまでもいつも時代の変化をおそれてきた。一九世紀のはじめにラッダイト運動に参加した人々も、また自動車を流行に過ぎないと考え、馬に賭けたドイツ皇帝ヴィルヘルム二世も、時代の変化を理解できなかったのではなかったのか。人々を自由に、健康に、豊かにしたのは結局技術ではなかったのか。「進歩はあなたには強過ぎて、それはあなたが弱過ぎるからです」などといわれたら、黙って引き下がるしかない。

こうして自分独りで心配する。以前は正しくて意味があったこともそうでなくなる。何もかも分からなくても、見通すことができなくても、また気が進まなくても、仕事として要求されたから協力した。彼の知識も能力も過去のもので、デジタル化で無価値になる。子供たちに何をもたらすべきなのか。人生についての知恵も、思考習慣も、技術的ノウハウも、また風俗もしきたりも、家具と同じように古臭くなるだけである。祖父の世代なら一生同じ家に住んでいたのが、今や十年単位で引っ越しをする。誰か重い本もらってくれるのだろうか。子供たちは本を置くスペースすらない。でも子供たちにむかって「自分と同じようにしろ」とは口が裂けてもいわない。

今や人間の思考も、感情も、関心もどうでもいいこととされる。でもこれらのことこそ、一八世紀のアイルランドの政治家で思想家のエドモンド・バークにとって権威を支える唯一のものであった。法律――紙に書かれて署名された文章でなく――、「お互いの共通性や類似性や共感」が社会のまとまりや繁栄に決定的な役割を演じてきた。「風習や、つきあい方や、生活習慣」が社会の鎹《かすがい》であり、「義務を負うことは、心（ハート）の判子を押すのに等しい」[19]と。ところが、デジタル巨大企業には世界を支配するにあたって、風俗や習慣を基盤にして権力を築き上げるべきだという考え方は重要でないようだ。ということは、デジタル革命は、労働市場や社会的共存だけでなく、どの民族にとっても重要な美の尊重に対する攻撃でもある。流行も言語も一定の型にはめられて画一化され、ドイツ語も「英独チャンポン語」になる。創造性も、大空間のオフィスや「フューチャーラボ」に囲まれているうちに画一化される。マナーや地位やスタイル、また地域性や新しい伝統形成とかといった点でも何か新たな可能性は見えてこない。デジタル化文明が広がっても、ＩＴ巨大企業は現地の文化に適応しようとしない。フードやスニーカーなどといった没個性の圧力も強力だ。スマートフォンを使うだけでは、ドイツ人、キルギス人やマサイ族にも、また「イスラム国（ＩＳ）」の戦士にも、「風習やつきあい方や生活習慣」の中に入り込んで、新たな文化的な個性を生み出すには至らない。どうやらスマホは社会の絆になる価値観をもたらすことはできないようだ。

　このような態度によって世界をより良いにものしようとするなら、複雑で理解困難で独特な社会や人間の性格といったものを無視しなければいけない。この態度は人間が変わる潜在能力と変わろうとする欲求を過大評価していることになり、フランス革命時の道徳的テロリズムや、またスターリンや毛沢東の時代の「新しい人間の創造」の試みを連想させる。この道を歩むことは、人類の平和共存の代わりに、不穏な状態や、定住地の喪失や、羨望と憎悪をもたらすことになる。支配は、絶対的な公正、美徳、完全な平等や、また技術的な救済幻想とかいったことを偶像視することによってではなく、あくまでも社会の成員の同意という基盤の上でこそ可能になる。グーグルの検索エンジンや、またフェイスブックやインスタグラムを利用したり、ワッツアップでメッセージを書いたりする人はこのようなサービスを利用することに同意しているだけである。これらの不透明なデジタル巨大企業のグローバルな支配を承諾していることにはならない。

今、西欧諸国で起こっていることは、自由な選挙があるにもかかわらず、同意という基盤に基づいていないというのが多くの人々が抱いていることである。グローバリゼーションや画一的な世界文明といった問題について国民が投票することはなかった。せいぜいその結果起こったことがトピックになるだけである。たとえば人の流れが可能になると、資本の流れにしたがうことも、結果としてトピックになっただけである。

欧州ではどこでも、グローバリゼーションというとこの目に見える結果が議論されるだけである。世界のいろいろな地域の若者たちが嵐に吹き飛ばされたかのように欧州に到着し、それぞれビニール袋を手にしたり、頭をスカーフで覆ったり、合皮の上着を着ていたりしている。彼らは幸運をさがしてやってきた移入者である。彼らは厭な体験をし、またその夢が満たされなかったかもしれないが、そうであるのはチャンスとリソースが公平に分配されない経済の在り方の結果であって、今から彼らが何かを引き起こす要因にはならない。ところが、移入民に対してすでに住んでいる多数の住民の反感が向けられ、社会不満の捌け口にされる。ドイツだけでなく、他のヨーロッパ諸国でも、またトランプの投票者のあいだでも事情は似ていて、住民の多くは、今ある生活が脅かされないように入国禁止措置がとられることを望む。でも、移入民は欧州の住民たちと同様の日当たりのよい、豪華な待遇を享受していると思っているのであろうか。ヨーロッパは怠け者のデジタル天国なのだろうか。美容整形してもらった高齢者が記念碑扱いされて保護されているオアシスなのだろうか。それとも、このような裕福な人々の保養地では、人工的な自然と地球温暖化のおかげで無数の花が満開しているだけではないのだろうか。中国やバングラデシュの工場で生産され、楽しみがいつまでも続くとされて売られた、形容しようがない無数の商品に埋まって動けなくなっているだけではないのか。

「過ぎ去った日々」に対する憧れや過去に幸せを求める気持はどこにでもある。ドイツではこのようなレトロピアに駆られる人のほうがデジタル化のディストピアに反対する人々より多い。アルゴリズムより路上の難民のほうが多くの人々には目立つし、やかましいし、邪魔だからである。でもこのレトロピアがディストピアとは別のものと見なすことはできない。不安や過剰な負担、また不安定な思いや溜まった苛立ち、そして憎悪から、人々は町の広場やビヤホールで「ドイツ、ドイツ」と叫ぶ。でもここでいわれるドイツとは何なのか。どのドイツに戻りたいというのだろうか。ドイツも店仕舞いになり、大安売りがはじまるようなことをいう人がいるが、そんなことが本当にどこで、またいつから始まるのだろうか。ピザ屋さんは、お寿司屋さんやケバブ屋さんよりドイツ的であるのだろうか。またスマホはドイツ的であるのか。ソフトをアップロードやダウンロードダウンすることも本当にドイツ的なのだろうか。以前のドイツというのなら、どの頃のドイツを意味するのか。お店の閉店時刻が早かった頃のドイツなのか、人々が義務心から教会に行った頃のドイツか、それとも学生同士もお互いに「君」でなく、礼儀正しく「あなた」と呼びあっていた頃のドイツなのだろうか。レストランには行っても、パンの上にハムが乗っかっていてその上に目玉焼きが乗った「頑丈なマックス君」や、「シュニッツェル（肉の切り身）」という名前がくっついているお決まりの料理しか食べられなかった頃のドイツであろうか。[i] 外国人の歌手といったら昔はヴィコ・トリアーニとかカテリーナ・ヴァレンテしかいなかったのが、七〇年代からはヴィッキー・レアンドロスをはじめどんどん増えて数えきれなくなった。[ii] 今日では何がドイツ的なのだろうか。アウトバーン（高速道路）の青色の標識、それともひげ文字のドイツ文字、ザワークラウト（酢漬けのキャベツ）なのだろうか。

右派の政党「ドイツのための選択肢」は町の広場で「ドイツ千年の歴史」を蘇らせることを強調

i　「頑丈なマックス君」は黒パンの上に厚めに切ったハムと目玉焼きが乗っかっている庶民料理。肉の切り身をフライにしたカツレツは「ウィーン風のシュニッツェル」、焼いた切り身の肉にキノコのクリームソースがかかっていると「狩人のシュニッツェル」という具合にシュニッツェルという名前の料理が多かった。

ii　ヴィコ・トリアーニはスイス人の歌謡曲歌手、カテリーナ・ヴァレンテはイタリア人女性歌手で外国語で歌い「歌う外交官」といわれて踊りも上手で、日本にもファンが多かった。食事や歌手の国産愛用主義は、五〇年代後半からの隣国からの労働者がドイツで働くようになったり、ドイツ人が隣国でバカンスを過ごすようになったりしてだんだん変わる。ヴィッキー・レアンドロスはギリシア出身のドイツの歌謡曲の歌手で、近所にあるギリシアレストランのイメージで違和感がない。彼女は一九六〇年代末頃からヒットを出すようになる。今やドイツの町のなかにいろいろな国のレストランがあり、芸能界でもスポーツでも無数の外国出身者が活躍している。

する。これには、暗い思い出もあるだろうが間違っていない。でも、今の歴史がもしかして二一世紀に終わるとしたら、それは難民が多数来るからといった単純な話ではない。というのは、ドイツのほうが自ら急速に国家としての存在を廃止しつつあるからだ。そうなるのは商品とサービスのグローバリゼーションによってである。今や平均的ドイツ人は、このようなグローバル・ビレッジ（地球村）で長い時間を過ごす。テレビの天気予報の天気図で自国のかたちを見たり、またサッカーの試合のとき国民感情に浸ったりしているときは確かにドイツにいることを実感するが、「グローバル・ビレッジ」にいるより遥かに短い。クリスマスを祝うために何か買うことになるが、グローバルビジネスを展開している雑貨チェーン店から市街の中心にある店で購入しようが、ネットで注文し自宅に届けてもらおうが、もはや大きな違いはない。

右派が口にするドイツなどはビールに酔っ払ったときの夢想に過ぎず、想像不可能で存在もしない。事実私たちはずっと前から普遍的な（ユニバーサルな）文化のなかで暮らしている。この文化は、たとえば、米国で発明されたコンピューターのおもちゃが韓国で商品化される。それを中国の子供たちが遊んで組み立てるが、そこには、コンゴでお腹をすかせている労働者が発掘したレアアースが用いられる。でき上がったおもちゃをシリア人の子供が遊ぼうが、ドイツの子供が遊ぼうが、またいろいろな国の人ができ上がるまでかかわっているが、これらの国の違いはこの文化では重要でない。

これらのことすべてをドイツ人は好ましく思うようになったのか、それとも経済的な自然法則として受け入れるようになったのかは分からない。ドイツがドイツ人から成り、確保された領土をもち、閉鎖的な経済空間を形成しているという私たちの国家像は一九世紀に生まれたものである。二一世紀のインターネット文化の世界ではこのような国家はその輪郭を失ってしまった。市場はすべての違いをなくしてしまう。お金には祖国も、また母国語もない。これは政治的な失敗でもなく、世界史的な流れで、繁栄を実現しようとする経済力を止めることができないからこうなったに過ぎない。たとえば、右派の政党「ドイツのための選択肢」が選挙に勝って首相を出すようになっても、ドイツがよりドイツ的になるわけではない。私たちの子供たちが若いうちに結婚し、牧歌的な生活をおくろうが、この事情が変わるわけではない。スウェーデンの児童文学作家アストリッド・リンドグレーンの『やかまし村の子どもたち』に似ていて小ぢんまりとしているかもしれないが、ドイツの牧歌的なところも魂の避難所としてはまだじゅうぶん役に立ってくれている。でも、これもすべてを包括するworld.com（後述）のなかの感情であり、自分のアイデンティティを主張しているのではない。

二〇年以上も前のころ、米国の政治学者ベンジャミン・バーバーが『ジハード対マックワールド』[iii]を発表した。これは、どんどん進行する資本主義の画一化文明マックワールドとその敵というべき本で、敵になるのは、いろいろなタイプの部族主義（トライバリズム）であり、バーバーはその代表格としてジハード主義を挙げる。彼のアプローチは、その後の「文明の衝突」のなかで「イ

iii　邦訳、鈴木主税訳『ジハード対マックワールド』三田出版会、一九九七。

スラム文明」というカテゴリーで一緒くたにしたサミュエル・ハンティントン[iv]より遥かに洞察力が鋭いものであった。バーバーの見解では、「西欧」と「アラブ世界」が対決しているのではなく、血の気のない利潤主義経済と、自分のアイデンティティの喪失を怖れる人々の血の気の多い政治勢力とが世界中の多くの場所で対立していることになる。ハンティントンでは西欧の自由対オリエントの不自由という図式にしているが、バーバーの眼には、マックワールドもジハードも市民社会の自由を脅かすものである。というのは、前者はグローバル化によって脅かすのに対して、後者は自身のアイデンティティを絶対化して自由をないがしろにするからだ。

大西洋横断貿易投資パートナーシップ協定（TTIP）や個人情報収集が暴露された米国家安全保障局（NSA）が一方にあり、他方にイスラム国（IS）が存在する時代に直面すると、バーバーの分析のほうが予言的で、また驚くほど現実的である。市民は消費者/ユーザーに変身し、中東ではイスラム過激派が今ほど強いことはなかった。「マックワールド」という表現は今日では古臭く人畜無害に感じられる。いまでは、グローバル化された経済といえばファーストフードの巨大コンツェルンでなく、なによりも至る所で権力を行使するネット独占大企業を連想する。これらの企業は当時のバーバーには想定外の存在であろう。多かれ少なかれ皆がお揃いのものを利用する今の時代文明には「world.com」という名称のほうが適している。この文明こそ、私たちの世界を形づくり、変えていく強力な歯車仕掛けである。イスラム国であろうが、仏国民戦線（現在の国民連合）であろうが、カタルーニャ共和主義左翼であろうが、また「西洋のイスラム化に反対する欧州愛国者（ペギーダ）」であろうが、この強力な歯車仕掛けは英雄的な部族主義（トライバリズム）の戦士をすべてエキストラに変えてしまう。アラブ、フランス、カタロニア、ザクセンの部族主義は血の気が多く、喧しく、歪んだ時代現象であるが、だからといって世界史の歩みを止めることはできない。現状では、市場の見えない手を信じる人々が勝ち、反対に神や栄光や故郷の目に見えない力を信じる人たちは負けることになっている。

故郷、伝統的価値、宗教的な絆や、また文化的アイデンティティや権威主義を願望するという点で、保守的な国家主義者とイスラム原理主義者は一致する。どちらも外から来るものに対して不信感を抱き、自身を敵に包囲されている勇者だと思い、放縦で気ままな多数派に蹂躙され、価値が認められず、誤解されていると感じている。どちらもお互いに拒絶し合う点で一致し、今の時代の保守主義に過去の幸せだった時代に憧れるという固有の性格をあたえる。というのは、おそらく昔は何もかも良かったし、そうでなかった場合でも、さらにさかのぼれば、いつかは過去が良かったという話になるからである。

とはいっても、保守主義が際限なく過去にさかのぼることを茶化しているのではない。私たちの時代の保守主義者が反射的に自分を守ろうとすることをまじめに受け取るべきであろう。多くの人々にとって意味があり、同時に彼らの魂に枠組を与えていた価値感が今や現実に失われる危険性があるからである。ときにはその馬鹿げた誇張というべき現象が皮肉や嘲笑されていることもある

iv 米国の政治学者のハンティントンは冷戦終了後の国際紛争を文明の衝突としてとらえた。それは、EU加盟を願望するトルコとそれに反対する国々をイスラム文明対西欧文明の対立と見なす考え方である。

かもしれない。たとえばペギーダであるが、これは「西洋のイスラム化に反対する欧州愛国者」の略である。このような運動の名前としてはどこか笑わせるところがある。愛国主義的ヨーロッパ人とは何を意味するのか。欧州を統合し、そうしてできる統一国家に愛国心を覚える人なのだろうか。それとも、欧州内に自分の祖国があってそれを守ろうとしている人になるのだろうか。どこか喜劇的である。こうして二つの解釈を並べてみると、上記の二人が、すなわち各国の独立を無視する欧州統合主義者と、欧州各国に住む愛国主義者が壮絶な戦いをはじめても不思議ではないからだ。この事情は次の例を考えるとわかりやすい。至るところで、愛国的なイスラム教徒が、イスラム国であろうが、アルカイダであろうが、別の名称のグループであろうが、皆オリエントの欧州化に反対して戦っている。彼らは共通の目的をもつにもかかわらず、内ゲバが多くさらにお互いに手加減をしない。

次は「西洋」ということばだが、シュペングラーのファンがドレスデンで持ち出してきたものである。しかし、本当に「西洋の没落」があるのだろうか。なぜ「ユダヤ並びにキリスト教的西洋」がドイツの議論でよく登場し、ドイツの保守派の見解では、この西洋の価値というものを信望していると表明しなければいけないという。でも、彼らはどの価値を考えてそういっているのか。私たちがイスラム教徒と共有している価値のことだろうか。それとも、「自由」のように私たちと彼らとを区別する価値のことなのか。とはいっても、この「自由」はユダヤ並びにキリスト教的な価値ではなく、本来ギリシア的なものである。キリスト教が自由を好ましく思うようになったとしたら、それは啓蒙思想家によってその存在の意義が疑われ、どこかで自由を望むことが強制されたからである。

でも、決まり文句に逃げて、事あるごとにそれを使用するのは、本格的な時代の変革と、それに伴う大きな革命と厄介な問題があることを隠すためである。保守主義は、どのような衣装を身につけても、最早私たちの時代に合わない。グローバル化された世界で故郷といってても何が残っているのだろうか。南西ドイツのシュヴァーベンでも、東ドレスデンでも、シカゴと同じようなハンバーガーを食べ、同じ音楽を聴き、同じような服を着ているではないのか。何が流行るのかを決めるのはドイツの町ケムニッツでない。教会へ行く国民の数はどんどん減りつつある。私たちの恋愛のパターンや婚姻関係のアルゴリズムは米国の夕方の連続番組の所産である。シリコンバレーの資本主義やカタールの支配者が私たちの未来の雇用を決めている。グーグルが私たちに約束するデータ・クラウドの素晴らしい新世界は、ドイツの片田舎のホイエルスヴェルダにも、ケープタウンにも、またハノイにもやって来る。誰もが自分の個人データで支払うことを承諾するなら、規格化された快楽を享受する権利を得る。ということは、金銭的価値には変換できない価値の存在を理解することは容易ではない。

といっても価値観を必要とするのは社会のほうで、この点については見解が一致している。寛容は上品な価値をもつが、いつもそうだといえない。多元主義も望ましいが、でもいつも、またどんな点でもそうであるとはいえない。自由は良いことであるが、そうであるのは社会的な安全に抵触しないときだけである。外から来た未知なものは刺激的で私たちを富ましてくれるものの、不安をもたらす。価値の喪失に対する不安は大きなテーマであり、重要である。このように見ると、右翼政党「ドイツのための選択肢」が文化にもたらす不快感は、後で起こるより大きな地震に先行する前触れを経験しているだけであろう。

もう何十年も前から、イスラム教は自身の文化的アイデンティティに対して自由主義的グローバリズムからの攻撃を経験している。彼らには、これまでのところ、独裁者やそれに便乗する者の登場や頑なな反抗からテロリズム以外の対抗策は思い浮かばなかった。これより良い考えが、「ドイツのための選択肢」に投票してドイツの伝統や価値を守ってくれていると錯覚している選挙民にも、西欧の影響から自身の文化を防衛しようとしているイスラム教徒とは別のアイディアがあるとは思われない。だからこそ、彼らには最小の共通目標としてイスラム教を怖れることしか思い浮かばない。本当はイスラム教徒のほうも、自分たちと同じように継続的にその存在とアイデンティティを脅かされているのではないのか。それも、よりによってドイツ的価値保存会の地元のザクセン州にはイスラム教徒などろくろく住んでいなくて、その割合は千人に一人くらいに過ぎない。ここでイスラム化に不安を覚えるというのは、アルプスの谷間の町でバルト海での漁獲量制限に対して不安を覚えて反対するのに似た話である。

こう考えると、ペギーダや、右翼政党「ドイツのための選択肢」の怒りが、経験に裏打ちされているものではないことがわかる。でも憤慨も不信感も不快感も現実には存在している。「誰かが状況を現実と見なしたら、その結果も現実である」というのは社会心理学の重要な認識である。ろくろく知らないイスラム教徒に対してのはっきりしないパニックの背後には理屈の通った別の不安感が潜んでいるのではないのだろうか。二一世紀初頭の現在、古い世界が没落し、新しい世界がそれに取って代わることに対する不安感からではないのか。

保守主義と資本主義がお互いに折り合うことができないことは、はじめから分かっていたことである。だからこそ、保守的トーリー党が産業革命の一八世紀の英国で市場と商業の自由化を求めるホイッグ党の自由主義に敵対していたのも当然であった。資本主義は、何もかも唯一の合理的な価値であるお金に換算することによってすべての伝統的、情緒的な価値をなくしてしまう。効率的な思考が支配するところでは、人々の富は（例外もあるが）増大する。同時に昔からのものは死んでしまう。今日地球は何十億という人間を腹いっぱいにすることができる。ちなみにヨーロッパでは一九世紀には何百万という人々が飢え死にした。現在では、そうならなくなったが、私たちはその代償として伝統を失い、変化のテンポも加速するばかりである。資本主義が遠慮しないで猛威を振るうロンドンやニューヨークや東京やシンガポールといった金融市場では、既存の秩序といったものをまったく相手にせず、倹約を軽蔑し、また一切の責任を負わない。

西独の奇跡の経済復興の立役者ルートヴィヒ・エアハルトは「万人が裕福になる」というスローガンを掲げた。これは、ロシア人の無政府主義者ピョートル・クロポトキンの著書の独訳のタイトルを勝手に拝借したものであった。この市民的な装いの無政府主義者のことばは、保守主義と資本主義の思考の折り合いがどれほど悪いかを長年おおい隠すものであった。エアハルト経済相（当時）のキリスト教民主同盟の前身はワイマール共和国時代には「中央党」であったが、自由主義とは相容れない保守主義の立場をとっていた。戦後間もない一九四七年のキリスト教民主同盟結党のためのアーレン綱領は、党の立場を次のようにはっきりと規定する。「資本主義的な経済体制は、ドイツ国民の国家的または社会的な生存のためには役立たなかった…。社会的または経済的新秩序の内容と目標は資本主義的な利潤と権力の追求ではなく、国民の幸福である」と。

社会的市場経済の成功は、長年に渡って保守主義と資本主義の矛盾に対する反証になるように思われた。とはいっても、この西ドイツ経済の成功の柱となる考え方の精神的な生みの親の一人というべき経済学者ヴィルヘルム・レプケは、経済復興の頂点というべき一九五八年の時点で、この先うまく行かなくなるだろうと警告を発している。当時すでに彼は供給と需要が機能しているうちに、ドイツ社会のなかに損益計算書の価値しか残っていない日が来る予感を抱いている。[v]

キリスト教民主同盟の今日のジレンマは、この隠してきた亀裂が今も存在することである。現在の保守党員はこのことを感じている。というのは、彼らは経済的な感性からグローバル資本主義を肯定するが、これは自分の意識に残る保守的な感情と矛盾するからだ。昔から継承されて慣れ親しんだ価値が失われないためにどのようにデジタル化経済と結びつけるかについて何も思いつかない限り、不快感だけでは政治的には何も生まない。保守的な感情だけでは飲み屋や町の広場で気炎をあげているだけである。別の現実的な選択肢をしめさなければいけない。[vi]

混乱はもっと大きい。自身を保守的だと規定する人々の大多数は真ん中より右に位置していると感じることのみが重要になっている。現実には保守的思考はもうずっと前から「右の」アイデンティティの特徴ではなくなっている。既得権を保持しようとする労働組合も、世界経済の歩みをただ弾劾するだけの左翼も、緑の党に残っている少数の環境原理主義者もすべて解き放たれたようにグローバルに展開する自由主義の敵対者であり、その意味で保守である。イスラム原理主義と同じように、これらの保守主義には持続的な未来がない。将来に目を向けないで、現実的な対案ももたなければ、保守主義は世代交代とともに消えていくだけである。私たちの子供の世代は信仰や忠誠心や環境によって故郷を決める代わりに、自身が選ぶ世界観や、パートナーや、友人との関連で、国境を超えて新たな居場所を見つけることを学ぶ。彼らは、自身の安全や保護されることに対する欲求が少なくなったわけではないが、それでも柔軟な道をいろいろと試みる。

これらのすべてにおいて、成功し、不安を感じさせないためには柔軟性と人生の知恵が必要である。彼らもグローバル化する資本主義の挑戦と対抗するために新しくて同時に古い問いに直面する。それは「私たちはどのように生きたいか」とか「私たちの心のなかの故郷が売り飛ばされないように誰が守ってくれるのだろうか」である。回答は未来に開かれているものでなくてはいけない。人類の歴史では、自分から進んで後戻りすることがなく、前に動くしかない。反抗しようとする保守的な人間に対してこういって勇気づけたい。アリストテレスがいうように「怒ることはできるし、それは簡単である。ところが、それにふさわしい人に対して、ほどよく、適切なタイミングで、正しい目的のために、適切なやりかたで怒るのは難しい」と。

v　社会的市場経済は戦後西ドイツの政治的経済体制で、市場競争原理を活かして生産性を向上させると同時に、富の再分配によって社会的公平を目指した。この体制は長年成功してきたが、国際市場での競争激化と少子化・高齢化によって維持できず、今や抜本的改革が必要とされる。

vi　メルケル党首が連邦首相となって以来、政権与党となっている。このキリスト教民主同盟と社会民主党（ＳＰＤ）がドイツにおける二大政党である。

そのためにも、社会には、行動の必要性を理解するのに役立つ目標や肯定的なイメージが必要になる。具体的なビジョンのみが、政治に対する経済や教育や雇用の分野でどんな政策を要求したり支援したりできるかのアジェンダを提供できる。ところが、現実にはそれができないのは、私たちの民主主義が大きな嵐になる前に、機能不全に陥っていることにほかならない。数年後に銀行や保険会社からはじまって自動車メーカーやその部品納入メーカーが数十万人単位で本格的に従業員を解雇しはじめたら、どうなるであろうか。電子情報開示プログラムが法律家に取って代わり、事務に従事している多数の人々もごく少数の管理者以外いらなくなったらどうなるのか。今のところは、各政党はショックのあまり身体を強張らせて突っ立っていて、デジタル化が世界を良くするか悪くするかについて、自分たちも何かできるとは考えない。約束できる何か良いことが思い浮かばない者は、(この事情はドイツの議会の政党の大多数に当てはまるが) このテーマについて沈黙を守り、地面は亀裂しはじめているというのに砂上の楼閣を建て続ける。本当は、未来を託す館を、私たちはより頑丈な基盤の上に建てるべきではないのか。

そう思って、私は、いろいろな時代に見つかった発想や想像を、モザイクの石を扱うように、裏返したり、回したり、新たに削ったりして一つ一つはめ込んで未来像を描いてみた。でも、私が望むことは完成した設計図にはならない。ユートピアが完成された設計図だった時代は終わったからだ。理想の生活が実現されている遠くの島を思い描くのは、世界が進む道について批判的な私たちからは到底受け入れられない。影響範囲が大きいデジタル革命については、単純に「問題と解決」という狭められた図式で議論するのは適当でない。それより、現状に対して批判的でありながらも、同時に不幸な未来に対する心配も尊重する精神こそ、私たちは希望を託すことができるのだ。またそうしているうちに、人間的な未来のイメージが見えてくるかもしれない。それは、私たちが生きる時代の激動が必ずしも悲惨をもたらすだけでなく、生きるに値する未来をつくるチャンスがあるというメッセージでもあるのだ。

第2部 ユートピア

何かしたり、作ったり、努力したりするのは人間の本性であるが、
九時から五時まで事務所のイスにすわり、そのために賃金をもらうのは必ずしもそうではない。

第5章 機械が働き、労働者は歌をうたう
——賃金労働のない世界

宇宙の端のほうの静かな片隅にある星では、賢明な動物が一日中働いていた。働かないで済ますために彼らが試さなかったものはない。最初は石の斧が発明され、そのうちに車輪と犂《すき》が続き、あるときから火と湯気を吐き出す機械が登場する。ところが、何をしても、彼らが面倒な仕事から解放されることはなかった。それどころか、事態は正反対になるばかりで、あるときから自分のためでなく、お金のために働くようになる。もらうお金は、いい生活をするには少な過ぎた。彼らは、自分のことを気にかけず、一日中同じ単調な仕事をした。こうして賢い動物も、仕事から解放してくれるはずだった機械の奴隷になってしまう。彼らがこうなったのは、その直前まで自分たちが本来平等で自由であると宣言していたことを考えると、特別に奇妙に感じられる。本当に自由だったのはごく少数の人だけであった。たいていの人は一日に一六時間も働き、その結果教育を受けて知識や能力を身につけることなどできず、食うための重労働で苦しむばかりであった。この状況は電力が生産に役立つようになっても変わらなかった。近代的工場では、電気が通じたおかげで筋肉労働に従事しないですむようになった。だからといって、賢明な動物の大多数はそれまでの悲しい運命から解放されはしなかった。状況が少しよくなったのは、石炭や鉄鋼でなく、書類が日々の仕事

の主役を演じるようになってからである。以前の週八〇時間労働が徐々に減り、わずか三七時間労働になる。賢い動物は、労働しない権利をもつことを教わり、「勤務時間」と「余暇」を区別するようになった。とはいっても、彼らは自分の価値と人生の意味が自分のする仕事に従属しないことは学ばなかった。そのことは、彼らが裕福な出自から何もしないで暮らしている女性を見たら分かったはずである。彼らは、そうする代わりに、その後も長いあいだ労働することによって「貴族に列する」という考えを捨てずにもちつづけた。ところが、本当の貴族は自分が労働でなく、その反対の暇をもつことによって、強制されずに好みに応じて一日を過ごすことができるので自分を貴族だと思っていたのだ。その後ある日、賢い動物は、自分ほどは賢くなくても、多くの点でこれまでよりずっと知性がある機械を発明した。こうしてはじめて労働する動物が住んでいた星も変わる。退屈で単調な作業はどれもこれも機械に任され、賢明な動物のほうにもとうとう暇ができて、自分の本当の使命にしたがい、ちょうど自分のシナリオで映画監督をするように、自分の性格に合った生き方をし、自身にも周囲の人々にも気を配る、満たされた人生を送るようになる。

ここまで読まれて、おとぎ話を聞かされたように思われるかもしれないが、ほとんど現実である。人類の進歩が新たな技術に由来するほかのお話とくらべても真実味が少ないわけではない。これらは、私たちの話とくらべて技術的進歩のおかげで賃金労働に従事しないですむ人たちの数が多くなるという利点の指摘がないだけだ。

古代ギリシャでも、当時自由な市民は働かなかったが、こうした夢はもっていた。当時労働をしなかったのは、そこそこの身分をもつ人々でエジプトでも、ペルシャでも、トラキアでも、スキタイでも働かされたのはまず奴隷で、それから女性や外国人であった。賢人のアリストテレスも、あまり説得力のない根拠を一生懸命にあげて奴隷制度を正当化しようとした。何だかんだといっても、経済全体が奴隷なしには機能しなかった。とはいっても彼は奴隷がいなくてもやっていける社会を望んでいた。だから次のようにいった。「自分から動き出すダイダロスの考案物や、ヘーパイストスが考案した自分から歩く三脚のように、道具が、命令されたり、また自ら予見したりして、与えられた仕事を片づけたとしたら、また織り機が自動的に織りはじめたりするようになったら、親方も徒弟も必要でなくなるし、また奴隷も要らなくなる」[20]と。

一九世紀になると、アリストテレスにとっては夢だったオートメーションは部分的に実現する。当時ダイダロスの考案物やヘーパイストスの三脚には、自動駆動装置も、自動判断能力もまだなかったが、それでも当時の機械は多くのことをやってくれた。カール・マルクスの娘婿で医者兼社会革命家だったポール・ラファルグが第二次産業革命の直前の一八八〇年に怠ける権利を次のように弁護したのも当然であった。富裕層に属する市民は、働かないで余暇を芸術や娯楽に捧げるよりほかに思い浮かばない。そうであるなら、朝から晩まで非人間的に扱われ、身体的にも精神的にも苦しめられ、それが労働者だといわれることに納得がいかない。将来、誰もが一日に三時間働くだけの週二一時間労働こそ要求されるべきだ。というのは、「私たちの機械は熱い息を吐き、疲れを知らぬ鋼鉄の手足をつかい、無尽蔵の素晴らしい生産力を発揮して、賢明に自分からすすんで聖なる仕事を片づけてくれる」からだ。ラファルグにとって、「機械こそ、人類の救済者であり、賃金労働からの自由を買い取ってくれて、余暇と自由をもたらしてくれる神である」[21]。

カール・マルクスが娘婿のこのような考えを歓迎していたとは考えられない。労働こそ、彼の思想体系の中核になるものであったからだ。とはいっても、彼も、若い頃にエンゲルスといっしょに機械が退屈な労働から解放してくれて、狩人や羊飼いや批評家を職業として営むのでなく、ただその活動するだけといった自由さを夢見ていた。しかし、終生、マルクスはこの矛盾を克服できなかった。疎外された労働こそ、彼が敵対して戦う相手であったからだ。同時に「労働」という概念を手放そうとは思わなかった。マルクスとエンゲルスにとって、人間は労働する存在として定義されている。この矛盾が気にかかったエンゲルスは、マルクスが亡くなってからかなり後の一八九六年に「猿が人間になるときの労働の役割」という論文を発表する。彼は、人間の文化的成果のすべてを「労働」の結果とする従来の説に固執した。でも彼がそこで問題にしたのは他人のためにする労働でなく、いわんや賃金を得るために疎外された労働ではなかった。

西ドイツ・バルメンの工場主の息子のエンゲルスは、歳を取ってからも相変わらず自主的活動に「労働」という概念を頑張ってつかおうとしているのにたいして、別の社会主義者はあっさりこの用語を捨ててしまう。一方、オスカー・ワイルドは労働運動の英雄としても、また二一世紀の予言者としても有名にならなかった。しかしアイルランド生まれのこの「ダンディ」は一八九一年に『社会主義下の人間の魂』という評論を著している。彼のいいたい点はラファルグに似ている。それは、人間が単調な賃金労働から解放されたときに、はじめて自身の個人主義が実現できるとする考えである。彼は「不愉快なことであったり、嫌な状況で強制されたりする機械的で単調でうっとうしい仕事は機械にさせるべきだ」[22]としるす。「人工頭脳」などずっと先の話で誰も問題にしていなかったのに、ワイルドは未来についてこういう。「これからは機械が人間を押し退ける。うまく行くと人間に仕えるようになる。これこそ機械の未来の姿である。機械が、お百姓さんが寝ているあいだに成長する木と同じ理屈で、必要で不愉快な仕事を何もかも片づけてくれる。そのあいだ人間は楽しみ、貴い暇を享受する。働かずに暇をもつことこそ人間が目指す目標で、何か美しいものを創造したり、読んだり、世界を眺めて感嘆し、よろこびを見出す」[23]。

機械が働き、労働者は歌をうたう！　人間が自由になることによって今度は私的所有物に対する飽くなき欲望と手を切ることもワイルドにとっては論理的につながる。エーリッヒ・フロムよりも何十年も前に、人間の過ちは「所有することが一番重要なこと」だと考え、「一番重要なのは存在であり、人間の完全性は何かを所有していることによるのではなくて、何であるかにある」[24]とした。住民が外面的にも内面的にも自由な人間であるなら、その国は強い国家にならなくてすむ。ワイルドも、最後はマルクスのいった「無階級社会」に行き着く。とはいっても、マルクスとの違いは、ワイルドも、またラファルグも決定的な点ではっきりと事態をみていた。自発的な個人からなるこの社会は、機械がその知能を高め実績も上げることによって実現すると考え、労働者階級に手を汚すような使命は押し付けなかった。

労働こそ人間を高貴な存在にするといった「気高い労働者」という考えは一九世紀初期のロマンチックな幻想であったが、多数になれば大衆であり、文明に汚されていない「気高い野蛮人」という啓蒙思想家の考えと同じように安っぽいものだということが証明された。どうしてマルクスが、権力をもつようになった労働者階級が古代の奴隷社会や貴族や市民階級より気高い人々になるなどと考えてしまったのかは理解に苦しむ。ラファルグもワイルドも労働者階級が理性的であることを疑問視した。彼らにとって人類を解放するための労働者階級独裁（プロレタリア独裁）は不必要であった。それどころか、ワイルドは、スターリンの恐怖政治を本当に体験したかのように、二〇世紀に入る前に全権力を手中に収めた社会主義国家の到来を警告した。「社会主義が権威に走り、現在の政治的権力だけでなく経済の全権を手にし、産業の独裁体制になってしまうなら、人類の最終段階はその前のどの発展段階より悪いものになる」[25]。

ワイルドによる、機械は国家でなくすべて人々の所有物になるべきである、という私的所有権の廃止はあまりにも過激であり、彼の国家観も無政府主義的すぎるかもしれない。それでも機械が万人に所有されることによって人間を解放できると認識したことでワイルドは予言者であったし、多数の左翼ユートピア主義者の先を行っていたことになる。『一九八四年』を著したジョージ・オーウェルは、ユートピア主義者であるワイルドを高く評価していなかった。彼は機械がすべての単純労働を片づけてくれることを想像できなかった。ところが、西欧社会では、洗濯機ほど女性解放を可能にしたものはなかった。その後いったいどれほど多くの家庭用電気製品が登場したであろうか。いかに多くの肉体労働が、また単調な仕事が二〇世紀中に機械がするようになったのだろうか。ドイツの労働時間は、ワイルドが生きていた時代より三分の一も減った。労働時間は平均すると週に三七時間で、余暇のほうも、とっくにラファルグの理想に近づいた。またワイルドが望んだ個人主義も盛んである。ドイツでは大学で勉強する若い人々の割合も高くなり、二〇代後半に就職し、平均して六三歳で辞めて、その後二〇年間賃金労働を強制されることなく生きている。もしラファルグとワイルドが今の状況を見たら、少なくとも西欧社会では望んでいたことの半分は実現したと思うかもしれない。

ユートピアの半分はもう実現している？

とすると、今はもうユートピアの道半ばということになるが、状況はいささか奇妙である。技術を促進しようとする者、技術の創造的破壊を宣言する人々、未来のデジタル化の熱狂者など、時代の大変革を大仰に言う人には事欠かない。ところが、どういうわけか社会や政治についてのアイデアとなると彼らの想像力が働かなくなる。歴史上これまでも、技術的かつ経済的革命が社会の在り方を変え、新たな社会構想をもたらしたのではなかったのか。その代わりに論じられるのは、成長や企業家精神についての代わり映えしない発言である。特にインスピレーションが乏しいと思われるのは未来についての想像力がかなり前からはたらかなくなっているエコノミスト集団である。二一世紀に未来のイメージが生み出されるとしたら大部分はハリウッドやSF作家からだろう。

ユートピアなんて、経済でも政治でも誰も真面目に考えていない。これも当然なことだが、驚くほど保守的であるのは、シリコンバレーの超権力者である。彼らを特徴づけるのは、創造的破壊や、情報通信技術の発明にもかかわらず昔のままのビジネスモデルを継続しようとする点である。「GAFA」と呼ばれるグーグル、アップル、フェイスブック、アマゾンほど、パロアルト資本主義の創造的破壊を恐れている企業はないのかもしれない。

シリコンバレーの経営者のこうした不安からユートピアが生まれるとしたら、それは民主主義の空洞化をもたらすだけであろう。分かりやすいのは、米国人の航空エンジニア兼経営者のピーター・ディアマンディスの例である。彼も、オスカー・ワイルドのように政治が不必要になる社会を夢見て、技術的な解決によって、七〇億人の人々により良い生活を約束する。でも芸術愛好家である人道主義者ワイルドがディアマンディスの人間像を知ったら仰天するかもしれない。圧力を受けずに平和に暮らしているうちに芸術家に成長するような自由人がワイルドの理想であるのに対して、ディアマンディスが賛美するのはダーウィニズムである。だから「人間は遺伝的に競争するような性格になっている。それはパートナーを獲得するためであり、またスポーツの世界でも仕事でも競争だ。刺激をあたえて競争させると、あたえられた条件で問題解決を目標とするように強いられる」[26]ということになる。残念なのは、ディアマンディスが六年前に予言した「七〇億人の生活改善」は実現していないことである。人類が直面する問題は、技術的問題とは異なる法則に従っているように思われる。飲料水不足、資源不足、内乱、搾取といったことをなくすために技術のスマート化だけでは説得力がなく、「解決」は政治的に実現するしかない。

もっと遠慮せずにはっきりと自分の抱負を語るのはシリコンバレーの保守的大投資家のピーター・ティールである。ペーパルの共同創立者で、フェイスブックの最大株主[i]の彼は、二〇〇九年にカルフォルニア州沖の公海上に独立した人工の浮島を建設する計画に投資する。一七世紀前半に英哲学者のフランシス・ベーコンのユートピア小説『ニュー・アトランティス』に登場する島と同じように、米国の治外法権下にあるこの人工島で自由に人類改造のための研究をするのが目的である。ティール自身のことばによると、「政治の領域とは異なり、技術の世界では個々の人間の決断が今でも絶対的に優先する。私たちの世界の運命は、資本主義が脅かされることのない世界を確保するために『自由のためのメカニズム』[ii]を立ち上げ、普及させる人々の手に委ねられるべきだ」[27]。

こんなことを、平気でいう大投資家はSF映画の中にも登場しない。民主的にコントロールされることもなく、マニュアルを眺めて機械を組み立てたり分解したりするように、私たちが資本主義を維持したり、民主主義を廃止したりなどどうしてできるだろうか。本当のところ、ティールはこんなことをするためだけなら、太平洋にオフショア地区を設けなくてもいいことなどよくわかるはずである。事態が彼とそのお仲間のためにどのように進行しているのかを見たら、遠いところに移住して世捨て人にならなくても目的に近づきつつあることがわかるはずだ。

このように夢みる人が増え、反民主的思考パターンが強まる以上、それに対抗するユートピアが絶対必要だ。ところが、西欧社会での政治的な議論の場でも民主的なユートピアを話題にすることはなくなってしまった。すでにマルクスとエンゲルスも自分たちの歴史的予言がユートピアに過ぎないと思われることに危惧して、このことばを用いなかった。今日でもユートピアというと世間知

i　二〇一二年当時。
ii　「自由のためのメカニズム」は一九七三年出版された無政府資本主義（アナルコ・キャピタリズム）の題名で、市場経済が国家なしでも機能することが平易に解説されている。著者のデヴィッド・フリードマンは経済学者で法律も専攻している。息子のパトリ・フリードマンは、リバタリアン（自由至上主義者）のティールが支援している人口の浮島の設立者である。

らずの悪ふざけとされる。特にこれが技術でなく社会と関係する場合にはそうだ。ちょうど技術的なことと社会的なこととがお互いに無関係であるかのようである。西欧では、この傾向は、腰がフラフラして正体不明の海賊党[iii]の登場で強まる。彼らは幼稚な万能幻想と溢れるばかりの自己矛盾のために有名になったかと思うと、すぐに消えてしまった。ちょうど米国の西部開拓時代、本当の権力者が汽車の線路を敷設し大地を分割した途端に毛皮捕獲者やアウトローやカウボーイが重要でなくなったのと似た理屈である。西部開拓時代は自由精神とあまり関係なかったし、今日ではインターネットも似たような事情にある。二〇一四年に、海賊党や運動家が苦々しくも気づいたように、すでにネット上の権力を握っているのは民主主義ごっこを許された少数の若者たちでなく巨大IT企業と米安全保障局（NSA）である。

「実験はしない」はアデナウアー初代西独首相が一九五〇年代によく口にしたスローガンで、それ以来民主主義を守ろうとする者はいつも思い浮かべることである。これに関連して思い出すのはキリスト教民主同盟の政治家フリートベルク・プリューガーで、彼は一九九七年「ビジョンをもたないとするビジョン」が二一世紀に適した政治であると私に熱心に語った。この予言は今までのところその通りだったというしかない。ドイツ週刊新聞『ツァイト』のコリヤ・ルツォ編集員も同じ調子で「ユートピアなど誰の役にも立たない」といって「無条件ベーシック・インカム」について考えることを拒む[28]。

これは薄気味悪いことである。というのは、ユートピアがないからといって、現状維持で得をしている少数の人々を除いて、誰の得になるわけでもない。とはいっても、中期的未来について考えて、

「このままで行く」から逸脱することのリスクは現状では非常に大きい。この状況について、イタリアの映画監督が言ったことが思い出される。彼は、米国の西部劇とマカロニウエスタンとの違いがどこにあるのかを尋ねられて、次のように答えた。「ジョン・フォード監督の映画で誰かが窓から外を眺めたら、輝かしい未来を目にするだろう。私の映画だったら、窓から外を見る人は撃ち殺されると誰もが思う」。私たちの民主主義の未来観も似たような話である。昔ドイツでルートヴィヒ・エアハルトやヴィリー・ブラントが未来のドイツのビジョンを語ったら、誰もが歓声をあげ称賛した。今日誰かがよりよいドイツの未来図を発表した途端、メディアの一斉射撃にあうだろう。

今や政治や経済は、私たちの生活となんら関係のないユートピアがそのままとどまることを尊重するかのようである。ところが、変化そのものは、人々が気づくとか気づかないとかとは無関係に進行している。ラファルグやワイルドが生きていた時代の政治家や経済学者に、英国やドイツといった国で二〇一八年には労働時間もずっと少なくなっていることや、またどのくらいの給料もらっているかを話したら、夢物語や、熱狂のあまり常規を逸した「ユートピア」だといって誰からも信じてもらえなかったと思われる。ということは、当時の経済学者と今のエコノミストとは実はあまり違わないかもしれない。つまりどちらも、現在の状態をもとにした頭の中にでき上がっている可能

iii 海賊党は二〇〇六年頃から欧州各国で誕生した政党で、インターネットでのユーザーの自由な活動、また人権やプライバシーを守るために広い意味での民主主義運動を展開した。しばらく選挙で票を集めることがあったが、二〇一五年頃から政党としても運動体としても衰退する。

性の限界のイメージに強く影響されているからだ。現在の経済の専門家は可能性を超えることは大学では勉強しなかったし、ビジョンに類することは彼らの無数の専門論文のなかに見つけるのは至難の業に近い。だからこそ、彼らは大変動が進行中であるにもかかわらず、仕事も雇用も社会構造も二、三〇年後の世界でも今とあまり変わりがないと落ち着いていることができるのだ。

昔と変わらないエコノミストたち

経済的課題は、私たちに迫って来る問題として見なされないかぎり、いつもはっきりとは見えて来ない。経済の重要課題は必ずしも純経済学的な性格のものでなく、心理的、倫理的、政治的、文化的なものでもある。数字や表が入っている経済論文は難解でなくても人類史の今後の発展を決定するものがある。それらは、技術や社会に関するもので、ワイルドは次のように書いた。「ユートピアという国が印されていない世界地図はちらっとでも視線を向けるに値しない。というのは人類が目指す国が欠けているからだ[29]」。

それでは今どんなユートピアが問題になるのか。肝心な点は、デジタル化が私たちにもたらす約束について、見解が統一されていないことである。その一つはごく一部の人間だけを無際限に豊かにしてくれる約束であり、その結果もたらされる富の使い方としては、すでに述べたピーター・ティールのように「自由のためのメカニズム」や、世界を改良する仕掛けの設計を夢見る以外に何も思い浮かばない。無限に富を手にした彼らが設立した財団は、（ビル・ゲイツは数少ない例外であるようだが）たいていは公益事業の体裁をとっているものの意図が透けて見える。

次は、できるだけ多数の人々に自主的に生きる機会を与える約束である。シリコンバレーの超権力者が世界を良くすると約束したら、彼らがこれまでにした以上にまじめに受けとるべきである。ザッカーバーグ、ベゾス、ブリン、ペイジといった人たちが自己中心的な企業経営者としての役割を演じるか、それとも嫌々でも世界のためのお手伝いをするかどうかは決まっていない。前者のほうが彼らの望むことかもしれないが、真の英雄になれるのは後者のほうだ。それは、彼らが促進した「オートメーション化」をさらに推し進め、自分では気づいていないかもしれないが、できるだけ多数の人々に自主的に成長するチャンスをあたえるからである。シリコンバレーの成功者は、現状では強欲に駆られ、金儲け以外に関心のない株主に煽られている自立心の欠けた人たちの印象を私たちにあたえる。これまでのところは、期待ばかりもたせて容赦なしにユーザーや顧客を半強制的に利用し、そのプロファイルを一番高く払ってくれる人々に売り払うだけであった。ということは、進歩の推進者かもしれないが、昔からの経済モデルに押し流されているだけで、お金を増やすことしか知らない、なかなか満足できない人々に過ぎなかった。彼らの価値を認める人もそれをお金以外のかたちで表現することはなかった。また金額が増えても彼らの人生がもっといいものに変わるわけでもなかった。

なぜそうなのだろうか。それは、シリコンバレーの超権力者の彼らが、一六世紀にイタリアのルネサンスに生まれ、その後エリザベス時代に英国で本格化した思考様式を引き継いでいるからである。次にこの思考様式は確固とした人間像とむすびついて、一七世紀と一八世紀の英国において世界観ともいうべきイデオロギーになった。商人という身分も利潤追求も、古代ギリシャや中世時代に排斥されていたのが、この時代になってはじめて文化的規範に昇格した。ただし、成金というべき商人階層の人々には国家を支える市民としての心構えなどは重要でなかった。というのは、商人はそれだけで道徳的で、公正で、人格者とされたからである。こうして近代の商人としての人格が市民としての人格にとって代わる。商人には良い人間になる努力など必要ではない。彼らの利潤追求そのものが良いことだからだ。それはすべての英国人を裕福にしてくれるからで、心構えでなく、役に立つかどうかが行動の価値を決めていたからだ。

それでは、どのように役に立つ人間と役に立たない人間を区別するのであろうか。英国の東インド会社のロビイストや、英国哲学者のジョン・ロックはその判断の基準をはっきりと表現している。それは働くこと以外のなにものでもない。生きていることが市場であり、交換取引である。人間は、一六〇一年にジョン・ホイーラーがはっきり述べたように、人生のどの状況でもホモ・メルカトリウス（商い人間）である。ちなみに、ホイラーは近世初期に英国にできた毛織物商人の独占団体マーチャント・アドベンチャラーズ（冒険的商人組合）の書記長を務めた人である。現代的にいえば、彼にとって社会的規範は市場規範である。ちなみに、今日のエコノミストや社会生態学者も似たような見解を抱いている人たちがいる。

仕事や業績が中心の社会はあまりにも自明で、唯一の意味ある社会体制のように私たちには思われているが、市民の時代がはじまったときの英国の発明なのである。賢明であることが賞賛に値する特徴のなかでも最高のものと見なされてきたが、勤労社会の徳目である有能さにその地位を奪われてしまった。一八八二年フリードリヒ・ニーチェはしるす。「働くことそのものが良心として、どんどん自分の味方につけてしまう。喜びは（労働から）回復するためにあり、単に喜ぶだけでは肩身が狭くなるようになった。ピクニックで誰かに会うと健康のためにしていると弁解するようになる。劣等感を覚えずに、また良心を咎めずに、たとえば友だちといっしょに散歩に出かけて考えごとに耽けるような生活も近い将来には難しくなるかもしれない」[30]。

働くことだけが人間の存在を尊いものにするという考え方の影響は根強く、今日でも指針となって私たちの社会を規定している。働いてよりたくさんの業績を挙げた人がよりたくさんの報酬を得る。でもここでいう「業績」という概念ははっきりしていない。いい加減な保険をふっかけて何十億も儲けた人は、低い収入で老人介護をしている人より業績が高いというのは、どう考えても説得力のある意見ではない。裏社会での犯罪活動、プロスポーツ、企業の売上増大や、詩作や、育児、福祉などいろいろな活動を仕事の成果という意味での「業績」という概念によってまとめて相互に比べるのは適切ではない。また重要な点は、たいていの人が感心するのは成功のほうであり、（表彰もされていない）業績に対してでない。

業績神話は、ドイツ社会では多くの人々が抱く自信にとって重要である。二〇世紀後半、労働者、農家、職人の家で生まれて、大学でよく勉強し、エンジニア、電気技術者、中小企業経営者、大企業のマネージャー、経済団体の会長などになった人々は、自分を業績主義社会が機能している生きた証拠と見なしている。戦後の西ドイツで、このように多くの人が昇進できた時代は普通のことというより例外的な状況であった。出世が心構えやモラルと関係があるというのは、栄転したことをお飾りとするおとぎ話に近い。当時の文化的環境は今日とは別で、昇進のチャンスも動機もあった。今日、毎年四千億ユーロ（約五〇兆円）の資産が相続されているが、これを考慮すると「業績主義社会」は現実を言い繕う表現でもある。[31]

私は、業績主義社会はフィクションである、ととらえている。とはいっても、このフィクションによって動機づけられる者にとっては役に立つ。このフィクションで社会的風潮と心構えが生まれる。これが業績主義社会の重要性を過小評価してはいけない理由でもある。とはいっても、必要以上に高く評価することもない。業績主義の崇高な原則がどこまで本当の負担に耐えられるかどうかをテストすることを想像すべきだ。私たちの社会は、いったいどこまで業績主義的公平さと折り合っていくことができるだろうか。英国の社会学者マイケル・ヤングが一九五八年に少しだけ皮肉に「功績による支配」という意味で「メリトクラシー」という表現を使いはじめた。[32]誰でも自分が本当に働いてもたらした業績によって評価されて報われるべきである。出自、人間関係、保護の必要度、幸運など他のすべての要因は無視されるべきことになる。このような業績主義は、当然なことだが、決して実現できない。私の業績は私自身だけの業績であるだけでなく、他の人々も関係している。たとえば私は、両親から才能を受け継ぎ、彼らのしつけが私の性格形成に役立った。学校の先生も、社会環境も私の教育に関与している。こう考えると、自分独りだけで業績を上げることなどないことになる。そうであっても、ここで今一度考えてみるべきである。本当の業績主義社会は望むに値する社会なのだろうか。

望まないほうがいいかもしれない。本当の業績社会になるといったい何が起こるのだろうか。収入の在り方はまったく別のものになる。収入が低くなる人も、反対に上昇する人もいる。今の所得ピラミッドで上に位置するようになった人は自分が本当にすぐれていて、エリートとしての権利をもつと公言できる。彼らはおそらく耐えきれないほど傲慢になる。もっと大きな問題なのは下半分の人々に対してである。そこに位置する人々は逃げ口上を奪われて、客観的に何の業績も上げていないので一番駄目な人間として生きていかなければいけない。誰もが世間は自分に公平でないなどといいわけができなくなる。このような真実と直面したいと思う人はほとんどいない。これが白日の下にさらされると、何百万もの人々の自負心が脅かされる。これほど多くの申し開きをする機会失って悔いている人々が出てくると、社会のほうも耐えきれない。暴動や内乱になるかもしれない。業績主義社会がドイツで機能するのは、厳格な意味でそうでなく、多くの人々に幻想の余地を残しているからである。

業績主義社会の幻想は方便でもある。すべての人々が本当に頑張りはじめたら全部に報酬を払うことができなくなる。カバレティスト（寄席の風刺家）のフォルカー・ピスパースがいったことだが、資本主義では誰もが豊かになれるが、でもすべての人が金持ちなるのではない。誰かが金持ちのために働かなければいけない。真ん中に位置する勤労者は「勤労中道派」と呼ばれ、選挙になると大政党からチヤホヤされる。でもこの表現も現実を表していない。こう考えるのは勤労者でない中道派がいることを前提としていることになるが、誰がそうなのだろうか。子供のいない主婦とか、裕福な年金生活者とか、国民政党があまり食指を動かさない人々であるかもしれない。社会の片隅に暮らしている人がいて、勤労者であることもそうでないこともあるが、大政党は彼らとあまり関係を持ちたがらないようだ。彼らは、低所得者や、定職についていない人や、貧しい年金生活者や、不遇な環境にいる子供、たくさんの株を所有する人たちなのだろうか。

勤労と結びついて真ん中に位置する中道派はドイツでは聖なる存在である。この聖なる祭壇の陰にいるのが、我が国で「勤労中道派」に属さないが、でも働いている人々である。たとえば、年金生活者で、日曜日に町の少年サッカークラブの試合の審判をつとめている人、その妻はシリア難民の世話をしている。また主婦や主夫であるすべての女性と男性、インターン中の学生。数百万もの人々は低賃金で働き、一つも二つも職をもたないと食べていけない。私たちは「勤労中道派」にもっぱら労働倫理ということばをつかうが、これはいろいろな立場にある人々に対して不当な扱いをしていることにならないだろうか。

西ドイツ時代には、努力すれば誰もが出世できて豊かになれた社会で、その意味で上昇志向社会であった。この社会像は二〇一八年の現在でも人々の意識を支配している。だからこそ、今はそうではなく、社会に下降していく意識が強いとする社会学者のオリバー・ナハトヴァイの診断は、左翼的誇張だと批判された。ドイツでは普通の生産工程や事務的ないくつかの職業がそう遠くない将来にはコンピューターに取って代わられるとか、また機械加工や物流など労働分野の全体がそうなるとかというと、もっとも不信感をもたれる。そこで指摘されるのは、ドイツで失業率が五%とか六%といった具合にきわめて低い点だ。とはいっても、大転換の前触れは私たちの目の前に迫っているのではないか。ニュルンベルクの地下鉄には運転手なしで走行する区間もある。

ハンブルクでは数百台の小型バスが自動走行し、郵便局は山間部ではドローンで宅配している。コールセンターでは、コンピューターの活用を増やし、人間を少なくしている。低賃金労働の分野でない「勤労中道派」に属する職業も近い将来同じ運命になることが、この国ではなぜか人々の意識に上らない。[33]

業績主義的社会の終わり

デジタル革命がはじまる今日の状況は奇怪である。私たちは、いっぽうでは業績主義的な市民社会の時代がゆっくりと終わろうとしているという印象をもつ。ところが、反対に、この業績主義のフィクションに乗っかって機能する資本主義という経済・社会体制がどんどん過激になりつつある。ということは、本来同じ時代に属さない二つの要素が共存しているのが私たちの時代である。

このような労働市場は継続できない。この結論に達したのは、ドイツからはベルテルスマン財団、フォルクスワーゲン、ドイツ技術者協会・テクノロジーセンター、フラウンホーファー研究機構、ベルリン自由大学が参加した国際的シンクタンク・ミレニアムプロジェクトとして実施された「デルフィ研究」である。二八九人の専門家の見解を総合すると、中長期的にＡＩに代わる仕事をする職業はすべてなくなってしまう。残るのは、他人に対して「感情移入」することを求められている職業で、何かを気にかけたり、誰かの心配をしたり、またはお世話をしたり、話しかけたり、コーチングしたり、訓練したり、誰かの心配や苦労を個人的に軽減したり、問題解決を助けたりすることである。たいていの人々は何をしているのだろうかという質問に対して上記の「デルフィ研究」は、「誰もが何かをしている。でもその多くは所得を得るためではない。けれど、誰もが何かを生み出す。それは喜びのためであったり、雑音を出すためだったりする」と答える。[34]

私たちは、収入や賃金を得る仕事が減少していくラファルグやワイルドの社会にどんどん近づく。私たちの労働や経済や社会保障のシステムはこのまま続けていくことはできず、抜本的に見直されなければいけない。またいろいろな人々から教育を求める声があがる。ちゃんとした教養があり、あるいは教育を受けた者のみが新たな労働市場での変革に対応し、また人間として必要とされる存在になることができるとも指摘される。十分学ばなかったり、また学び続けなかったりした人は一人前になれない。成功できるのは、創造的で、適応力があって、相手の気持ちを汲むことができる人である。というのは、(測定できる)価値を創造しない人は未来の社会では自分の価値が失われるからだ。

教育に求めることはいつも正しい。でも今ここで述べたことだけではこれからはじまる社会的変化の深さを理解できないかもしれない。教育があることを失業しないための万能薬と見なす者は、教育が何であるかを理解していない。教育があることとは、豊かな思考や、満たされた人生を過ごす能力をもつことであり、労働市場に正確に適応することではない。幅広い教養を身につけていても、誰かが機械にとって代わることや、また未来の仕事の世界にマッチできていないかもしれない。次にいえることは、しばらくのあいだか長期間に渡って所得を得る仕事につかない人たちこそ、高度な教養や創造性を必要とする点である。一日をどのように過ごすかを、また何のために活動するかを自分で決めることも、そのために計画を立てて、(誰にもいわれずに)自分で目標を設定する、このような能力こそ、食べるために職につかなくても幸せでいられる人間と、お慰みに支援を受けて自分が役立たずと感じて、不幸せでいる人間とを区別するものだ。

現在、声高に「教育」の必要性を訴える人々の多くは、今やゆっくりと消えていく仕事中心の業績主義社会の枠のなかで思考している。だから、将来、賃金労働に従事しなくなる状態を私たちが高く評価しなければいけないことなど考えもしない。お金を稼ぐことができる仕事がなくなっていく人々はいったいどのようにして自尊心を保つのだろうか。そのためには、自分が役に立ち、必要とされる経験がなければいけない。どの教育であってもその目的は人間に「自分がしたことによって成果が得られるという経験」をし、何か意味のあることをもたらしたのを感じる能力を養うことである。

ホモ・メルカトリウス(商い人間)のイデオロギーによれば、金儲けをしたことに幸せを感じるのが人間の本性になり、そうだとすれば、最大の富の所有者がいつも一番幸せな人間になる。ところが、必ずしもそうではないようで、その点は現実を少し眺めれば、はっきり分かる。プラトンやアリストテレスのような人たちには活動的な生活でなく瞑想的な生活が、すなわち哲学者として生きることがもっとも幸せな生存の在り方であった。ということは、何が幸せな生き方か、また満足できる生活であるかは本人がどんな文化で暮らしているかによって左右される。自省することや、認識そのものを評価する文化は、お金を稼いだり、成功したりする能力を重視する文化とは別のタイプの人間をもたらす。また勇気や戦闘能力をもっとも高く評価する社会ではそのような戦士を数多く生みだした。

活動的な生き方も、瞑想的な生き方も、公共性への配慮も、友情を大切にすることも、正しい生き方について思考することも、そのすべてが古代ギリシャ人にとって国家が機能するための基盤であった。ということは、経済的成功ばかりを重要視し、他の要因を軽視することは現在の市民文化の成果であるとはいえない。また古代ギリシャの自由な市民の男性は、女性や奴隷や外国人を自分たちのために働かせているために自身が「不自然な生き方」をしているなどとは夢にも思わなかった。このような古代ギリシャ社会と同じように、コンピューターやロボットを私たちのために働かせることになったからといって、それを「不自然だ」と思うべきだろうか。

そのような社会を私たちはどのようにつくったらいいのだろうか。オスカー・ワイルドは、わずかな労賃で満足し、教養も豊かでない奴隷同然の人々が自主的に人生を過ごしたり、自由な芸術家になることなど簡単ではないことを心配などしなかった。だからこそ、このテーマについて彼が書いたものには皮肉と挑発が混じり合っている。ワイルドも、現実には天国が地上に降りて来ないことを、（以前哲学者のオード・マルクヴァルトがいったように）実際にはどこかの眼前の地上を少しだけ良くすることを承知していた。ユートピアの尺度は人間的であることで、完璧であることではない。世界は複雑で厄介なものである。ペーター・ティールのように「自由のためのメカニズム」を夢見たり、世界の問題を最終的に解決したと称したり、またより良い世界を約束したりする人々が「カリフォルニア（のシリコンバレー）」にもいるかもしれない。でも試しにそこの慈善家を引っ搔いてみる。あなたは、彼らが並みの人間で血を出す偽善者であることが直ぐにわかるはずだ。たとえば、二〇二五年とか二〇三〇年頃には、バスやタクシーの運転手の職を失う人が多数出現するだろうが、それとともに創造的には決してならない。それどころか、なかには、攻撃的で破壊的になったり、意気消沈したりしているかもしれない。大量解雇が繰り返されてから私たちの価値観の転換がはじまる。私たちは、仕事の成果をあげ、自分に価値があるという、金銭によって酬われるという大好きな考えにしがみつく。このような状態で、攻撃的になったり、破壊的になったり、意気消沈したりしないでいるのは本当に難しいことである。

すでに二〇〇〇年代の中頃に米社会学者のリチャード・セネットとポーランドの哲学者ジグムント・バウマンの二人がこの問題について診断を下している[35]。セネットは「無価値な存在に絶えず転落する危険」と表現し、バウマンのほうは「近代から排除される人々」と呼んだ。以前なら人間は戦争とか大惨事に強いられて柔軟になり、新しいことに対応したが、近代資本主義では絶え間なく柔軟でいることが「日常業務」でさえある。彼は、生きることに伴うこのような不安は多数の人々を苛立たせて、何百万の犠牲者をもたらしたという。セネットによると、以前には支えになってくれたプロテスタントの労働倫理の代わりに登場するのが、必要になると採用し不必要になれば解雇する「ハイヤーアンドファイアー」方式である。最終的には敗者がどんどん増え、勝者の数も少なくなり、このプロセスはコンピューターの導入で加速するいっぽうである。職人によって昔から受け継がれた能力のうちいくつかが将来必要とされて残っているだろうか、とセネットは私たちに問いかける。

二〇一二年九月にベルリン文学フェスティバルとの関連でセネット氏と議論する機会があったが、彼はその著書『不安な経済／漂流する個人――新しい資本主義の労働・消費文化』[iv]のなかで書いていることをもう一度繰り返した。たとえば資本主義が誠意と責任感を失ったことや、以前文化的な成果であった「協力」の精神は消えてしまったこと、そして、生きることにたいして極端な不安にさらされひたすら孤独な闘いをする人しか残っていないといったことである。彼に対して、私は、「労働によるアイデンティティ」が危険にさらされたり、こわされたりしているという彼の考えには無条件には同意できないと答えるしかなかった。というのは、労働とアイデンティティが同一視されることはプロテスタントの労働倫理の最盛期にも珍しいことだった。そのような時代にも、搾取の露骨なイメージからラファルグは、ろくろく食べさせてもらえない人たちの酷使や少年労働を廃止することを願っていたほどである。セネットの診断するような、アイデンティティを可能にし、気に病まずにすみ、比較的良かった労働環境が過去に存在していたとすると、それは二〇世紀の後半のごく短い期間であって、その前でも後でもない。それは、一九五〇年代から九〇年代までの限られた時代であり、労働の「正当な評価」、「正当な報酬」、「誠意」の実現が可能であり、また「仕事一筋の人生」をまっとうできた。とはいっても、すべての人々にとってそうであったわけではないが。

歴史的に見てもこの短い期間だけ、私はセネットの見解に同意するが、でもこの時代も終わってしまった。しかし、このことが破局的なことなのだろうか。終わったことこそ、これからの発展の可能性が隠れているのではないのか。セネットのように過ぎ去った労働の世界にロマンチックな眼差しを向けて嘆いていると、賃金労働者としてのアイデンティティの喪失を悲しむべきことになり、その結果はドイツでも多数の左翼の人々に見られる有害なノスタルジーで、前向きに考えることができなくなる。

セネットは、現在進行中の資本主義によって私たちが生存している世界から失われたものに注目する。彼は、古いものより新しいものを自動的に良いとする盲目的な新しいものへの崇拝や、冷酷なイデオロギーを批判する。彼に同意したくなるのは、経験の乏しいシリコンバレーの頭デッカチの世間知らずによる伝統や経験に対する攻撃に怒りを覚える点だ。さらに彼は、これもよく理解できることだが、スピード至上主義を嘆く。とはいっても、彼が、賃金労働こそアイデンティティをもたらすといったロマンチックな考え方に固執する限り、マルクス主義の伝統にもとづいて労働概念を美化していることになる。

お金をもらって仕事をすることが満足やアイデンティティをもたらすものかどうかは、いろいろな要因で左右される。流れ作業に従事することや、またコールセンターで働くことは充足感と縁遠いだろう。どのような活動をするのか、また社会で指導的役割を演じる文化がどうであるかといったことには影響される。仕事について自分で決める割合が高かったり、比較的、経済的に安定して仕事を続けることができたりすると、満足度が増すように思われる。それなら、どうしてそのような活動は報酬を得る仕事でなければいけないのだろうか。そう考えると、デジタル化時代の新世界

iv 邦訳、森田典正訳『不安な経済／漂流する個人――新しい資本主義の労働・消費文化』大月書店、二〇〇八。

を非人間的なディストピアにならないようにするための第一の条件は、物質的な基礎の保障である。この問題はより厳密に検討する必要があろう。

労働や報酬と結びつかない「仕事」

人道的ユートピアによって、仕事の成果を金銭と交換しなければいけないホモ・メルカトリウス（商い人間）という人間の定義から人類は解放される。このような「仕事」は、人生に意味をあたえて充足感を得たいという欲求が多くの人々に備わっていることを認めることになる。この結果、「仕事」という概念が自由な活動になり、労賃や報酬と結びついた仕事とは別のものなる。古代ギリシャ時代から、特に第一次ならびに第二次産業革命の頃から、文学者や思想家は、人類が強制されて労働しなければいけない状態から解放されることを夢見てきた。技術的進歩によって、二一世紀の現在、この夢が現実になるかもしれない。というのは、知能を備えた機械がどんどん仕事を引き受けてくるからである。人間が自分の人生を自由に形づくるというビジョンこそ、人間的なデジタル化ユートピア時代の中心になる。

第6章 自由に生きる——ベーシックインカムと人間観

ベルリン。ここは、ドイツの政治の中心街である。二〇一七年夏のこと。帝国議会の前の原っぱでは移民の子供たちがサッカーをしている。新聞記者は砂の上の寝椅子に寝転がっている。首相府の陰になった湾曲したシュプレー川の岸辺でリュックサックを担いだ観光客が居眠りをしている。好奇心の強い歩行者はベルビュー宮殿の庭を点検している。静けさと平和の象徴を感じ、ちょうどイタリアの初期ルネッサンスから繁栄の理想像が現在に移って来たような光景があり、ほがらかで活気があって、アンブロージョ・ロレンツェッティがシエーナの市役所の壁に描いた『(都市と田園における)善政の効果』(次ページ)を見ているような気がする。

二〇一〇年代末、ドイツは世界でもっとも豊かな国の一つである。失業率は低いし、「専門能力をもつ人」が不足しているほどだ。西欧では一番緊張感の乏しい首都ベルリンで無数の観光客がスマホで写真を撮っている。彼らはこの町がのんびりとしていて、村のようであることを好んでいるようで、ロンドン、パリ、ニューヨーク、またアジアのせわしない巨大都市とはまったく異なる。失業率は九%で、これはドイツの平均よりずっと高い。現在でもベルリンではごくわずかな人しか働いていないとよくいわれるが、それほど何もかもが落ち着いた感じがする。というのは、ここで

市庁舎壁画、アンブロージョ・ロレンツェッティ『（都市と田園における）善政の効果』

写真を撮っても現像するために写真屋の手をわずらわすこともないし、部屋はエアビーアンドビー（Airbnb）で確保するだろうし、そう遠くない将来にアプリで自動運転車に来てもらうことができるだろう。こうして、今後雇用はどんどん減る一方である。

そうなると、人々はベルリンで何をして生きていくことができるのだろうか。お役所でも病院でも多数の職が失われる。保険会社や銀行でも無数の人々が解雇される。いったい彼らを誰が引きとってくれるのだろうか。この問題に取り組んでいるのは公的研究所や民間のシンクタンクだけでなく、世界経済フォーラム（ダボス会議）でも活発に議論され、大企業のCEOも将来の解雇に備えてこのテーマを扱っている。ところが、政治のトップの耳には届いていないようで、独首相アンゲラ・メルケルは二〇二五年までに完全雇用を実現することが目標だと宣言している。[36]自動車など過渡期のもので、自分は馬に賭けるといったドイツ皇帝ヴィルヘルム二世が思い出される。今ほどドイツが現実を見失っていることはない。

　というのは、世界経済フォーラムの総会でも大新聞でも欧米のシンクタンクもまったく正反対の方向に進むというシナリオに取り組んでいるからだ。むしろ、従来の雇用水準を保つために皆がそれぞれ働くのを少なくしたらいいのではないのだろうか。ラファルグのことなど誰も知らないのに、彼のアイデアは二一世紀の今日でもその魅力を失っていない。いずれにしろ、あまりにも多数の人が失職するのだけはぜひ阻止するべきである。ドイツの金属関連業界では雇用者と労働組合の間で二〇一八年二月に合意があって、労働者は希望すれば週二八時間だけ働くことが許されるようになった。労使の合意の動機は未来の大量失業問題とは関係ないが、この方向に一歩進むことになる。問題は、どの業界か、もしくはどの分野でラファルグ・モデルでもうまくやっていくことができるかどうかである。公務員も可能性が高い。また幼稚園や学校でもうまくいくかもしれない。ところが、行政機関では、時間的に限定されたモデルでの労働時間短縮は、たいていの人にとっては必要とされなかった。トップ経営者、外務大臣、ブンデスリーガのプロサッカー選手、プロジェクトマネージャー、部長クラスの医師といった人々が将来パートで働くようになるというのは考えにくいのだ。

もっと大きなテーマは別のものである。それは、「無条件ベーシックインカム（ＵＢＩ）」がいったいいつ頃、またどのように実現するかである。これは、生存するのに足りる一定の金額の最低所得のことである。この考えにいろいろな人々が賛同した。たとえば、米国の労働長官だったロバート・ライシュ、ロンドン・スクール・オブ・エコノミック教授でノーベル経済学賞の受賞者でキプロス出身者のクリストファー・ピサリデス、人工知能の研究者ディリープ・ジョージ、シリコンバレーの大投資家ジョー・ショーンドルフ、マーク・アンドレーソン、ティム・ドレーパー、ドイツの実業家ゲッツ・ヴェルナーやクリス・ボース、独トップマネージャーのジョー・ケーザーやティモテウス・ヘットゲス、ギリシャの財務相だったヤニス・バルファキスといった具合に多士済々である。

彼らの動機もさまざまである。シリコンバレーにとってはっきりしているのは貧しい人々のデータは価値がなく、誰にも売ることができない。製品を宣伝しても彼らに購買力がない。データ経済学の立場から見て、多くの人が窮乏している状態は望ましいことではない。そうなるとデータビジネスモデルすら脅かされる。何百万人の生活保護のレベルが落ち、貧困高齢者が増大し、抗議運動が強まって、社会不安が高まって、内乱的状況が勃発することを心配する。別の考えの人々もいる。たとえばバルファキスのような人たちは、ベーシックインカムは政治参加と再分配を徹底するための手段であり、もしかしたら体制変革の道を開くものと見なす。ちなみに、これはフランスの社会哲学者のアンドレ・ゴルツが予見し、考えていたことである。

トマス・モアが『ユートピア』のなかではじめてこの考えをしるしたとき以来、いろいろな動機がベーシックインカムのコンセプトに含まれている。たとえば、モアの友人でスペインの人文学者サン・ルイス・ビベスはこのアイデアを受け入れるにあたって、最貧者の面倒をみることこそキリスト教徒の義務であると論拠づけた。モンテスキューを筆頭に、ジェームズ・ハリントン、トマス・ペイン、トーマス・スペンスといった英語圏の啓蒙思想家はすべての人の面倒をみるということの考え方を国家の一般的義務にまで発展させた。ハリントンとペインとスペンスは金銭を支払うことでなく、土地の所有権をもたせることを考えていた。産業革命がはじまった頃、英国やフランスの多数の思想家は国家がベーシックインカムを支払うことに賛成した。一九世紀の英国の思想家のスチュワート・ミルは、最低水準の生活保障が社会主義のすべての形態を一番上手に組み合わせることに通じると考えた。二〇世紀に入ると、精神分析家のエーリヒ・フロムや公民権運動家のマーティン・ルーサー・キングがベーシックインカムの賛同者に加わった。

どのような社会的バックグラウンドからベーシックインカムが要求されたかに注目すべきである。保守的米経済学者のミルトン・フリードマンは六〇年代に低所得者に最低限度の給付をすることを負の所得税と呼んだが、そのときに考慮された金額はごくわずかであった。米経済学者のジェームズ・トービンのコンセプトについてもその事情は同じだ。米国では、西ヨーロッパのように市民に基礎的保障を提供しない以上、その条件は欧州連合の豊かな国とはまったく異なる。このような事情を考慮すると、シリコンバレーから提案されるベーシックインカムのコンセプトは西ヨーロッパにとっては基準にすらならない。

お金を稼いで働く仕事がどんどん少なくなる時代では、新しい基本的な保障方式がなければいけないことについてすぐに意見が一致するはずである（ただし、問題が迫りつつあることを否定する人にとっては別である）。グローバリゼーションとデジタル化は私たちの労働と生活を根本的に変えてしまう結果、別の社会になることは避けられない。とすると、どんな社会になるのだろうか。生産性も高くなり利潤も増大するが、中間層に属する大多数の人々が得することもなく、失職して貧困に陥る世界になるのだろうか。それとも、事情の変化に適応し、これまでの良かった状態を保持し、事情次第ではさらなる改善のために新たな社会契約を結ぶことにならないだろうか。とはいっても、仕事をこなす能力を理想とする従来の業績主義社会の価値観を変えないかぎり、新しい社会の仕組みは成立しない。

必要性と無関係に誰にも給付する無条件ベーシックインカム（ＵＢＩ）の長所をのべると、ドイツでは「いったい誰が払うのか」という質問が反射的にくる。この質問はすぐに自動的にやって来る。でもなぜ直ちに支払う人についてのことを尋ねるのか一瞬たりとも考えないのも本当に奇妙である。なぜ無条件ベーシックインカムを払うことができないなどというのだろうか。私たちはドイツというこれまでなかったような豊かな国で暮らしているではないのか。生産性はデジタル化でさらに上昇する。コンピューターもロボットも社会保険を払わないですむ。年金も休暇手当も育児手当も必要でない。彼らは寝ないで、四六時中働く。

ベーシックインカムの費用はまかなうことはできる。ただし、労働に課税するという従来のやりかたではない。そんなことにしたら働く者に対する課税率が天文学的数字になるというもっともな批判だ。ベーシックインカムについて面白いのは、その導入によって働く者に対する課税が上昇しないで、おそらく下がるかもしれない点にある。ドイツの代表的週刊新聞『ツァイト』のコールヤ・ルードゥツィオは「ベーシックインカムのために恥ずべき賃金労働をしないで済む人が増えると、その分だけ財源が減ることになる」[37]と述べた。彼は一番肝心な点を見落としている。就業者の数が少なくなる時代に社会福祉の財源をどこに求めたらいいのだろうか。この点を考慮しないと、既存の社会保障もうまくいかない。これまでのシステムは、以前の何百万の人間がやっていた仕事を無課税のコンピューターやロボットがやりだした途端崩壊するしかない。驚くべきことに、この事情は、左翼的政治学者のクリストフ・ブッターヴェッゲも既存の社会保障制度を将来も何とか継続しようとするため、そのことに気づかないようで、ベーシックインカムは財政的にまかなうことができないとして、「この場合、現在の連邦予算（約三千億ユーロ程度（約三七兆円、一ユーロを一二四円で計算））の何倍にも相当する巨大な財政資金が必要になり、国や自治体は破産するしかない。ということは、無条件ベーシックインカムはユートピア以外のなにものでもない[38]」。

多くの左翼の人々が「ユートピア」ということばを否定的に考えるが、これは、本当に嘆かわしいことである。歴史的には左翼こそ新しい社会のビジョンに心が開かれていた。でも、どうしてブッターヴェッゲはベーシックインカムが導入されたら多くの国民が貧乏になって困り、導入されなかったら、そうならないと考えるのであろうか。この貧困問題の研究者は、ベーシックインカム導入運動をピントはずれのカルト運動と見なしている。これは、彼が労働市場に起きる大きな変化をSFと思っている人々の一人だからである。だからこそ、「デジタル化、人口学が指摘する高齢化・少子化、グローバリゼーションは現代好んで語られる三題噺で、その目的は人々に不安を吹き込み、貧しくなることを甘受してもらうためだ。機械や動力や電力が導入されたときにも、私たちには雇用がなくなると散々脅かされた。でも今までのところ人っ子一人いなくなった工場などない[39]」。

ブッターヴェッゲにとって、お金を稼ぐために働いていることは、マルクスやラファルグやワイルドとは異なり、明らかに大きな幸運であるらしい。おそらく彼の不安は、一九世紀半ばに次のようにしるしたオーストリアの作家ヤコブ・ロアベアと似ているようだ。「とはいっても、いつの日か、人間が賢明で器用になり、機械を組み立てるようになり、この機械が人間や動物がしてきた仕事を次から次へと片づけてしまう。その結果、多数の人が失職する。貧しい失業者は腹をすかせる。こうして人間の悲惨さは大きくなるばかりで、それも信じられないほどにまで達する[40]」。哲学者のハンナ・アーレントもイデオロギーの上では似たような見解の持ち主であった。「私たちの間近に迫っているのは、私たちの仕事社会から自分たちができる唯一の仕事がなくなってしまう可能性だ。これは破滅的な結果をもたらす」[41]。

このような事情を考慮すると、ブッターヴェッゲの目には、ベーシックインカムの要求が、社会福祉国家に対するネオリベラルな陰謀に過ぎず、気違いじみた左翼的夢想に伴われているだけのことになるのかもしれない。財源について問題にする前に、「はした金で甘受するだけ」といわれないためにも、ベーシックインカムがどのくらいの金額になるかを考えるべきだろう。ドイツ社会にも「生活保護」に相当する貧困者に給付されるものがあり、それは「失業給付金Ⅱ（ハーツⅣ）」と呼ばれている。これによって独りで暮らしている人は基礎給付として四一六ユーロ（約五万二千円）が支給される。さらに家賃手当として住む地域によって異なるが、上限五九〇ユーロ（約七万三千円）が、そして疾病や介護や年金の保険料の支援として一三〇ユーロ（約一万六千円）が給付される。その上、お湯の供給や引っ越しのための支援など少額の給付を含めると、独身者は地域によって異なるものの、一月にほぼ九五〇ユーロ（約十一万八千円）から一二〇〇ユーロ（約十四万九千円）が給付される。

このような状況を考慮すると、有名なドラッグストアのチェーン店網を創立したゲッツ・ヴェルナーが一〇〇〇ユーロのベーシックインカムを要求し、住居手当や、社会保険の料金の控除を提案したのは理解に苦しむ[42]。もし、こうなったら、生活保護のハーツⅣを受給する多くの人にとって経済状況はさらに悪くなる。この提案では、誰にも人間に値する生活を可能にしようというヴェルナーの高潔な目的からはかなり離れてしまう。家賃の高い町ミュンヘンに住み、五九〇ユーロの住宅手当をもらい、家賃を自分で払わなければいけない者には四一〇ユーロしか手元に残っていないのに、そこから疾病保険と介護保険を払わなければいけない。この例がはっきり示すように、人道的という名前がついていても、きちんと最後まで具体的に考慮されているわけではない。このような話こそ、窮乏化が進むばかりだというブッターヴェッゲの不信感を強めるだけだ。

ベーシックインカムの適切な金額は一〇〇〇ユーロでなく、生活保護同然のハーツⅣよりはるかに高い金額でなければいけないことになり、少なくとも一五〇〇ユーロ（約十八万六千円）を超えなければいけない。この提案ならブッターヴェッゲの窮乏化説に対して少しは反論になるだろう。そう思うのも束の間で、すぐに左翼の怒りが爆発する。それなら、なぜドイツですべての人が、当然億万長者までもが国家から一五〇〇ユーロの無条件ベーシックインカムをもらう必要があるのだろうか、と。ブッターヴェッゲだけでなく、ドイツ左翼党の代表的政治家グレゴール・ギジもその怒りを抑えることができないようだ。[43] でもこのような反応も、最後の最後まで考えぬいた結果とはいえない。まずドイツにはせいぜい六〇人ほどしかいない億万長者であるが、彼らにベーシックインカムを給付したからといって大した金額にはならない。もっと重要なことがある。それは将来にわたるこれまでと異なった課税方式によって百万長者や億万長者には、ベーシックインカムとして受け取る金額よりもはるかにたくさんの税金を納めてもらうことになる。このやり方は、住所変更や、郵便住所だけのペーパーカンパニーを設立することによって払わないで済ませることができる所得税方式ではない。

ベーシックインカムの財源はどうするか

そういうことなら、将来どのように課税すべきなのだろうか。産業革命がはじまった昔から「機械税」という考えはある。なぜ蒸気機関やトラクターや、将来コンピューターやロボットに課税しないのだろうか。この考えは古くて、魅力的であるが、歴史上これまで説得力を発揮できなかった。そうであるのは、価値の創造に課税すると、価値の創造そのものにブレーキをかけることになるからである。とするとすべての人に対して基礎的社会保障が可能となるためには、価値の創造が必要である以上、これは逆効果となる。次は別の問題だが、高度に発展した工業国家がどこもそんなことをしていないのに、どこか一国だけがそうするのは問題外である、という意見だ。ビル・ゲイツはずっと以前に価値創造に課税する考え方を持ち出してきたけれど、それは社会保障をまかなうためではない。彼の動機は、親方の留守中に箒に魔法をかけて水汲みをさせると、あまりにもうまくいき、そのうち魔法を解く呪文を知らないことに気づく魔法使いの弟子に似ている。自分のほうからデジタル化をはじめた人々がその進展の速さのためにコントロールを失うことを恐れただけである。

これに関連して人気のある徴税モデルの一つは負の所得税で、ドイツではこれにはいろいろなバリエーションがあり、議論されている。たとえば、ウルム大学で考案された賦課方式（ウルム・モデル）や連帯的市民給付金がそうで、後者はテューリンゲン州のディーター・アルトハウスが提案したものである。所得税を財源にするベーシックインカムには、利子を、家賃収入を、あるいは配当金を考慮するかによっていろいろなモデルがある。これらのモデルはたいていベーシックインカムの額を、すでに紹介したゲッツ・ヴェルナーと同じように、一〇〇〇ユーロといった具合に低く抑えることになる。こうして生活保護（ハーツⅣ）より給付が悪くなっても仕方がないものと見なす。この事情は受給者が自分から稼ぐようにしむけ、そのための刺激をあたえて、同時に官僚的な障害を取り除く方式である。

原則的に無条件ベーシックインカムに対して批判的な人々にとっては、負の所得税はまだ受け入れることができるモデルであるようだ。ところが、本当は厄介である。この考えは前世紀の四〇年代に生まれたもので、六〇年代に入って有名な経済学者のミルトン・フリートマンから支持された。高度に発達した工業社会では百万人単位で失職する人が出る状況を考慮すると、この方式は大火事に対して庭からじょうろを持ってきて消火するのに似ている。就業者がどんどん少なくなる以上、賃金労働によって社会保障国家を支えることなどできない。働いていないでベーシックインカムの給付を受けている人々にバイトさがしの刺激をあたえる考え方そのものが、デジタル化で雇用がどんどん縮小する兆候を目の前にして、時代錯誤ですらある。大多数の人が仕事をしてお金を稼ぐことができた時代が終わったことを理解しないかぎり、事態は変わらない。この新しい時代に対して「負の所得税」は解決案をもたらさない。

このために、ベーシックインカムを就労所得にその財源を求めるのでなく、より未来に開かれた別のコンセプトでやっていくことを考えるようになった。たとえば、所得でなく消費に課税するというゲッツ・ヴェッルナーの提案もそうだし、また天然資源、特に土地に、二酸化炭素放出に、企業による環境負荷に対して税を課すピグー税の考え方もある。どの提案も利点があり、考慮に値する。しかし、大地主の誰もが高い税金を払えるわけではない。企業が放出する二酸化炭素に課税するのもいい考えであるが、ドイツの現在の法的条件下では残念にも不可能に近い。でもこれは、将来にわたってこの状況を変えることができないことを意味しない。

そして、現在残っている唯一のベストのアイデアがある。それは、金銭上の取引に課税することである。これに関連して、スイスの財政家で副首相だったオスヴァルト・ジックのグループが提案しているモデルは注目に値する。[44] これによると、スイスでのお金の取引の総額は国内総生産の三百倍に相当する。どの金融取引にもごくわずかばかりの〇・〇五％を課税すると、二五〇〇スイス・フラン（約二八万九千円）のベーシックインカムをまかなうことができる。普通の市民にとってこの税金の導入による変化は感じられない。というのは、その九〇％は金融機関から、それも彼らのコンピューターによる高頻度取引に由来する。

もともとこのような金融取引税は、資金が実体経済に投資されるのでなく、投機にまわされることを心配し、それを阻止するために提案されていたものである。このようなこともあまりにも巨額な投機的取引高を考慮すると十分現実的な心配である。さらにつけくわえると、ジョン・メイナード・ケインズの見解では、一九三〇年代の金融バブルや株式市場の大暴落は、このような税金によってのみ阻止できるものであった。だからこそ、二〇一一年に世界的な金融危機を経験して、どこの国より金融業界に依存している英国の猛反対にもかかわらずＥＵ委員会が金融取引税の導入を検討したのも当然である。この課税案が二〇一三年にでき上がったときには導入に賛成であったのは十一加盟国しかなかった。金融危機が過去になればなるほど、このコンセプトは実現されなくなる。金融業界のロビーは攻勢に転じて、大新聞の経済欄に意図が見え透いた論拠を次から次へと提供する。国民経済的にいろいろ不利な点が指摘されるが、長所のほうがはるかに大きい。金融取引税は金融市場を安定化させて、株式の「賭博場」でのぼろ儲け目当てを少なくさせる。金融取引税導入の敗者は極端な投機家だけで、他には誰もいない[45]。

唯一の重みのある反対論は、金融投機家は何が起ころうが税金を納めない抜け穴を見つけるというもので、国民経済とは関係がないことだ。でも、このような論拠に耳を貸すことは、犯罪は繰り返される以上、それを阻止しようとすることは無意味だという見解に同意することと同じである。重要な点は、このような金融取引税にはできるだけ多数の国が参加したほうがいいということだ。以下の二つのことを考えると、楽観的になるかもしれない。社会的な進歩は、多数の国の首相が集まり見解が一致することによって実現するわけでない。奴隷制度が廃止されたのも、女性の権利が認められるようになったのもそのような経緯でなかったし、金融取引税も同様で、二八か国の首相が集まって合意することで実現するわけではないだろう。社会的進歩は、個々の国ではじまり、その後他の国にドミノ効果を引き起こすのが普通である。

EU加盟国の政治家が、ベーシックインカムを自国民に払うための財源として金融取引税に注目するようになると、その途端、それまで喧嘩していた政治家も同じ船に乗っていることに気づかないだろうか。というのは、自国の金融業界に対してより顔色をうかがうか、あまり気にしないかの問題ではなくなり、運命共同体になってしまう。フランスもドイツもポーランドもイタリアも、どのようにして中間層の没落を防ぎ、激しい社会不安に対して予防措置をとるのか、という深刻な問題に直面しているからである。そのような危険性を目の当たりにした途端、現在ユートピアに過ぎないと考えていることも可能になってしまう。社会の進展を引き起こすのは、根拠があるかどうかでなく、たいていは人々の激情か破局的現実かのどちらかであった。とはいっても、計画は、落ち着いて立案されるべきであって、事件発生後の状況に押されて軽率に行うのは避けるべきである。

金融取引にわずか〇・〇五%課税することによってスイスで無条件ベーシックインカムが可能になるのなら、同じことをドイツで実行する場合、どのくらいの税率になるか計算できるはずである。税率は高くなるが、それでも大多数の人々には特に気にならない範囲にとどまると思われる。適切で現実的なモデルを開発することは哲学者でなく経済学者の仕事である。ただし投機に対する影響力を考慮しなければいけない。税率は微々たるものであっても、賭け事に似たビジネスの割合が減るのであれば、金融市場の安定化に寄与することになり、その価値は高い。同時に豊かな先進国ではこのようにしてベーシックインカムの財源を確保できる。デリバティブ取引量は世界全体で六百兆から七百兆米ドルに及び、これは世界全体の国内総生産の合計金額のほぼ一〇倍に相当する。ということは、無条件ベーシックインカムが資金不足で失敗するなどないことになる。金融取引に対する微々たるこの課税こそ、短期もしくは中期的には、少なくとも金融ビジネスが現在のままである限り一番良いアイデアであるといえる。

ベーシックインカムの心理的な側面

ベーシックインカムと関連した問題のなかで、実は、財源は一番容易な問題である。もっと厄介なのは心理的な側面で、というのは、これこそ私たちが抱く人間像の現在と未来に関係するからだ。異なる世界観、信条、お馴染みとなった偏見、文化的影響、メンタリティが衝突することになる。

左翼の人々は、すでにふれたように、人間は幸せのために報酬が得られる仕事を必要とする、という考えを守るために無謀なことをしているように思える。でもここでいう「人間」とは誰のことなのだろうか。私は、自動車メーカー・アウディの開発部の人々を前にしたパネルディスカッションに参加したことがある。そこで働くエンジニアは、人間は問題を解決するのがその本性で、何かが最善に機能しないとき、それを改良しようと努力するのだと、私に説明してくれた。それを聞いて、アウディで働くエンジニアならそうかもしれないと思った。というのは私の周囲の人々は何かを改良しようなどと考えもしないし、いわんや発明するなんて思いも及ばない。

「人間」という概念には注意を払ったほうがよいかもしれない。ニーチェによると、人間とは「未確定の動物」である。哲学者のカール・シュミットは「人類などというのは嘘のはじまりだ」といっている。人間はその生存条件にあまりにも多くのことが影響されているため明確な定義をあたえることが難しい。たとえば、中世時代のヨーロッパ人にとって神の手の中で生きていることは自明であったし、またまもなく神の支配する千年王国がはじまると確信していたが、現在、彼らと同じように中部ヨーロッパの住民である私たちにとってはあまりにも奇異な考え方である。「人間」がお金を稼ぐために働かなければ、暇を持て余していて、生きる意味をもたないというのは、独りよがりな固定観念である。こう考えることは、主婦や、自宅で家事ばかりしている男性や、年金生活者や、伴侶に働かせて贅沢をしている女性や、王家に生まれた子供や、熱帯雨林の住民や、マサイ族の戦士を不幸な人間だと宣言するに等しい。

確実にいえるのは、ドイツのような社会では、多くの人々が、失職して、次の職が見つからないと自分を駄目で役立たずだと思うことである。このような彼らの問題は人間の本性でなく、近代になって見られる現象である。人間が働いてお金を稼ぐようになって「一人前」になったとか、または「ひとかどの人生」をおくるべきではないのか、という問いは一九世紀の農民や工場労働者には思い浮かばなかった。自身の才能を活かしたり、創造的であったり、また「自己実現」したりしなければいけないとかといったことも、きわめて近代的な社会で要求されるようになったことで、それも、二〇世紀に入ってから、だんだんとそうなった。これらの目標に到達しないことで自分は欠けているように感じることになった。今日でも、このような要求を満たすことができない職業に就いている人も少なくない。この状態は、彼らが、自己実現とか才能の活用が職業と結びついていない社会で暮らしいれば、不満足なことではない。

ところが、現在の社会では働いてお金を稼ぐ職を失うと社会的に認知されていない状態に陥り、自負心が傷つけられることになる。失職したことに悩む者は、デジタル革命の敗者になったに過ぎない。人間には創造的であろうとする欲求がそもそも備わっていて、あなたもその一人だと言い聞かせても役に立たない。またこの点に関しては無条件ベーシックインカムも納得してもらえない。官僚機構が大幅に縮小されて失業した人々も、少し前までは生活保護受給者に対して判定を下すほうであったとしても事情が変わるわけではない。彼らに見つかる唯一の仕事といえば、小包を配達するか、コールセンターで働くぐらいで、これらの仕事が社会的に認められていないのは、失業状態にあるのとあまり変わらないからだ。このような人々に、「人間は一生学習しなければいけない」というようなお説教をするのは無神経である。

良い仕事が少なくなり悪い仕事が増える傾向はとっくに進行中で、一九九三年にはドイツでは非正規雇用で社会保険に入らずに働いていた人の数は四四〇万人であったのが、二〇一三年には七六〇万人に増加している。これは、今後も増加傾向にある。従業員を守り安心感を提供する企業文化は過去のものになってしまった。多くの人々が、ウェブ上の仲介で働く「クラウドワーカー」として身を粉にしたり、ネットで仕事を引き受ける「ギグエコノミー」に従事するか、たとえばウーバー（Uber）にドライバーとしてのサービスを売ったりするしかない[46]。とりわけ南欧諸国がそうで、この数年来ネットを経由する非合法な労働に従事する人が増加し、多数の失業者が出ていないので従来の雇用社会の危機は隠れたままである。特にスペインでは、エアービーアンドビーを通じて住居を貸し社会保険も払わない。昔なら、誰かのために自動車を運転したり、学生に短期間部屋を貸したりするといった具合に親切にするだけのことであったのが、今ではビジネスそのものになってしまった。社会性のある行動がビジネス思考に変わったことになり、日常的モラルがシリコンバレーの影響でなくなってしまったことになる。これは必ずしもいいことだとはいえないだろう。

今や、報酬を得てする仕事の世界も、とっくの昔にベーシックインカムの反対者が考えているようなものでなくなってしまったのではないだろうか。賃金労働と、その価値を認めることとの間の距離は二〇一八年のドイツの現実ではすっかり広がってしまった。仕事をすることは社会的にも承認されて、満足感と自分が必要とされている意識をもたらす。でもこれも十分でないことが多い。「労働を中心とする社会では生きる満足感、社会的ステータス、自負心は職業活動にかかわっている」というブッターヴェッゲの見解には二つの問題がある。第一にこの見解にまったく合致しない人がたくさんいる点である。第二に、この労働中心社会はだんだん消えつつあるからだ。この考え方は、たくさんの人々に私たちの社会を導く唯一の尺度として適用できなくなってきている。[47]

いずれにしろこうやって述べてきたことはベーシックインカムに対する反論にはならない。というのは、多数の人々を失業させるのはベーシックインカムによってではなく、経済のデジタル化である。次にベーシックインカムは物質的な困窮をやわらげるための試みであり、お金をもらって働いていない状況にともなう心理的・社会的差別から少しでも解放されるための努力である。こうした価値尺度の転換なしには、(この点では無条件ベーシックインカム批判者は間違っていないが)ベーシックインカム自体の価値もないだろう。ということは、熱烈な信望者が思っているような解決策は、その方向への第一歩に過ぎない。

この点を頭の片隅に置いたまま、ベーシックインカムによってドイツの社会保障体制が壊されるという反対論拠について考えてみる。まずこの社会保障システムは、一九世紀後半と二〇世紀の仕事社会並びに業績主義社会の産物である。ということは、当時は多数の人々が社会保険に加入している職業に就いていて、また完全雇用が社会の目標であり、社会保障制度もこのような時代に由来する。当時の西ドイツは、コール首相のもとで長年労相をつとめたノルベルト・ブリュームがよく口にした「連帯的自助努力」という言葉が表現する相互関係の原則が可能であり、その基盤の上で社会保障国家が展開できた。このシステムが労働社会と業績主義社会の偉大な成果であったことを疑う人はいないと思われる。だからといって、この社会保障国家が今でもまったく健全であると真面目に主張する人もいないはずである。ミニジョブ（少額の給与労働）、派遣労働、見せかけだけの自営業、実習生と称する労働などの不正規雇用によってその基盤が壊されて、社会保障体制もとっくの昔に別のものになってしまったのではないのだろうか。働いてお金を稼いでいるのに、社会保険を支払わないですむことが多い以上、「相互関係の原則」は機能しているとはいえない。

それにもかかわらず、左翼的立場からのベーシックインカム批判者は業績主義から離れていくことに苛立ちを覚えるようである。かつての社会保障国家は保険料を払う人々からなる業績共同体で、運が良ければ払い続け、反対に運が悪いと助けてもらうほうにまわった。一方、ベーシックインカムは、その財源は税金である。その給付を受ける者は、社会保険のように保険料を払わないので、給付されるのに「ふさわしい」立場にない。こう考えると社会保険のほうが公平であるように思われるが、でも現実を見ると、ロマンチック過ぎるかもしれない。たとえば、収入の低い職業に就いている人でも社会保険料を払っている。この人は現在も、おそらく将来はもっと少ないお金で、一五〇〇ユーロのベーシックインカム以下の生活をしている。このような人の状況を公平だという人は、現状の社会保障体制に取り込まれてしまっているのではないのだろうか。そのような人は一度、貧しい生活をしている年金生活者のことを知ったほうが良いだろう。果たして、社会保険のほうがベーシックインカムより本当に「公平」といえるのだろうか。

「公平」とはつかみどころがないことばである。誰にもこの概念を自分が望むように解釈する権利がある。自由主義者にとっては、誰もが豊かになる機会をもつことが公平であり、その場合豊かさに上限は設けられていない。社会主義者にとってはお菓子を同じ大きさに切ってもらうことが公平である。公平についてのこの二つの考え方のどちらが正しいとは簡単にはいえない。だからこそ、社会的市場経済は変化する経済条件の下でこの二つの公平の考え方にバランスをとろうと努力してきた。社会福祉国家の存在が脅かされているのは、グローバル経済が急速に変化しているからである。ドイツの社会保障体制をこのままのかたちで保持し、これからも賃金労働によってその財源を確保でき、せいぜい生活保護に相当する給付水準を高くしたらすむと考えている人は現在に生きようとしないで、未来にも盲目的であることになる。状況が過ぎ去ろうとするのを、ルールをつくって押しとどめることなどできない。しおれつつある花の水を何度変えても、枯れてしぼむのを止めることができないのと同じ話だ。

二〇一八年のドイツでは、(昔と同じように)労使交渉で合意した賃金体系で支払われているのは就業者の五三%に過ぎない。この傾向の進行と並行して、歳を取ってから年金だけで生活できる人はどんどん少なくなっている。彼らに対する社会保障は、以前通り賃金労働と連結しているが、この結果は悲劇的である。というのは、彼らは一五〇〇ユーロの年金水準に達しないからだ。無条件ベーシックインカムの場合はこの金額が保障されている。生涯にわたり年金保険を払い続けて一五〇〇ユーロ以上の年金をもらえる者はそれにふさわしい金額が給付される。数年間もしくは長年、年金の掛け金を払い込んだ人々も、それに応じた給付を受けるので、ベーシックインカムを不公平だとして怒る必要がない。また年金をもらう年齢に達してから一五〇〇ユーロの給付では少なく過ぎると思う人は将来その不足分を補完するために民間の保険会社と契約すればいい。

どの年金生活者も無条件ベーシックインカムによって悪くならず、それどころか多くの人には良くなるというのに、抵抗感を覚える人が後を絶たない。なぜ一生懸命働いて賃金をもらっていた人がそうしなかった人よりたくさんの年金をもらえないのだろうか。このような不満は理解できる。社会的変化があると必ず多数の人々は、物質的でなく心理的に自分を犠牲者と見なす。「自分はいつまでも働き、国の世話にはならない」という無条件の労働モラルをもっている人がいる。彼らのこのモラルが「無条件ベーシックインカム」に取って代わられて、何もかもがなくなるわけではない。何代にも渡って受け継がれてきた仕事や業績主義的な社会の価値観が突然全部でないにしても部分的に無効とされてしまう。業績主義社会を導いてきたフィクションだけでなく、多数にとってお金の価値として表現されてきた一生の仕事がこれまでとは別の光に照らされて見えてくる。これまで働いてお金を稼いできた人々は、将来には働くモチベーションをもつ人々が少なくなることまでを心配する。ドイツではすでに専門職に従事する人も、手仕事の能力を身につけて職人になろうとする人も少ないし、そういうことをしたくない若い人が多いではないのか。

まずここではっきりさせておかなければいけないことがある。それは世界史的に見ても公平など存在しないということだ。今、お金を稼ぐために一生働かなければいけなかったことを嘆き、将来はそうでなくなることを羨む人々は、自分たちが父親や祖父とは異なり世界大戦に行かなくてすんだ幸運な世代に属することを思って怒らないほうがいい。なぜ将来の世代の人々はその前の世代より良い目にあってはいけないのだろうか。現在九〇歳の女性は、自分が若い頃にそんなけっこうな話がなかったからという理由から女性解放に反対するだろうか。

それでは、ベーシックインカムになると働こうという道徳心が失われるという心配についてはどうだろうか。これにもっともな点があるのだろうか。これまでお金のために働いて来た人々の一部がきちんと保障されるようになったために働くかないですむようになったことは悪いことだとはいえない。仕事そのものが減っていることも考慮しなければいけない。それだけでなく、もっと重要なのは、この結果としてドイツ近代史ではじめて労働市場が変化する点である。重要で有用な職業は金銭的にちゃんと報われるべきである。「シングルマザーの看護師はまともな給料をもらわなければいけない」、とドイツ社民党の政治家による選挙演説のなかで一刻も早く解決しなければいけない問題としてよく登場する。ところが、この政党が何十年も前から連立政権の一翼を担いながら現実には何の変化も起きていないし、従来のシステムではおそらく変わることがないことも周知の事実である。誰もが一五〇〇ユーロのベーシックインカムをもらうようになると、公衆トイレの掃除婦はお皿の横にすわって利用者がお金を置いていくのを待つ必要もなくなる。年金生活者も給付額が十分であるなら、タクシーの運転手をしないですむ。こうして看護師や介護士の給料もちゃんとしたものになる。美容師のところへ行くと料金が高くなるかもしれない。レストランはあまり変わらないかもしれない。給仕をすることでさらに千ユーロを稼いでベーシックインカムを補ってはいけない理由はない。看護師も介護士もしたければベーシックインカムにつけ加えて働いて稼ぐことができる。こうして搾取からラファルグが夢見た週二一時間労働への道へと進むことになる。

また就労者の仕事の質や、特に労働環境に対する要求も高くなる。給仕として職場の雰囲気の悪いレストランでは誰も働こうと思わなくなる。マグドナルドに代表されるような劣悪な労働条件によるビジネスモデルも過去のものになる。だからといって経済的損害は発生しない。以前マグドナルドで食べた人は自宅で食べるか、労働条件がより良いレストランへ行って食べるだけの話である。将来のサービスはロボットやコンピューターの活用で安くなるかもしれない。商品の価格が変動することは今までもあった。ドイツでは、食肉の価格は一九五〇年代とくらべて数倍安くなった。反対に、職人の人件費は数倍高くなった。

単調な労働に従事しようとするモチベーションは、無条件ベーシックインカムの導入で低下するだろう。全体として見ると、これらの多くはそう遠くない将来にＡＩ化される分野である。この結果が望ましくない点があったとしても、ラファルグやワイルドが夢見た文化的一里塚に到達できるようになったことを考えると、これもまったく些細なことである。というのはドイツの非就業者は将来の不安に駆られて苦しまなくてもよくなるからだ。この意味で、ドイツの週刊新聞『ツァイト』誌のベルント・ウルリッヒ編集委員はベーシックインカムを「仕事に関連した不安に対抗する社会契約」[48]とよんだ。こうした不安がどんどん重要でなくなり、不安からほぼ解放された状態になる。人間は脅かされなければ働かないと確信する人には、このような話は好まれない。でもそのような人も今後は賃金労働が人間の本性だと主張することができなくなるだろう。

こうして生存の不安がなくなると、今度は自分が本来何をしようと思っているのかをじゅうぶん考える余裕が生まれる。ドイツでは起業家精神が欠けていることがよく嘆かれるが、この状況は決して悪いことでない。いうまでもないが、基本的な生活保障が存在するだけで成功するベンチャー企業が生まれるわけでない。無条件ベーシックインカムによって社会的に意義のある活動をする動機をもたない人間も多数出てくるが、でもそのような人たちは今でもいるのだ。

人間の価値を仕事から切り離す

人間にふさわしいベーシックインカムの導入に賛成することは、人間の価値を仕事から切り離す社会の到来をのぞむことである。豊かな社会が、申請の必要がなく、お役所に行って長い列で待たなくても、弱者に対して暮らしを保障することは、文明史上大きな前進である。この前進の対価を払ってくれるのは普通の就労者ではなく、使いきれないほどのたくさんの資金をもつ人々や、また株式市場で投機する人で、また企業、銀行であったりする。彼らの巨大な儲けは目減りし、瞬時のビジネスは割に合わなくなるだけである。だからといって、彼らの存在がそのために脅かされるわけではない。

とはいってもこうしてすべての問題が解決するわけではない。もっと厄介な問題は構造的なジレンマである。デジタル化が生産性を極度に高めることを否定する人は少ない[49]。そうだとするなら、ロボットやコンピューターが将来投入されると、人間がやるよりずっと安くまた大量に製造することができる以上、生産がより大きな利潤をもたらすはずである。しかしながら、その結果はすでに予測されている大量失業を生む。以前給料のいい職業についていた人は失職し、はるかに少ない生活費で我慢しなければいけない。インターネット企業が個人のデータを分析し、顧客に宣伝するときに、より的を絞り、巧妙に操作することは、国民経済的にみても重要でない。人々のふところのお金が少なくなれば、いくら巧妙に宣伝しようが、消費は下がるしかない。生産を合理化すると国民経済単位で利益は増大する。消費の合理化のほうは、同時に購買力が上昇しない限り、そうならない。

生産力と購買力が仲良く並んで進まないことは、前世紀の七〇年代以来、多くの西側の国民経済で見られた現象である。ドイツでは生産力のほうが購買力よりはるかに高い。この結果はよく知られていることだ。生産力と比べて購買力が低ければ低いほど、輸出が重要になる。また、人工的に火を煽ると、国家だけでなく個人の借金にもなり、特に米国がそのはっきりとした例である。解雇によって購買力が低下すると何が起こることになるのだろうか。それ以前はちゃんとした報酬を得て職業として成り立っていた多くの仕事、たとえば客の相談に乗る店員のサービスや、また生産工程の一部になっていた組み立て作業を、ネットで熱心に調べたり、図面を見て購入者が自分で組み立てたりすることにならないのか。このような事情を考えると、ベーシックインカムとは企業に属さない人々に委託された業務に対する報酬の支払いと見なすこともできる。

でもだからといって構造的ジレンマが解決されたわけではない。デジタル化による購買力の喪失をやわらげるためには、ベーシックインカムはいったいどのくらいでなければいけないのだろうか。ここまで挙げてきた一五〇〇ユーロの金額はあまりにも低過ぎると思われる。とはいっても、もっと高い金額のベーシックインカムを払うことは労働市場の抜本的な変革が必要になるだけでなく、本書の最後で論じることになるが、おそらく別の社会体制に移る必要があろう。

たとえ、無条件ベーシックインカムの給付額が一五〇〇ユーロであっても、少なくとも低所得者の購買力はあきらかに高まる。これは国内市場にとってよいだけでなく、その結果として低所得者居住地区でも家賃が上昇してしまう。このようなことははじめから考慮すべきで、国家や州や市町村は警戒を怠らず、必要に応じて対抗措置をとらなければいけない。ベーシックインカムの導入にともなう行政の縮小もしくは再編化も決して容易ではない。またベーシックインカムが一五〇〇ユーロの国に移住しようとする移民に対してどのような規制を設けるべきかという問題も難しい。現実的に考えれば、無条件ベーシックインカムという条件下でも問題そのものは現在と異なってはいない。アフガニスタンあるいはスーダンから逃れて来た人にとってすでにドイツという社会保障国家は天国である。現在のこの魅力ある刺激がベーシックインカムによって特別に強められるとは思わない。

さて、ドイツで無条件ベーシックインカムは実現するだろうか。それは確実に来るだろう。失業者数が四〇〇万人とか五〇〇万人を超えると実行しないわけにいかない。興味深い問題は、どんなベーシックインカムになるかである。一〇〇〇ユーロで、負の所得税を財源にするのだろうか。そうなったら、お世辞にも人類の進歩とはいえず、不運にも、森の木を全部切り倒してしまうのに似て、何も改善しないで、多くのことを悪くするばかりである。それとも、私たちは第四次産業革命によってユートピアを実現して貧困と抑圧を克服することができるだろうか。この問題はベーシックインカムの給付金の額の問題ではない。これは、私たちの社会が変革能力をもつかどうかの問題である。人々が満たされた人生を送るようになるために、私たちは自分にできることをする。さて、私たちが暮らすようになるのはどんな文化だろうか。そこでは技術はどんな役割を演じるのか。

社会的ユートピアの物質基盤を築く

人々が自由に生きることを可能にするためには基本的欲求が満たされなければいけない。未来のより人間的な社会ではその物質的な充足が無条件ベーシックインカムによって保障されて、所得を得る仕事だけを「業績」と見なす困った状態がなくなる。この結果、社会保障も、多数の人々が本当にしていることに無関心な一方的な業績主義から切り離される。こうして単調でやる気を失わせるような仕事に強制されることもなくなり、人間を自由な個人と考える社会的ユートピアの物質的基盤が築かれることになるのだ。

第7章 自分で決める毎日
——好奇心、モチベーション、意味と幸せ

世界でもっとも幸せな人が暮らしているのはシリコンバレーではなく、ノルウェーで、その次にデンマーク、アイスランド、スイスといった国が続く。グーグルの社是「正しいことをやれ」に従って未来が創造される国の米国は一四位で、特に勢いがよいわけでなく、この一〇年間低下傾向にある。二〇一七年度の国連「世界幸福度レポート」は米国のこの状況を誤った条件づけの結果だと判定した。経済的な数字ばかりに注目していると社会が反連帯的になるだけでなく不信感を強め、腐敗がはびこり、社会不安と民族的紛争の原因になるという。[50]

技術がこれまで人類に役立ったことを否定する人は少数である。とはいっても、技術の進歩と幸福度が同じ歩幅で進んで来たという主張もあまり納得されない。シンガポールは世界のデジタル化ランキングではトップの国であるが、[51] 幸福度のランキングでは二六位で、アルゼンチンやメキシコの下に位置する。[i] 技術の発展と幸福度を同一視するのは単なるイデオロギーで、一方的に誇張された人間像と一面的な歴史観の産物以外のなにものでもない。「世界幸福度レポート」の作成者の見解では、幸せは社会福祉、健康、自由、収入、良い政府といった要因が重要である。技術が健康と収入に大きな寄与を果たすことは知られている。でもそれだけで、自由や社会福祉や良い政治の実

現が確保されるわけではない。それどころか、後でまたふれるが、誤って使われるとこれらの実現を邪魔する。

世界幸福度レポートの責任者は幸福度を減ずる大きな要因として「失業」を挙げる。このような見方も、仕事や業績主義社会のルールや昔からの資本主義倫理を考えるとよく理解できる。不幸せになる要因として「劣悪な労働条件」が挙げられている。この窮状は、ドイツと同じような生産性の高い国ではベーシックインカムの導入によってなくすことができる。ドイツが将来も今と同じように一六位でいるかどうかは誰も知らない。ただし国内総生産が上昇するだけでは、私たちの国の幸福度は高くならない。これに関して、国連の幸福度査定担当者が警告する中国の例はきわめて印象的だ。一九九〇年代と比べて、中国の国内総生産は五倍になった。都市の住民はどこの家庭にも洗濯機、テレビ、冷蔵庫がある。ところが、幸福度ランキングでは七九位で二五年前と比べて前進していない。技術と安楽によって幸せが増えた分も社会的な孤立や、安心感が少なくなることでもとの木阿弥になっている。

このような幸福度ランキングが面白いのは、幸福など測定できるものではないという点だ。自分についてどの程度幸せであるかなどを本当にいえる人などいるのだろうか。感じる幸せは日々、また時間ごとに、分刻みで変化するのではないのか。いわゆる「幸福の経済学」は問題のある学問である、ということだ。なぜかというと、厳密に測定できないものを正確に測っているとするからだ。

ⅰ日本は五一位。

幸せを測ろうとする者はそのことを理解していないのではないのか。

幸せに寄与するものがある。配慮、尊重、信頼の文化、自分が認められること、自信、自分の要求に対する対応の仕方、存在の不安を感じないこと、良い環境、友人などがそうであるが、でもこれらの点は古代ギリシャの時代からよく知られている。人間の幸せを増大させたり、保ったりするために、ドイツのような豊かな国では今以上の経済成長は必要でない。国内総生産がわずかばかり成長しても、それによって幸福度が増えるわけではない。人々が幸せになるには、国内総生産は成長しないでもすむ。経済が成長しなければいけないというのは従来の社会保障体制を続け、それを賄うためである。繁栄は今やすべての人に行き渡らないが、その増大の期待に応えているうちに、エネルギーが消費され、資源が消耗し、温暖化が進行し、ゴミも増大する。そして、これらが可能になるために、経済の活性化が続かなければいけない。そのために国内総生産の上昇が必要になるだけだ。

安楽さを必ずもたらす技術的進歩は、生命体としての私たちの活動領域を減らす一方だ。一九世紀から二〇世紀のはじめにかけて先進国社会では機械の時代がはじまり、社会を活性化し、耳を裂く騒音とどぎつい色がもたらされ、せわしなくなってしまった。静けさと暇は価値がなくなり、また満足して、これ以上望まないことは道徳目標でさえなくなる。自然の在り方もすっかり変わり、効率的に可能な限り利用され、搾り取られる資源供給者に変わってしまった。自然とかかりあうことは、できるだけそれを変えることを意味する。また生きる時間も部分ごとに分割され、それと同時にある部分にとどまるより、次の部分に移ることのほうが重要になった。至るところで現在より良いものになろうとして未来が待ち構える。近代とは現在の状態に不満を抱くことがお定まりになった時代である。どこへ行っても今より良いものが見つかることになっている。

二〇世紀初頭にはこのような価値観はまだ多くの人々の意識の一部にしか定着していなかった。私の祖父の世代は二〇世紀になった直後に生まれたが、彼らはリスクでなく安全を求めた。二度の世界大戦、ハイパーインフレ、ドイツ帝国からワイマール共和国、その後ヒットラーの独裁体制、その次がドイツ連邦共和国といった体制転換を体験していたこともあって、彼らの世代は落ち着き、慣習、決まり切った日常、地味な豊かさを重視した。一九六〇年代、七〇年代、八〇年代には期待感もふくらんだ。もっと旅行したい、もっと消費したい、ステータスを上昇させたいといった上昇志向である。でも、パンクやロックスターやF1のドライバー以外に誰が破壊的（ディスラプティヴな）人生をのぞむだろうか。もっと消費するように欲望が日々の宣伝によって刺激されても、そうならない。またデジタル化によって生活がいつも変化したり、経済全体が激しく動いたり、これまで通用した経済ルールが役立たずになってしまったりすることもあるが、今生きている大多数の人々の欲求を完全には満たせていない。要求を満たすことができていないのは、機械と人間が、また現実とフィクションが融合するといった話についても当てはまる。

そのようなことを望むファンがいるかもしれないが、ごく少数であろう。またシリコンバレーの投資家が信じている、儲かるか損をするかの二者択一ほど、ドイツの平凡な地方都市のリンブルクやヴッパタールの住民にピンと来ないものはない。明らかなのは、ドイツには本物の体験をするために、「今ここにいる」ことに価値を置く人がずっと多いように思われる。彼らには生きていることに関してリアルとバーチャルを区別し、前者を後者より望む。彼らの幸福感にとっては、幸福度レポートにもあったように、技術的な進歩でなく、昔からの人間性（ヒューマニティ）に属するものの方が重要である。

そうだとすると、可能な限りたくさんの人間性を保つこと、取り戻すこと、あるいは、その影響範囲を時代の変化に応じて拡大することこそ、ユートピアの目標になる。第一次産業革命は、人権宣言にもかかわらず人間を単なる道具と見なさないようにするために労働運動が当時必要になった。今度も同じで、第四次産業革命の否定的側面に対抗するために、強力な運動が必要なのではないのか。今回も労働をより人間的にするためではあるが、所得を得る労働の根底にある考え方を再考して、信憑性と人間性を守るためにも、技術的に狭められた人間像の影響力を是正することが重要になる。どんな人間像がその対象になるかというと、人間を機械の駆動装置の歯車として見なしたり、人間をデータの寄せ集まったものと考えたりして、いくらでも操ることができるとする考え方である。これらの人間観の根底にあるのは、人間を人間として成立させるものを無視する点だ。

こう考えると、過度の効率主義の時代こそしなければいけないことがはっきりして来ないだろうか。それは、効率とは別のことを今一度発見することである。シリコンバレーが夢見て熱心に説く技術的発展とは、私たちを「スーパーマン」にするのでなく、助けてもらわないと何もできない存在にすることにならないだろうか。私たちの手仕事の能力は失われ、言語表現は貧しくなり、私たちの記憶も外部のメモリーに保管されているうちに衰え、私たちの空想力も出来合いの映像を組み合わせるだけになり、創造力も技術的なお決まりに従うばかりだし、私たちの好奇心も安楽なものに道を譲り、いつもイライラして、何か面白いことがないと我慢すらできない。もし「スーパーマン」がこのようであるなら、なりたいと思う人など本当はいないのでないのか。

報酬がない活動と所得を得る労働の境界線

人間の歴史では、文化は生きるために、技術は生き残るために役立つものであった。今日では技術が私たちの生活を規定するようになったが、それなら文化のほうが私たちの生き残りを保障してくれるだろうか。この問いに答えるのがユートピアの課題である。そうだとするなら、もっともな理由から私たちに好ましいと思われる「人間的」価値が生き残り、人類が死滅する結末にならないために、私たちはどうしたらいいのか。

重要な点についてはすでにふれた。報酬がない活動と所得を得る労働の境界線はこれまでのように固定したものであってはいけない。このままだと、相異なる二つの集団からなる階級社会になる危険性がある。それは一方に、ベーシックインカムと、消費と娯楽によっておとなしくさせられた「役立たず」がいて、彼らはデータを集積している媒体として少しの価値があるだけである。他方には、少数の人々がいて、彼らは自分の稼ぎを増やすばかりで、自身の職業活動を相続させて、『エリジウム』ともいうべき天国のような世界で暮らしている。

こうなる代わりに、私たちが必要なのは、いつでも好きなときにパートもしくはフルタイムの職業に就いたり、また自営業者としての道を歩んだりすることを、無条件ベーシックインカム受給者でも容易にできるモデルである。このように労働条件が変わると、二年間働かなかった人々にも差別的視線が投げかけられなくなる。確実にいえるのは、将来、午後に医師として手術室に入る前に朝は狩猟に出かけたり、羊の番をしたりしなくてもよい高度の教育を受けた専門家でありえるということだ。でも、彼らの働いた稼ぎがベーシックインカムで清算されないように、狩猟家や羊飼いや、そうではなくて批評家になるハードルを取り除いて、彼らが別の立場に移ったり、戻ったりすることが可能でなければいけない。

未来の世界で重要なキーワードとなるのは、「自主的組織」、「自己責任」、「自己権限」で、これらは十分に物質的に保障された上で実現される。とはいっても、自分が生きる世界を積極的に形づくることも、自分から計画を立てることも、また自分がすることに意味を見出すことも、無条件に誰もが身につけている能力ではない。自主的に生きることができるのは、それを習った人か、しつけがなかったり悪かったりしてもその能力を失わなかった人である。このような条件でのみ、自主的にデジタル化を利用して情報を収集したり、計画的に進めることができる市民層が生まれる。未来の人間的な社会で起きる問題は「下から」だけで決定できるものではない。どんな社会の変革であっても、自主的にできた市民組織には、意識の改革を手助けする国家からの支援が必要になる。

このためには、閉鎖的でないSNS（ソーシャル・ネットワーキング・サービス）のほうがフェイスブック、ツィッター、インスタグラムよりはるかにずっと役に立つ。データを諜報機関のように収集する巨大なこれらのSNSは、情報交換のプラットフォームも提供する。とはいっても、彼らの根底にある考えは自由でなくコマーシャリズムだ。ということは、プラットフォーム自身はユーザーとは異なった欲望を追求していることになり、ユーザーのデータで何をするかについていっしょに決めるといった話はまったく通用しない。彼らのビジネスモデルは情報の公開性から遠く、透明度が低い。彼らの権力は強大で、社会の傍観者であろうとすることなど絶対できず、自分の欲望を守るために、介入・操作する。フェイスブックで意見を交換することが、この行為と並行して従来の政治の領域から巨大グローバル企業に権力が移行するのに役立っていることに、人々は気づくべきである。ということは、私たちがデジタル空間に立ち入ろうと決断すれば、たちまち自己権限を行使するかどうかの問題がはじまる。しかし、そう考えることは多くの人々にとって極度に面倒である。結果がどうなるかは亡霊に似て見えないからだ。この点については、不道徳なビジネスモデルを禁止する立法者の支援なしには抵抗できない。

二番目に重要な点は、新たな「意識の文化」の提案で、キケロの「精神を耕す（Cultura animi)」を借用したものである。私たちが生活していて関係する物や状況の値打ちをもっと大事にすることである。それは、ピーという音や新しい映像が出てきてどこかを押したりするのでなく、何もしないで時間をかけてよく眺めることの奨励だ。グーグル副総裁セバスチアン・スランは「私たち人間は繰り返す作業をしてはならない。そんなことをするのは私たちにとってももったいない」[52]とのべたが、彼は人間が何であるかをよく知らないようだ。人間は、生活しながら本当に無数のことを繰り返している。たとえば、食べたり、飲んだり、眠ったり、一日中話したり、抱き合ったり、料理をしたり、性的関係をもったりする。自分がそんなことを繰り返すのはもったいないなどと思う必要はない。ある程度まで同一の形式のものがあることや、好ましい儀式が繰り返されることは大多数の人々にとって充実した生活の一部である。

これらの活動で特別なのは、活動そのものが目標である点だ。また生存を続けるためにしなければいけないことでもない。またお金を稼ぐためにするわけでもない。トランプで遊んだり、サッカーをしたり、庭をきれいにしたり、アクアリウムの手入れをしたり、犬を飼ったり、誰かといっしょに酔っ払ったりするのは生き残るのに役に立つわけでもないし、（投機家や、職業的な犬の飼育家でないかぎり）金儲けができるわけではない。これらすべてのことは社会にとって業績にはならない。巨大な保険業の財閥を築きあげたり、世界中に危険な害虫駆除剤を売りまくったりするのとは正反対の活動である。

人間にとって、ある活動が社会的に重要な目的に役立つからといって必ずしも価値があるとは見なされない。何かをするとき、多くの場合そうするのが好きだからで、この場合、目的は内在し、外部にこの行為をひきおこす目的はない。このような「目的なき合目的性」を二〇〇年以上前にイマヌエル・カントが芸術のあるべき姿とした。未来の人間を芸術家と見なしたオスカー・ワイルドも似たようなことを考えていた。二一世紀も、その目的が内在し、その行為自体を目的にすることが生きるという芸術活動に役立つであろう。ユーモアも、アルコールを飲むことも、スポーツも、たいていのセックスも、実用的な目的を別にもつわけでなく、生きる幸せそのものを実行しているだけだ。[53]

ユートピアについて考える者はこのようなことすべてに関心を向けなければいけない。内発的な動機、自発的な関心こそどのユートピアでもその中心となるものである。これこそ人間としての存在を形成し、その豊かさにさまざまな色合いを与えて輝かせる。いつも有益なことばかり考えているのは高等でない動物のすることで、たとえばアリもシロアリも毎日ひたすら役に立つことばかりする。生物として必ずしも必要でない特徴をいろいろもつために「人間」が人間になる。幸せで、好感を持たれる人間であることは「目的による独裁」から自分を解放することである。友情は、損得計算と無関係に大事である。同じことは育児についてもいえる。もちろん生きるために確実に有利なことや、お金と同価値の利益をもたらすように子供たちに教え込むこともできる。また名声を得て、たくさんのお金を稼ぐように、何をしても一番であろうとする意志をもつように子供たちを仕込むこともできる。彼らの教育がうまく行くかどうかはわからなくても、オスカー・ワイルドがいったように、価値は理解できなくても金額はすぐわかるようになる。交響楽や文学的体験が他の人々には至上の喜びであったりするのであるが、彼らには「売れるコンテンツ」に過ぎない（この表現をつかうことから、彼らに真の教養や情操教育が欠けていることがわかる）。それでは、どうして名声や成功を何がなんでも求めようとするのだろうか。何か不幸な幼児体験があったためだろうか。本当のところ、英国の文芸評論家のテリー・イーグルトンが書いたように、「特にすぐれた答えはない。いろいろ説明されるが、そろそろこの議論も終わっていいかもしれない[54]」。

文化には効用とされること以上のものがある。進歩はそれだけで良いことにはならない。良いのは進歩がより人間的なことをもたらすときだけである。だからこそ、シリコンバレーのイデオロギーの唱導者は自分たちのビジネスモデルをあたかもそうであるかのようにして売ろうとする。たとえば、透明性、コミュニケーションの無限の可能性、認識の上で意識に制限を設けないといったことが人類の進歩として強調される。人間は本当にいつも時間と空間を克服したいと思っていたのであろうか。また「意識」というものが狭い箱のなかに収まっているかのように想像して、箱を壊して解き放ちたいと思っていたのだろうか。確かに、そうしたいと思う人はいたかもしれない。同時にそんなことは望まず、平和裏に、好ましくて尊重できる人間や事物に囲まれて暮らすのを願う人もいた。このテーマは慎重であることが求められる。人間が何を望み、特にどちらに進みたいかについてはイデオロギー色の強い短絡的な見解があるが、それには警戒すべきである。人間の本性についての恣意的な発言によって決めつけてはならない。人々が生きるのを長年見守り、現実の人間の欲求を知り、また政治的議論を含めて十分な討論をへてはっきりしてくるのだ。

いずれにしろ、正しいとされることを大事にしたり、育んだりするのも人間的欲求である。反対に、過去のものを捨てたり、片づけたり、古いものとして廃れさせたり、捨てるものとして処理したり、無価値だとしたりするのも人間的欲求である。曾祖父母のソファーやお盆をいいと思う若者もいる。変化は保守よりいつも価値があるわけでない。ディスラプション（破壊）はコンティニュイティ（連続性）より価値があるという考えも決して自明でない。西欧社会の住民が一九世紀に神を信仰しなくなるにつれて、進歩を崇めたてるようになったからといって、進歩そのものが神ではないことを見落としてはいけない。

未来は本質的な意味で現在に対して先んじているわけでない。ところが、進歩そのものは、オーギュスト・コントによって一九世紀にとうとう世俗宗教になった。ブラジル国旗にある「オルデン・

エ・プログレッソ（秩序と進歩）」はこの実証主義哲学者からの引用である。人間の動機はより高度なものを目指す推進力であり、進歩がその目標である。こうして満足することも副産物に過ぎなくなる。現在は本来の状態でなく、未来のみが重要になる。このようにして現状に対する不満が進歩のエンジンになり、この方式がヴィクトリア朝の時代からはじまって二一世紀の現在にまで至る。同じように、顧客の満足は長く続いてはいけない。というのは、満足してばかりいると新しいものを買ってくれなくなる。こうして需要を満たす社会は需要をよびさます社会に変わってしまった。幸せはいつも未来にある。

こういったことは、より高次の論理や理性に合致しているからなどと主張するのは本当は賢明とはいえない。このような考え方は、ほとんどすべての民族における人生の知恵と見なされているものに、特に東アジアの価値観に反する。過ぎ去った日を振り返り、尊重し、味わうことは、古代の賢者のあいだでもキリスト教にも見られた。ところが、歩いた歩数、登った階段の段数、血圧、脈拍、睡眠時間、摂取カロリー、気分、その日の経過、ビタミン摂取、肝臓の数値といった具合に、無数のお利口な器具が何もかも測定してくれる社会では、過ぎ去った日をデータでなく別のかたちで尊重するのは至難の業だ。どこか途中で自身を測定する人は、それまでただ存在していた自分から抜け出して、自分自身を対象物と見なすようになる。ここで、フランクフルトの哲学者のマーティン・ゼールが世界において測定可能なのは世界そのものでなく、あくまでも世界の測定可能な一部に過ぎないといったのを思い出すべきである。この考えを転用すると、測定可能な自分とは測定可能な自分の一部に過ぎず、自分そのものではないことになる。誰かについて記憶として残るもののなかでデータほど退屈なものはないだろう。ただし、両親が子供たちに個人的な遺贈品として数百万枚の写真を残した場合は例外である。ママとパパが自分自身とだけ係わりをもった唯一の記念になるからである。

いわゆるセルフトラッキングのために自己監視をさせる人が増えれば増えるほど、これもどんどん日常生活の一部になる。こうなると、私を成立させるものは、私の人生でもないし、それについての私の解釈でもない。またそれは「物語」でもなく、ただ次から次へとつけ加えられていくものである。私たちは、自身の物語を語る代わりに、洗練されたサービス提供者に対して、自分自身が自動計測器になって、自発的に自分のデータを納入するようになり、自身が袋に入れられて売られるのと似たことになる。

健康な生活をしたいというのは納得できる願望である。ところが、私たちの健康に関してもっとも効率的な解決案がいつも重要となるのなら、こちらのほうこそイデオロギーである。効率をめざすのは自然から人間に与えられているものではない。自然は効率的でないし、その本質は浪費である。ヴィクトリア時代のこの効率さを求める人間像はダーウィンにも影響をあたえ、生物の自然界に対する私たちの見方を一面的に狭めた。このことを、ダーウィンの同時代人のカール・マルクスは見逃さなかった。「ダーウィンが、野獣や植物の世界に、分業、競争、新しい市場の開拓、そして発明、またはマルサスの生存競争といった具合に熟知する英国社会の要素を見つけ出すのは奇妙である」[55]。このように指摘されているにもかかわらず、今日でも生物学者や進化心理学者は至るところに自然の「戦略」、「利点」、「計算」が働いているのを見る。彼らの見解に従えば、動物の行動の目標は何よりもエネルギーの節約にあるという。ところが、現実には自然は全体として見ると、エネルギーの巨大な無駄遣いである。

何をやっても一番良いものにするという使命が人間に課されているとするなら、こうした背景を考慮すると、異なって見えてこないか。どうしてこのような使命が個々の人々が目指す目標であったり、それとも人類全体に課されたものであったりするのだろうか。なぜ人間は自身の動物性から解放されて、機械のように表面が磨かれていて、無臭でなければいけないのか。シリコンバレーの頭デッカチが自分の身体に対して健全な関係をもっていないからだろうとの印象をもつ。また過度な衛生観念や盛んに殺菌するようなことが、そこでは世界のどの場所より普及していることも頭に入れておかなくてはならない。古代ギリシャの哲学者は、自省し認識力を高めて道徳心を高めることを勧めた。とはいっても人間が人間としての存在までも克服しなければいけないという考え方は、せいぜいプロティノスの秘教的新プラトン主義のなかに見つけることができる程度である。

人間を克服し、超人を創出しよう思う人には人間に対する愛情とか道徳的な成熟とか、あるいはその両方が欠けていやしないか。本来ならカウチ（寝椅子）に横たわって精神分析医の治療を受けるべき人である。頭をつかって努力して凄まじいほどのお金を稼ぐ人々に対して、本当は誰かが、治療を受けなければいけないというべきではないか。人類史の進化はすでに決定済みという神話に抵抗しないでおくと、最後に来るのは「技術世（テクノセン）」とよばれる機械崇拝時代で、人間と機械が一体になるか、もっと悪い場合は自立した機械による独裁支配がはじまる。こうした話も中世時代のキリスト教徒と変わらないかもしれない。彼らは神が支配する千年王国の到来を予言していたし、その後ナチスもこの「神意」を受け継ぎ、自然の摂理によって彼らの「第三帝国」も千年続くと信じていた。と述べてきたが、ここで心を落ち着かせた方がいいだろう。本当は、完全な超人などシリコンバレーの人々もお目当てにしていない。不完全な人間こそ宣伝に乗せられて購入をしてくれたり、また見事に操られたりするからである。完全な人間は自分の衝動を抑制でき、他人の意図を見透かす人間で、すなわちこれはシリコンバレーの死を意味するのかもしれない…。

人間の歴史は人間によってつくられる

人間の歴史は人間によってつくられるもので、破局をもたらす地質学的異変をのぞいて自然の力によってではない。世界の推移について予定表があるなどというのは、シリコンバレーが自分の空想を未来の現実だと思ってもらうためのマーケティングトリックである。ユートピアはこんな話によって妨げられない。進歩という考えがあっても、デジタル技術をより良き未来のための補助手段と見なしているだけで、その技術を人類がめざす目的などとは考えていない。明らかに人間は大昔から知能を働かせて身体的弱点を補い、生活を楽にしてきた。だからといって、できるだけ便利で心安らかに過ごすことが人類の目標にはならない。安楽度が増大することが幸福度の減少を意味することもありうる。たとえば、することがまったくなくなったらそうで、これ以上安楽にしようがない最終段階では停滞してしまう。次に人間は動くのが好きな動物で、その点でオニオコゼでも、蜘蛛でも、イソギンチャクでもない。人間がボタンを押したりする動作ばかりをしているだけで、とても幸せだと考えるのはかなり歪んだ人間観ではないのか。

人間的なユートピアでは、世界がどう展開していくか、前もって決められた予定表など前提としないで、本当の欲求にもとづいている。私たちの時間との係わりかたほど、この点についてはっきりと示すものはない。「時間がどんどんたつ」とか「地球の回転はどんどん速くなる」とかいうが、どちらも多くの人が感じているだけのことで、彼らは事実でないことを知りながらそう表現する。それなら、私たちの文化圏で、なぜ事実でもないことを感じるのだろうか。

そのおもな理由は私たちが時間を効率よく使わなければいけないと信じているからである。それに関して、私たちはどんどん増大する可能性のなかから自分のしたいことを選ぶことができる。私たちは急がされた結果、与えられた時間内でできなかったことで自分に絶えずプレッシャーをかける。同じ時間内でできる仕事を増やすために時間に厳しくなり、することに時間を割り当てるが、それでも時間に追われて、絶えず良心が咎めるのを避けられない。

第一次産業革命以降、欧州では時間を資源と見なし、お金と同じように扱った。だから「時は金なり」で、同業者より速く生産した人はその分だけ競争力を高めたことになる。というのは新製品をより早く市場に出し、販売数を増やすことができるからだ。作業時間を区分けするのと並行して、鉄道、自動車、飛行機といった新しい交通手段によって移動性が高まる。ゲーテも昔嘆いたことだが、より速い輸送と生産によって、ゆっくりと何かが熟すことなどできなくなる時代がもたらされたことになる。昔株価は電話で伝えられたが、今や世界中の証券市場ではリアルタイムによるコミュニケーションになってしまった。速やかに時間を克服できればできるほど、世界が小さくなる。
人々は今では時を過ごすのでなく、時間があるかないかになり、たいていはないほうになった。労働時間も自由時間も仲良く並び、同じルールが適用される。時間はどちらも「利用する」ものである。この資源も限りがあるからである。どの時間も今日では「何かをするための独裁」下にある。デジタル器具の発明者が私たちに時間の節約ができると約束してくれるが、あまり役に立たない。これまでのところ、すべての技術の進歩は人間から時間を奪うばかりだった。社会学者のハルトムート・ローザが指摘したように、可能になることで、要求のほうも高くなる。以前は六通の手紙に返事をだしたのが、今では六〇通のメールを処理しなければいけない。[56]
「時は金なり」とよくいわれるのであるが、本当にそうであるかについてはあまり問われない。お金を払ったからといって、満足するまで寿命を延ばすことができるわけではない。時間とお金が異なった性格をもつのはこの点に限らない。お金は半分に分けることができるが、時間のほうはそういうわけにいかない。時間は事情が変わったからといっていつもより速やかに減ることはない。「満たされた」時間として記憶に残ることもある。この可能性は歩いた歩数や登った階段の段数をかぞえるより大きい。一番重要な点は、お金は貯めることができるのに対して時間はそれができないことだ。「時間貯蓄銀行」があるのはミヒャエル・エンデの『モモ』のなかだけである。とはいっても、ファストフード、スピードデート、パワーナップ（効率的仮眠）、マルチタスクも私たちにとって時間の節約にならない。これらは同一の時間内で行動様式が別になることに過ぎない。増えることはしばしば減ることでもある。

人生で全力投球することは予想もしていなかった効果をもたらす。その意味で現在は縮んでいくように思われる。ゲーテも一八〇九年の小説『親和力』のなかでエドアルトに次のように言わせている。《このごろでは、もう何ひとつ、全生涯をかけて習いおぼえることはできないんだもの。ぼくたちの先祖は、若いときに受けた教育にたよっていた。しかし今のぼくたちは、流行に遅れまいとすれば、五年目ごとに習いなおさなくてはならないんだ》[ii 57]。こうして、いつでも正しいとされることがなくなってしまったようだ。何を指針にしたらいいのだろうか。このことが特にいえるのは政治で、長期的な考え方が消えてしまったのも当然で、戦術が戦略の代わりをつとめるようになった。皆と歩調を合わせることに必死で考える時間などなくなった以上、ユートピアの喪失はこのような時間の喪失と連動して進行していることになる。過去にユートピアを求めるレトロピアはどうなのだろうか。時計がもっとゆっくり進んだ時代が未来の代わりに登場するかもしれない。

こうしたことが、デジタル化時代のユートピアを考えるヒントになる点が少なくない。私たちが生存する世界のスピードを高めることは、何かを期待させるより脅威になるばかりだ。未来社会に必要なのは落ち着くための場所であり、スピードを落として落ち着いて一息できるオアシスである。今まで以上に何もかもエスカレートさせる代わりに、私たちに必要なのは、人間が周囲の人々や環境に対して築き上げたすべての関係の価値に気づこうとして、注意を向ける文化である。ハルトムート・ローザがいったが、かすかな「反響」に気づき大切にするためには、強い刺激に溢れた私たち

ii 邦訳、実吉捷郎訳『親和力』岩波文庫、四九－五〇ページ、一九五六。

の社会では特別に強い集中力が必要になる。この能力が子供たちから失われないように鍛えることこそ、二一世紀の教育のもっとも重要な課題である。聡明な機械は賢明な利用のされ方を必要とする。それをきちんと使いこなすのには機械を「切る」スイッチをつかうことも含まれる……。

二一世紀は「早速」文化である

二一世紀初頭の文化は「早速《さっそく》」文化である。「顧客は何もかもしてもらうことを望む、それも「早速に」である。彼は怠惰で、気が短いといわれる。私も無数のイベントでこの話を聞いた。でも私にとって気になることがある。それはこうだ。子供がいる講演者が、たとえば、聴衆の誰かから「あなたのお子さんが怠けもので辛抱がなく、今に、たとえばドナルド・トランプ米大統領のようにろくろく考えもしない、気短な人間になりますよ。それでも自分の子供のことを喜んでおられますか」と尋ねられたらどうだろうか。こんなことは教育者には悪夢以外の何ものでもない。ところが、同じことがどうして経済界では問題とも思われないのだろうか。私たちが教育上、または社会的、政治的、倫理的な理由から拒否する間違った傾向を経済的には利用する必然性が本当にあるのだろうか。

何もかも、それもすぐさま欲しいと思う人こそ、本当はこの時代が直面する大きな変化に対して準備ができていない。重要なことは、長期的な思考、複雑なプロセスでの決断力、倫理的判断力である。これらを育成することこそ、教育の重要な使命だ。私たちの子供たちがこうした未来社会の課題に対して十分な準備できていないことは、体制派の教育関係者を除くすべての人々のあいだで意見は一致している。

「ドイツは教育のためにもっと努力しなければいけない」はよくいわれる。でもどう考えてこういうのだろうか。簡単にいうとまったく正反対の立場にある人が同じことをいっていることになる。経済界の人々や大学の教育学者にとってことは簡単である。デジタル社会ではよりたくさんのデジタル・ノウハウが必要になる。デジタル技術が授業で投入されればされるほど、また数学、情報工学、自然科学や工学に力を入れれば入れるほど子供たちにとっては未来の労働市場のための準備になる。起業家精神の早期教育も忘れてはいけない。後になってスタートアップ企業を設立する子供が多ければ多いほど、その学校も良いことになる。

以上のことは、多くの人にとって一見説得力がある。でもこのテーマに少しでも取り組んだ人には、このような教育目標がいかに前もって考慮しなければいけない点の多くが無視されていることに気づくはずだ。なぜなら、ここでは、教育の課題は労働市場での需要にピッタリと合うような労働力を提供する点にあるとしているからだ。次に暗黙に前提されているのは、情報学を学んだ人や、起業家に対する需要が今より増大するだけで、未来の労働市場も現在とほぼ同じだと思っている点だ。この教育モデルではデジタル化によって大きな社会変化が起こることは想定されていない。もっと面白いのはここでいう教育とは、職業教育と専門教育以外の何ものでもない点だ。

教育の目標についての別の立場からすると、教育の意味とはできるだけ若い人々に充実した生活をする能力を身につけもらう点にある。現在の仕事社会または業績主義社会で目標とされる情報工学のエンジニアの需要水準こそ、可能な最高の水準であるかもしれない。でも、一〇年後に今よりずっと多くの情報工学のエンジニアが必要になるなどと、どうしていえるのだろうか。もしかしたら、私たちは、ミレニアム・プロジェクトが以前推測したように、感情移入が重要な職業のほうを必要とするかもしれない。このような状況で、労働市場の短期的予測に則って教育目標を設定するのは軽率で危険ですらある。

最上位の教育目標が、できるだけ多数の子供たちに企業利潤を増大させる意志をもつようにすることであってはならない。たしかに、私たちの社会は、コストを最小にして利益を最大にしようとする冷徹な人々が少数派である限り機能するかもしれない。でも、もしそのような人々が多数派になったら、いったい誰が幼稚園の先生になったり、老人を介護したりするだろうか。人格教育より労働市場を上位に置く教育目的は近視眼的である。社会が必要とするのはデジタル経済の成功者だけではないからだ。私たちの価値や職人芸を保持してくれる人たちや、他の人々のために支援活動をしたり、伝統保存活動をしたり、また世話をしたり、別の選択肢となる社会モデルについて考えたりする人も必要になる。シリコンバレーの頭でっかち、金融投機家、ユーチューバー、インフルエンサーとかよばれる人々だけの世界は存在しないし、何よりも望ましくない。明日の世界にも、料理人、有機農業者、ソーシャルワーカー、家具職人、クラシック音楽家になろうとする人がいても、その結果、何か社会に不利益が生じるとは思われない。

新たな教育制度を考える尺度は予測された労働市場ではなく、私たちの子供に未来の世界で困らずに何とかやって行くことができる能力を身につけさせることではないのか。彼らが技術の使い方を習う必要はない（そんなことは、たいていは自分でできる）。彼らが学ばなければいけないのは、技術がますます重要になる社会で自分の立場をきちんと理解することである。彼らは自分を人間として、また個人とし成り立たせるものを大切にしなければいけない。外からの刺激にすぐに負けてしまい、一つのことに集中する能力を失い、自身の言語能力を養うこともなく、欲望の充足を先に延ばせないような人は、確実にこの課題を果たしていないことになる。自身を、自分の願望を知り、それについて考えること、自分に対しても、同時に他人に対してでも自分の判断力を鍛えること、必要に応じて自分の要求を取り下げること、自制すること、思案すること、ストレスに対処すること、といったことは将来には今まで以上に重要になる。

同じように重要になるのは、刺激が氾濫している世界で自分の好奇心を失わないことである。いたるところで答えが自動的に出てくると、疑問など頭に思い浮かばなくなる。学校でも大学でも、どのように若い人たちの自発的なモチベーションを保ち、育てるかを重視する発想に転換していくのが一番重要な課題になろう。というのは、従来の教育体制は、これとは正反対の外発的な動機づけを基盤にしてきた。子供たちは、何だかんだといわれても、成績をよくするために勉強する。このことが将来の職業の準備に役立つ限り、このような教育観を批判するのは容易ではなかった。伝統的な仕事の世界では外から来るお金という報酬のために働く。ところが、デジタル化で雇用が減り、一般的でなくなると、このように条件づけの教育方式は意味を失う。私たちの子供たちは大人になってから内的動機から高資格の職業で卓越した業績を挙げることができないといけない。また彼らには、ときどきしか働かないことも、またときには長期間に渡って仕事がなくて稼ぐことができない場合もあるので、今まで以上に内的動機が必要になる。自分の生活に枠組みをつくり、日々を過ごすために良い計画を立てるのは未来の重要な課題である。内的動機をもつ人が多ければ多いほどその社会は良い状態にある。

このことが、学校や、そのしくみや、また教師への教育、教育内容、授業にとってどんな意味をもつかは別の場所で詳細に論じた。[58] ところが、残念なことに、教育についての議論は前と同じで、形式的な問題ばかりが論じられる。たとえば、大学に入学する前の就学期間を八年にするか、それとも九年にするかといった問題である。また「大学入学資格[iii]をとる人の割合をどのくらいに設定するべきか」といったことである。デジタル化が学校におよぼす影響についての議論でも、「生徒は何年生になってからタブレットをつかうべきか」とか「学校にはデジタル機器が多いほうがいいか、制限すべきか」とか、「どのように無線LANを高速化するべきか」とか、「誰がデジタルのインフラ・コストを負担するべきか」といったテーマである。一方で、デジタル化が従来の外発的な学習体系をないがしろにしていることについてはほとんど論じられない。この外発的な学習が仕事・業績主義社会と対応関係にあることはあまりにも明らかである。有給労働を財源とする社会保障システムも、また外から来る報酬を基盤にする教育システムのどちらも、半死の馬に乗っかったままでゴールできると信じ込んでいるのに似ている。

すべての教育評論家のあいだで二つの点で見解が一致している。それは、今学校へ行ったり、職業教育を受けたり、大学に入学する者は一生勉強し続ける心構えが必要だということである。このようなことを実行するには当然強い内面的な動機が必要である。もう一つ見解が一致するのは創造性が必要な点である。ところが、ここでいう「創造性」という言葉はあまり明確でない。創造的であるのは、作曲家、作家、料理人、プログラマだけでなく、勘のよい商売人、詐欺師、マフィアもそうである。

モラルが欠如した創造性は社会的には望ましいことではない。情操面を無視した教育も似たことである。そのために、道徳や判断力は将来大きな意味をもつようになる。同じことは道具を技術的につかう場合についてもいえる。「測定」や「測定可能」といったことを正しく評価することは教育問題である。自分を知ろうとする者は、歩くときの歩数をかぞえるだけでなく、なぜそんなことをするのかについても自分に問いただすべきである。ドイツの心理学者・ゲルト・ギーゲレンツァーは二つの概念「デジタル・セルフコントロール」と「デジタル・リスクコンピテンシー」によって何が重要であるかを示す。それは、「知識をもってデジタル技術を利用しリスクを洞察し、不利なことはなるべく避け、利点を増大させる」点にある。[59] 未来の学校では、青少年は（運転しながら電話するのと同じように）デジタルリスクや心理的な側面についても学ばなければいけない。一度にあまりにたくさんのことを片づけようとする者はマルチタスクではなく、記憶力に長期的なダメージを与えているだけである。また記憶を機械にお任せする者はそのうちに自分で何かを覚えている

iii　ドイツでは、Bachelor や Staatsexamen などドイツの大学の最初の学位課程へ入学申請するには、基本条件として大学入学申請資格（Hochschulzugangsberechtigung（HZB）や Hochschulreife）という「学歴上の条件」が求められる。

ことができなくなる。そこでますます重要になるのは、詩を暗唱したり、記憶力を鍛えたりすることである。将来でも学校の外では、デジタル機器をもたずに何かを記憶していなければいけない状況があるからである。創造的な思考は、個々のことや考えを組み合わせなければいけないが、子供たちが覚えていることが少なければ少ないほど、それも困難になるばかりである。つまり、創造的であるためには記憶力を鍛えなければいけないということだ。

このような考えには、二〇一八年のドイツの教育環境はほど遠い。二〇一六年にドイツ連邦教育省から発表された「デジタル合意」は、学校をデジタル化時代に向けさせるためのものであった。ところが、これを読んでも、将来の授業がどうなるかについては月の裏側と同じように真っ暗闇で何も見えてこない。デジタル化によるユートピアを望むなら、注意力散漫になったり、デジタル中毒になったりしないように子供たちに具体的な支援をあたえ、また生まれつき備わっている好奇心を育てて、保つようにすべきだ。未来の学校は個々の児童の判断力が養成される場所でなければいけない。これらを無視すると取り返しのつかないことになる。

これからの教育が目指すもの

ユートピアは人間を幸せにし、生きることに意味をあたえることを基準とする。どの近代的な技術もこの尺度で評価されるべきである。そのとき、人間が機械に適応するのではなく、あくまでも人間が求めることがその出発点になる。報酬が得られる仕事が少なくなる世界で幸せに暮らすためには、人々は自身を修養することに多大な時間とエネルギーを費やさなければいけない。というのは、こうすることがデジタル技術と適切に係わるために必要になるからである。学校などの教育機関では、子供たちの好奇心と内面的なモチベーションを教育の中心に据えなくてはいけない。こうすることで、職業が世界の中心でなくなった時代でも子供たちが将来にわたって充実した人生を送ることができるようにしなくてはいけない。

第8章 生きるとは世話を受けることか？
——予期できないことの魅力

一九九六年制作のドイツ・フィンランド映画『ハンネス、列車の旅』のなかに感動的な場面がある。主人公のトラック運転手のハンネスは孤独な生活をしている。男性として魅力的でないし、内気で、友人もなくて、自分の狭い生活に閉じこもっている。彼の趣味は時刻表を見ることで、すべての列車の発着時刻を記憶している。彼の目標はフィンランド領ラップランドのイナリで開催される国際時刻表競技大会で優勝することである。ハンネスはイナリ行き列車のなかで美しいフィンランド人女性のシールパと知り合う。彼女は、彼がイナリへ行くのにこのルートを選んだことに驚く。確かに最短距離であるが、美しくない。一番美しいのはシールパが語るところによると、北スウェーデンに入り、ハパランダを経由して海辺の景色を楽しむ経路だそうだ。ハンネスはこの魅力的なシールパにすっかり惚れ込んでしまう。さて、国際時刻表競技大会で彼は大きなリードを保ったまま、最後の質問になる。それは、「イナリへの一番良いルートは」であった。ハンネスは少し躊躇する。彼は、最短の道でなく、シールパが教えてくれたハパランダ経由の一番美しい経路を回答した。こう答えることは、ハンネスにはわかっていたことだが、優勝を逸する。「一番良い」とは「一番短い」道を意味する。シールパが観客として会場にいて、彼は一番短いルートを一番良いと思うことができなかった。こうしてハンネスは長年準備した競技には負けるが、シールパのハートを勝ち取る。

人生は短縮するようにはプログラムされていない。遠回りする人は、よくいわれるが、より多くの景色を見ることができる。オーストリアの作家ラデク・クナップが表現したように、運命とは不透明だから運命なのである。多くの人は一番楽な道を選ぶことが多いかもしれない。とはいっても、余暇に山登りとか、ジャングルを踏破したり、マラソンをしたりする人もいる。もちろん私たちはお手軽に得られる快楽を求めることが多い。面倒なことや骨折りを避ける。ところが、そもそも価値や意味といったことを面倒だった活動や経験そのものとすることが多い。

一番良い方法が一番短くて効率のいい方法だというのは重要らしく、デジタル化時代に誤った決断をしないのに役立つかもしれない。というのは、私たちには社会でも経済でも時間を無駄にしないように無暗やたらと次から次へと多くの選択肢が提供される。どれも効率性重視、セルフコントロール、すべての問題のエレガントな解決を約束する。その点で電子商取引は大きな利点がある。ネットで注文するのはお店へ買いに行くより時間がかからない。またずっとたくさんの商品や値段も比較できるし、買ったものを家まで運ぶ必要もない。それなら将来は、何もかもネットで購入するべきなのか。

自分を例に取ろう。私は一八世紀、一九世紀の古書を集めている。なぜそんなことをするのかというと、私は古い書籍の匂いや、外観や、感触が好きだからである。それだけでない。本に限らず集めることに付きものの楽しみがある。よく知らない町で古本屋をさがす。変わり者であることが多い主人との出会い。整頓されていない店内。この閉鎖された世界で何か掘出し物を見つけたときの喜び。私は雰囲気が好きだし、欲しかった本を見つけたときの喜びと誇りはかけがえもない。ネットで購入すると、私はこのような体験ができなくなる。町のなかの古書店は絶滅しつつある。インターネットは整理されているし、本の状態も値段も表記されていて、さがしているものを見つけることが容易にできる。またある本を高過ぎる値段で買うこともない。そもそも古い本を集める意味すらなくなったのに、続ける必要があるのだろうか。

最短距離の行程だと、旅立ちでこれから何かがはじまるというわくわくした気分は消えてしまう。似たようなことは衣服についてもいえる。私がローマで買った靴もネットで購入した途端その特別な性格を失う。何かその場所と結びついていたものがなくなってしまう。誰もがネットで注文できるのなら町の中にお店など必要でなくなる。でもお店のなくなった町はどんふうに見えるのだろうか。それは、マールという町のようになるだろう。ルール地方の北部にあるが誰も知らない町である。一九七〇年代にこの町のお歴々は州で最大のショッピングセンターである「マールの星」を建てることにした。一九七四年にこのプロジェクトが実現すると、町の中心部はあっという間にさびれた。一九九〇年代にはお店は残っていても、閉鎖されて、ショーウィンドウは木のパレットが取り付けられていて、死の町と化していた。その間、欧州で最大の屋根といわれたショッピングセンターのほうもさびれてしまった。

シリコンバレーの住民にとっては、都市文化の喪失など、はじめから何もなかったからどうでもいいという話になる。シリコンバレーはもともと果樹園があったところで町の体裁などない荒地である。集会所や出会いの場所であったり、買い物をしたり散歩したり、また誰かに偶然出会ったりする町など、デジタル社会には必要がないという話になるだけである。自分で何かをすることもなく、食事も宅配され、運転手がいて、自分で洗濯する人も見えないし、男女が知り合い、お互いに身体を触れ合ったり、セックスしたりするのにもポータルサイトがあって、便利なアプリのおかげで、映画館にわざわざ出かける必要もない。

ところが、現実にはサンフランシスコとサンノゼの間にメトロポリスというべき都市らしい町があり、若い人々に対して大きな魅力を発揮しているのはよろこばしい。将来のベルリンもメトロポリスとしての利点をもっと活かすと思われる。ちなみにベルリンにはシリコンバレーのパロアルト市よりたくさん若い米国人が居住している。反対に、マンハイム、ハレ、ヴッパータールといった町ではそうならない。ネットビジネスの繁盛はまったく新しいものをもたらしたのではなく、すでに一九八〇年代、九〇年代にはじまっていた傾向を強めているだけである。何代も続いた専門店とよばれる小売店が町の中から消えていき、その代わりに登場するのは国際的な大チェーン店である。

二〇年後のドイツにもちゃんとした中小都市が残っていてほしいと思うのなら、きちんとした地方政治家が必要だ。自分の町に本当に完全にデジタル化したスーパーが必要かどうかを手遅れにならないうちにきちんと考えた方がいいかもしれない。一週間に一度出る市場と、店員もいない、絶えず値段が変わるスーパーを比べたら、何が人間を元気にし、喜ばせるかがはっきりするはずだ。手術室は無菌でなければいけないが、買い物する場所はその必要がない。整頓されていないところは発見するよろこびにつながる。人間から何かを買うのはロボットから買うのとは同じではない。

このような問いについて二〇一八年は、まだ回答をさがしているところであった。どこでデジタル技術を使うと生活が豊かになり、反対にどこでそれが不毛につながるのか。身体障害者や老人にとって、食料品が切れると自動的に注文し受けとってくれる冷蔵庫は便利である。でも、そのために家族が世話をする義務を感じなくなるのはのぞましいことではない。誰かが「思考する家」を必要もないのに買いたかったら、笑いを誘うかもしれないが、購入する「権利」はある。住居の照明が住む人の医学データを絶えず見て彼らの気分に合わせて調整するのも、映画館でスクリーンの明るさが適切に変えられていくのも魅力的かもしれない。パートナーとバスタブに入ろうとした途端、ロウソクの光が自動的に灯るほうがセクシーであるのか、それとも自分の手でロウソクに火をつけて雰囲気を演出するのがロマンチックであるのか、各々が自分で判断すればいいことである。でも、抑うつ状態に陥った人が自分の精神状態を象徴するかのように四方を壁に囲まれて、壁紙にお線香か、抗うつ薬の宣伝が映ることを夢見るだろうか。

完璧でないからといってすべてをきちんとする必要はないかもしれない。技術的に改良の余地のあるものを改良すると、生活の質からいって良くもならず、かえって悪くなるものもある。たとえば、サッカーのように失敗することが見世物になることもある。たいてい、シュートは成功しないで、ちょうどよいタイミングで妨げられるか、オーバーして終わる。シュートがいつもゴールしていたらゲームは退屈になるかもしれない。このように、成功、クライマックス、センセーションといったことが例外であり、頻繁には起こらないためにサッカーは人生にたとえられる。人類はもう何十万年も前からこのような意味での普通の状態がその意識の根底にある。この点を変えようとするなら、人間そのものを変えなければいけないが、その結果がどうなるかはわからない。薬にどのような影響があるかははっきりしている。どの場合も新たな効果はすぐには出ず、しばらくのあいだ逆効果になるだけである。

デジタル化によって問題が解決されるからといって、すべてが解決するわけでない。まず、本当の問題をそうでないものから区別することが重要になる。効率を高めるのに特に不適切な分野に芸術がある。芸術こそその定義からいって効率とは別ものである。この事情は、スイスの喜劇役者ウアズス・ヴェーアリの『芸術作品を整理整頓する』という本が如実に示してくれている。[60] この本のなかでは、有名な絵画で描かれているものが人物、線、色彩とか個々の要素に分割されて、それぞれ整頓されて綺麗に並べられている。似たように、インターネットの新聞も読者の関心にしたがって記事を並べる。こうして整頓された記事のなかから面白いと思うものや以前そう思ったものだけを読む。すると興味のないものは視野のなかに初めから入ってこない。これは効率的なやり方だろう。もともと関心があることについてはそれをより目にするようになり、新しいものは興味がわかないという点を効率的とみなすのなら、まさにその通りである。ハリウッドでコストのかかる映画は試写に協力してくれる観客だけに上映して、感動的なものや刺激的なものについて調べる。その観客をデジタル化したら、将来もっと正確になるだろう。成功する映画の筋書きはすでにアルゴリズムになっているし、レンブラントの作品もそうで、本となるとそれがもっと容易である。シナリオ作家や小説家が将来必要でなくなることはシリコンバレーの頭デッカチは認めている。

すべてが完璧になり、驚くこともなくなる。本当にそうなったら、誰も芸術など必要としない。でも、お決まりの経験を打ち破り、文化的な常識から反抗することこそが芸術の課題なのではないのか。少なくとも芸術論家は長年そう主張してきた。でもこのような芸術は完璧な世界では必要とされないのかもしれない。たしかに、スターリン主義の芸術も経験を打ち破るものでなく、不変な秩序を劇的に示すことを目的としたものであった。今となってはファン・ゴッホ展やモーツアルトのコンサートが経験を打ち破ることなどない。コンサートホール、オペラ、劇場では多数の人に受けるものしか取り上げられない。デジタル技術で観客に対する効果をもっと正確に把握することも予想もできる。その結果、文化も芸術もいつも同じことをその通りだと示すだけである。この傾向は一九九〇年代から存在していて、劇場総監督や展覧会主催者や監督を絶望させ続けてきた。デジタル化によって視聴率や視聴者層の把握が可能になったことで、テレビ番組がつまらなくなったことを長々言及する必要はないかもしれない。番組はそのような調査結果に左右され、番組責任者のほうも、そのような視聴率がなければ、何を放送するべきかもわからない。

このようなデータの測定が本当に芸術や文化のためになるかどうかは疑問である。それとも、これまでとは反対に、私たちは受けがいいものを視聴に値するものとして定義するほうがいいのだろうか。デジタルデータの把握が進歩につながる分野も多いかもしれないが、文化や芸術とは真逆である可能性が高い。それは新しいものに敵対する精神であり、新自由主義的な文化政策を実施する自治体が直面する財政削減策に役立つだけである。観客や大衆の興味に先回りして迎合することは、芸術や文化には何ものをももたらさなかった。

芸術や文化を「整理整頓」してもらいたくない人々は、これから今まで以上のことをしなければいけない。効率追求の精神が私たちの生活を支配すればするほど、私たちはその分だけ意識的に効率と無関係な空間を設けるように努力しなければいけないからだ。慣習に合致しないものを支援するだけでは駄目である。量を尺度にして質をないがしろにすることこそ、芸術と文化に責任をもつ人々に対する課題である。というのは、芸術と文化のどちらも、「問題」とその「解決」という図式では扱えない領域だからだ。

ユートピアを肯定するためにドイツは別の文化政策を必要とする。それは、古いもの、既存のもの、体制的なものでなく、小さいもの、慣習に反するもの、普通とは違うものを擁護することである。将来多数の人々が働いて所得を得ることができないなら、できるだけ多数の人が生活のなかで芸術的な活動を展開できることが重要である。将来のいつかドイツが「熱狂者やゲーマー」でなく本当に「詩人と思想家」の国になるのなら、どんなに良いことだろうか。

新自由主義的が落とした有用性と経済的成功の暗い影は今でも文化に重い負担としてのしかかっている。私は二〇一六年にエッセン市で開催された「経済、文化、創造性」というテーマの催しを思い出す。講演者の一人は「ハンブルク創造性奨励協会」の関係者で、新しいアイデアをもつ若い人たちが市から支援されるかどうかについて決定する立場にある女性であった。彼女は講演の冒頭で、「私はまず応募者に『あなたはどんな問題を解決しようと思っているのですか』と尋ねる」とのべた。私は自分の耳を疑った。この担当者はどうしてこんな奇妙な質問をするのだろうか。バラスケスも、モーツァルトも、またフランツ・カフカもどんな問題を解決したのだろうか。この例からわかるように、本来職業柄よく知っているはずの人々も創造性について他の考え方ができなくなったということである。たいていの場合、創造性とは、どんな結果になるかわからなくて発揮されるものである。「問題」と「解決」という図式は人間の創造性に役に立たないことが多い。別のいいかたをすれば、誰もが「解決」ということばを口にするが、哲学者だけがそうでないだけなのかもしれない。

「問題」と「解決」という図式では当てはまらない例はほかにもあり、それは料理である。ボンで銀行主催の催し物があり、そこでデジタルプロジェクトに投資するロケット・インターネットのオーナーのザームヴェア兄弟が話しているのを耳にしたことがある。知的で若い起業家は未来の住宅について話をした。一番いいのは、台所が不必要になることだという。スマート冷蔵庫があれば十分だそうだ。残りはスーパーや高級レストランの台所から無人機（ドローン）が配達してくれるからである。そうしてもらうことでどんな利点があるのか、という私の質問に対して彼は「時間」という。こうして得た時間で何をするのかと私が再度質問をすると彼はちゃんとした回答をくれなかった。ソファに座ってコンピューターゲームをしたり、ネットで何か注文したりする時間より、台所で誰かといっしょに料理をする時間のほうが充実していると感じる人がいることが、この人には想像できないようである。社会生態学者のなかには、人間社会での協同や社交は、そもそも一人だけでマンモスをしとめることができなかったことから発生したと説明していた人がいる。それほど間違ったことではないだろう。少なくとも同じように重要な理由として、誰も自分一人で全部を食べることなどできなかったことであるようにも思われる。このような事情こそ、ナードとかギークとか呼ばれるオタクを除いて、たいていの人がいっしょに料理をしたり、仲良く食べたりする理由であろう。

デジタル技術がもたらすもの――文化的退歩の危険性

デジタル技術がもたらすものは進歩であったり、また退歩でもあったりする。これから文化的退歩の危険性からはじめよう。

シリコンバレーのアイディアの多くはビジョンをあたえてくれるような気がする。ところが、子細に眺めるとそうでもない。人間についての知識が欠けているためのものも少なくない。彼らが思考するのは、技術が何を可能にするかということであって、多くの人間が、また社会が何を本当に必要とするのかという問いではない。技術的に完璧になる余地があるからといって、すでにのべたが、そうならなくてもいいし、そうなるべきでもない。特に誰もが意図しなかったり、責任をもとうとしなかったりする結果になる場合が特にそうである。まじめに何もかもが効率的であり、またその完成度からいっても最善の社会を想像してみよう。そうなると、効率を下げることなく、何かを変更したり、また変化をつけたりすることもできない。それでは、効率性を最高の尺度にすることとは何の意味があるのだろうか。人間の一番効率的な状態、または生存問題の一番完璧な「解決」は死そのものであろう。この状態は動かなくてすむし、エネルギーも必要でない。また苦労することもないし、生きることにともなう混乱や厳しさと係りあうこともない。死よりましな解決などない。死こそ人間にはもっともスマートな状態である。一方で、生きることはスマートではないし、抵抗があり、予測通りに進まないし、どこか出来損ないで一筋縄ではいかない。だからこそ、生きるに値し、退屈しないですむのだが。

こうして人間にやさしいデジタル化時代のユートピアが始まる。どの技術的進歩が望ましいか、またそうでないかという判断する私たちの視線を鋭くしなければいけない。現在、人間がやっている人事部長をコンピューターに代行させようとしているそうだが、これも将来には酩酊状態の思いつきとして歴史に残るかもしれない。このような愚かな行いの効果がはっきりしない場合「脱イノベーション係」とか「アナログ再開担当者」といった具合に新しいポストをつくってもとに戻せばすむ話である。コンピューターが誰かをベストの人事と決めてくれても、同僚とうまく行かなければ困ったことになるだけである。現在、酔っ払うこともできないノンアルコールビールがよく売れているようだし。

もっとまずいのは、後になって問題が判明して手遅れになっているケースである。米国では、一九九七年から二〇〇七年までのあいだ、幼児の三人のうち一人の割合で母国語の学習のためにCDやDVDが利用されていた。それは「ブレーニベービー（賢い赤ちゃん）」とか「ベービーアインシュタイン（赤ちゃんアインシュタイン）」とかよばれていたもので、こうして幼児がトレーニングされていた。その結果は悲惨である。そのように学習した子供たちは、客観的なテストで証明されたことだが、結果は、まったく身に付いていなかった。[61]というのは、母国語を習得するにあたって、子供たちにとっては言葉だけでなく、目に見えるもの、表情、ジェスチャー、関心が重要である。このような非言語的コミュニケーションは人間にとっては言語的コミュニケーションと同じように重要である。この点で人間も他の霊長類と同じである。

ディズニー社はこうした教材で四億ドルの利益を上げたが、子供たちにはなんのメリットもなかった。この例は、何でもやってくれるとか、何かしないでも済むとかと称する技術を信じた結果、問題がひきおこされる証拠である。同時に、人々がある製品を買ったり歓迎したり、またほめたりすることが本当に良いことの目安にならないことを示す。人間らしさや心理的に重要なことが技術にとって代わると、私たちには予想もできない困ったことになる。このとき信頼できる判断の材料になるのは、技術によって支援されるだけか、それとも技術にとって代わられるかどうかという点である。前者は便利になることが多いが、後者は、たいていは危険である。

人間は奇妙で、幸せになるためには反対や抵抗を必要とする。米国の哲学者のロバート・ノージックほどこの事情をはっきりと示した例はない。一九七四年に彼は著書のなかで読者に「体験マシン」のアイデアを紹介した。[62] 天才的な神経心理学者が開発した機械で、私たちは願望とする理想世界に入り込むことができる。そこでの幻想は完璧で現実からは区別ができない。私たちの願望は満たされ、すべてが完璧で、私たちの望みどおりである。しかし、このような機械に乗ろうとする人がいるだろうか。

ノージックの見解では、たいていの人はしないという。二〇一八年二月に千人のソフトウェア開発者を前に講演したが、ほぼ観客の一〇分の一だけが自身の生活と体験マシンのなかでの生活とを交換する意思を表明した。おそらく完璧な幻想の社会で暮らすという考えが多くの人にとっては恐ろしいようであった。彼らにはすべての願望が満たされるという考えそのものが気に入らないようだった。このような考えは私たちにとって何か胡散臭いところがあるように感じられる。もしそうだとするなら、人間が生きていく上で、完璧な幸せ以上に重要なことがあることを意味するのではないだろうか。それにもかかわらず、気づかずノージックの体験機械に乗り込んでしまうことがあれば、それは空恐ろしいことになる。それも、飛び込むように一度に乗り込むのでなく、小刻みの足取りで、特に危険だとか気づかないし、また騒ぎもしないで、知らない間に機械のなかに入り込んでしまっているのである。

以前なら、現実を眺めているだけで十分で、そこに何か驚きに値することがいくつもあった。子供たちは恐竜に興味を抱くが、知っていることといったらせいぜい博物館の骨だとか着色された模型などであった。インディアンや海賊も大好きだったし、動物園も彼らにとって特別な体験だったし、機関車や自動車や飛行機にも引きつけられた。二一世紀の一〇歳の少年にとってはこれらはかなり退屈なことである。彼らは早いテンポの動画や、世界中の幻想の描写に慣れている。それに対して現実は対抗できない。将来には彼らは「混合リアリティ」で暮らすことができる。今の生活に満足できなければ、バーチャルリアリティ用のヘルメットや、ホログラム・メガネをつけてパラレルワールドに潜り込む。彼らの日常の存在もゆっくりとまたぼんやりと変色していく。そうなるのに何か面倒をともなうわけでもない。何もできなくてもいい。昔から一〇歳の年頃の子供たちが何代もずっとしてきたように、探検したり、冷たい水に飛び込んだりする必要もない。アプリが全部してくれる。彼らは大人になってから自分の子供に、子供のときにしたことを語ることもない。思い出すことのできる自分たちの子供の世界ははじめから存在していない。あるのは自身と関係のない世界だけである。成長しながら後で自分が生きていくために得た情緒や創造や道徳などもゼロに近づく。生きていくのにあたって私たちにとって何もかもが前もってでき上がっていて、自分で何かを体験することもない。最後には怠惰で気が短く、広告業界がお望みの顧客になる。彼らは、スマホか、それとも将来をともに過ごす魔法の装置のために自分の選挙権まで放棄する大人になるような子供たちである。

このような子供たちが多数派になるか、少数派にとどまるかは二〇一八年の時点ではわからない。デジタル化時代の人間性を尊重するユートピアは自立性保持を目標にする。いろいろなことが自分でできて、それが手仕事だろうが、道徳や人生全般と関連することだろうが、能力や技能を発揮できることを価値があるとする考え方である。世話をしてもらう人生、日々の実用的なことであろうが、また何か並外れたことの体験であろうが、自分でしないで済ますようになれば人類にとって進歩はない。私たちが直面しようとしているのはシリコンバレーの「超人」ではなく、幼児段階からあまり発達しようとしない人間である。彼らがそうなったのは成長する必要性を感じないからだ。

カントやシラーやヘルダーといった啓蒙思想家は、成人しても自立しない人々が天国を夢見るのに反対した人々である。欲望を満たし、苦悩を避ける社会は彼らには望ましいことではなかった。自由もその価値も幸せへの近道ではない。その目標は、自立できない人間のための天国でなく、文化の進歩のために骨折り、成熟した人生を歩む人を育てることである。自由であることは自分に対してまた他人に対して責任を負うことで、世話をしてもらうことではない。市民の自立性こそ私たちの憲法の基盤であり、重要な社会観であるが、自分に対しての責任を軽減する技術の進歩はこれに対する矛盾以外の何ものでもない。

このことは、二〇一八年に生きている人々の大多数は直感的に理解しているだろう。楽しい日々ばかりの人生はおそらく生きがいもなく、その結果は修復不能で、飽き飽きする。たくさんの時間をもつことはいいが、でも何かをすることがないと困る。満足は生きる意味とは少し異なる。人生における効率性が、つまり、一番の近道を歩み、最大の満足を得ることが重要であるなら、それは人間であることや、また人生で重要なことを一面的に誇張しただけである。

ドイツ経済も似たような疑問と向かい合うべきかもしれない。シリコンバレーで、たいていは短期間に過ぎないが、成功したものが何もかもドイツでもいいビジネスモデルになるとは限らない。笑ってしまうのは、ストライプスーツを着ていた人がドイツからシリコンバレーへ引越し、数年後今度はヒゲを生やしてフード付きのセーターを着て戻ってきたトップマネージャーである。一九七〇年代・八〇年代に日本経済の考え方をマネしようとしたのと同じような話である。「Kaizen《改善》」モデルによる効率性重視によってもその後の経済的停滞を克服することができなかった。これも忘れてはいけないことである。その時々のトレンドを無批判に信じて、従順にその後を追いかけるのは考え直したほうがいいようだ。ドイツには（慎重な国民性から）「失敗する文化」が欠けているといわれるが、これは間違っていない。とはいっても、挫折をものともしないシリコンバレー文化もドイツの経済関係の討論会で主張されるほどのものでもない。次に、胡散臭いビジネスモデルに対して懐疑的になるのも当然な反応である。ドイツの企業文化は世界中で尊重されている。たとえばドイツ製品の質の高さは米国より高いとされることが多い。そうであるのは、経済を支えるのが中小企業であり、当然風俗や習慣、伝統や、また模範にする成功の在り方も、少数の大企業が支配する国とは異なる。ドイツ経済に対して消費財が果たす役割は比較的小さい。二百年以上も昔からドイツで実績のあるビジネスモデルや企業文化は米国にはない。たとえば、農林関係や市町村を中心に存在するライフアイゼン銀行や信用金庫などの協同組合組織の金融機関がその例で、その目的は公益事業の性格が強い。これらをブロックチェーンやフィンテックに置き換えるのは別のビジネスモデルであるだけでなく、これまで市町村で機能してきた相互協力の精神からは根本的な転換になる。

だからといって、ドイツ経済が創造的ビジネスモデルを展開したり新たなデジタル技術を投入したりしないで済ますわけにはいかない。エネルギーや環境技術、ゴミ処理、その他の多くの分野を考えたら、この事情はより理解しやすい。そのうち二つの領域に注目するが、どちらも刺激的なほど新規性があるとはいえないかもしれない。でもユートピアの意味からいって特に重要で、それなりに魅力がある。

デジタル技術と交通問題

交通事故の死者も病死も良いことでないし、継続してほしくない。またどちらも将来デジタル技術の投入が期待されている。

まず交通からはじめよう。長年、都市を自動車で詰まらせてしまい、このままではどうしようもない。ドイツで多数の人々が自分の自動車を、その上少なからずの人々がセカンドカーまでもつようになってから交通問題も厄介になるばかりである。二〇一七年には交通事故の死者は三千人以上、負傷者になると約四〇万人に及ぶ。ちなみに二〇一六年の殺人件数は三七三件である。[63] 二〇一五年と二〇一六年には西ヨーロッパ全体で一五〇人がテロリズムの犠牲者になった。こう考えるとドイツの道路交通をずっと安全にするということほどすばらしいことはない。

将来起こりうる、モビリティの向上は交通が少なくなることを意味する。というのは、路上交通が増えれば増えるほど、個人の移動の自由は制限されるからだ。自動運転車の開発はこの点で重要な寄与をすることができるかもしれない。ただし、ここで「自主走行」という表現は誤解を招く。というのは、自動車はこれまで自分で運転するという意味で自主的に走行したからである。運転に人間の介入を必要としない自動運転車は米国の西岸と東岸ですでに走っているが、ステータスを誇示するのに役立つ。地味で軽いボディの電気自動車は、エンジンの馬力を強調するためにその音を大きくしたり、また隣人に見せびらかしたりするには不適切である。これはまったく輸送のための実用車で、おそらくこの理由から大都市では私的目的には購入されないと思われる。何のためかというと、これを利用するアプリをダウンロードして、大都市やその近郊ではしかるべき料金を払って、このような自動運転車をシェアして、望む場所と時刻に利用する。

その結果はどうなるか。世界中に一〇億台の自動車が存在し、燃料を必要とし、空気を汚染している。それが、将来的には本当に稼働している台数と、わずかながら予備用に所有されている台数だけになってしまう。現在でも、自動車の多くは使われずに置かれているだけだ。一晩中駐車していたり、通勤にだけ利用され、それ以外は停めたままである。大都市では本当に必要な数は現在の五分の一まで減らすことができるとされている。[64] 駐車に利用されている路側帯もほとんど必要なくなり、緑地にかえてもいいし、また屋台の店に使ってもらうこともできる。自動運転車は市の中央地下駐車場に置かれ、そこから出て来るか、それともそのような面倒が省かれて別の利用者に引き取られる。私たちの大都市に、一九世紀の中頃の都市を描いた銅版画にあるような村落的な風景が生まれるかもしれない。都市は静かに緑に、何よりも安全になる。九〇％以上の交通事故の原因は人為的なミスである。自動運転車ではこの要因はゼロに近づけることができる。未来の子供たちはどの子供も必ず学ばなければいけなかったこと、自動車や交通に対する交通安全指導を受けなくてもすむかもしれない。渋滞もほぼ避けられるようになり、また排気ガスの有害物質も減少する。どれほど生活の質が向上することか。

そのために何を私たちが失うことになるのだろうか。ドイツ国民ははるか昔の「驚異の経済復興」の時代に自動車が自分のステイタスであったが、これがなくなるだけである。でもこの状態は現実になりつつある。ドイツで自身のアイデンティティを自動車と関連づける若者の数が急速に減りつつあるのだ。中型の自動車に乗ることなどステータスシンボルにはならないし、もしまだなるとするならスポーツカーと「ＳＵＶ（スポーツ用多目的車）」で、これだとお望みのステータスにはなるだろう。とはいっても、ＳＵＶほどこのステータス崇拝の袋小路を示す例はない。乗用車としてはその車高からいって町の地下駐車場に入るには限界であり、またこれ以上大きくなると、他のドライバーの迷惑になる。ＳＵＶのドライバーは、その膨大なエネルギー消費によって自分の子供世代の生存基盤を破壊していることになるが、これは火山の噴火口の傍らで最後のダンスをしているのに似ている。どうやらこの環境を破壊する市場主義のステータスシンボルを失うことを辛いと感じる人々が本当に多数いるようだ。恐竜は絶滅直前の白亜紀にその身体が巨大になった。

自動運転車はスマートフォンと同じでドイツのために設計されたものではない。私たちは、個々の政党の意志や業界団体とは無関係にいろいろなところで見られるグローバルな展開とかかわりあうことになる。いうまでもなく、自動運転車についてはドイツの選挙で決定されるものではない。自動運転車が本格的に走るまでにはいくつかの問題を解決しなければいけないが、だからといってそう遠くない将来にドイツの道路でも走行するようになることは確実だ。現在事故のときの保険や責任が問題視されているが、これも解決できる。そもそも保険会社側に従来の商売がなくなる危険性がある以上、新しいビジネスを逃すはずはない。

倫理的問題が未来の交通の実現を止めてしまうこともない。その問題とは、たとえば、突発的に自動運転車がよけるときにどのようにプログラムされていなければならないかということである。私たちは、自動運転車が「学習」しなければいけないという考えを捨てるべきだ。現時点では自動運転車が厄介な事態に陥ると、その学習がソフトウェアを変える。これをコントロールするために今度は監視ソフトが必要になり、この監視も別のソフトによってコントロールされることになっている。このソフトにも学習能力がなければいけない。最後は、誰もプログラムしておらず、制御不能になる。このようなことがあまり良いアイデアではないことは明らかだ。問題はなぜクルマの中のソフトウェアが学習しなければいけないかである。自動車が厄介な事情に陥り、よけなければいけなくなるが、これを「倫理的」にプログラムする必要などない。純粋に技術的な解決をしたほうがずっといい。ドライバーを守り、右によける。[i] それがうまく行かないときには左によけるといった具合にする。自動運転車に年齢や性別を識別する人間の顔のセンサー認識装置が取り付けられていなければ(これはなくて済ませられるが)、年金生活者と子供のどちらが生きるに値するかという倫理的な問いの対象がなくなる。こうして自動車は倫理的にはニュートラルになり、その「学習経験」に不安を覚えなくてもいい。

実際に不明瞭な点は別のところにある。いつも正確なタイミングでブレーキをかけ、気長な自動運転車がある一方で、歩行者や、それ以上に自転車に乗る人が交通を妨害したり、無視したり、止めたりしないようにするためにはどうしたらいいのだろうか。このようなことを自動運転車は落ち着いて受け入れるだけだ。でも法律は自動運転車に対しきびしく反応し、また警察も交通違反者を処罰しなければいけない。これは決して簡単なことではない。

自動運転車がどのように展開していくかは想像できるが、それでも過渡期ははっきりしていない。軽量に設計された自動運転車と、馬力も強くて頑丈なボディの自動車が共存できるようには思われない。この事情は昔馬車と自動車がその相性が悪かったのと似ている。自動車が町のなかで走るようになると、馬はいやがり、まもなくして消えてしまった。これと同じことになるだろう。町のなかでも子供が多い地区の住民は、自動運転車の利点がわかり、それを体験するようになると、「普

i ドイツでは左ハンドル、右側通行のため。

通の自動車」が近くの道路を走るのを望まなくなる。都市は地区ごとにだんだんと伝統的乗用車は通行止めになり、パトカーや消防車などの特別なクルマ以外は走ることが許されなくなる。最後には、自分で運転する従来の自動車は自動運転車に取って代わられて、人々は馬車が走っていた時代と同じように乗せてもらって、運ばれることになる。

自動運転車の料金を支払うことができない人々はどうするのだろうか。彼らには別の公共交通機関が必要になる。この公共交通機関は切符の販売でなく、税金でまかなわれることになる。こうして誰もが自由に利用でき、特定のビジネスモデルに左右されない。

自治体の交通計画部門は、人や物の流れを構築するにあたってやっかいな課題を負い、あとで生じる混乱を避けるためになるべく早く準備に取りかかることが望まれる。自動車の運転を重要な技術文化であると見なす人たちはスポーツとして残せばいい。町の中でかつて役立つ動物だった馬は乗馬として残った。自動車の運転を本当にしたいと思い、またできる人々には適切な運転場が提供されてもいいだろう。

デジタル技術と医療

ユートピアの二番目に移る。それは医学で、病気を予見したり、早期発見をしたり、治療したりする新たな可能性が生まれた。トップに来るのはより厳密な医療機器や日進月歩するセンサー技術だ。超音波検査器は高解像度で内臓を観察できるだけでなく、数値のグラフ表示まで可能にする。血圧、病歴、所見などの健康状態のデータの記録がたくさん蓄積されるほど病気についての理解も深まる。そのための条件はデジタル化のインフラが整備されて、健康についてのデータがかかりつけの医師によって個人データとして扱われるようになっていなければならない。デジタル化によって診断が改善されて、その結果個人に合わせた今より高度な治療が可能になる。従来のような標準治療でなく、患者はより個人的な身体状態が考慮された治療を受けるチャンスをもつ。糖尿病とか高血圧に悩む人々にとって、手首につけられた小さな測定器によってコントロールされることは本当にけっこうなことである。というのは、測定器は大学病院と連結されていて、そこのコンピューターが、測定された値が高過ぎる、と警告を発する。医師は、ネット化されたデジタルカルテを提供されて、時間を無駄にすることなく必要な治療ができる。

ここまではデジタル化の良い面である。このようにすれば、より人間的な医療になるかは、医学の進歩のみの問題ではない。というのは、すべての技術革新の場合と同じで、社会がどのように対処するか、どんなアイデアで側面から援護するか、良い社会、より良い社会という観点から望ましくない結果をもたらすと考えて避けようとするか、という問題が重要になるからである。

高い健康リスクをもつ人々にとっては、デジタル機器によって絶えず見守ってもらうことは、すでに述べたように命を救ってくれる大きな利点をもたらす。問題は、彼らが将来この可能性に信頼を託する唯一の人々であるかどうかである。どこから健康リスクがはじまるのだろうか。健康保険会社はどう考えるのだろうか。あまりリスクがない人が絶えず自分の健康に気をつけていると保険料が安くなるのだろうか。このようなことの一つの問題は、大多数の人が自分の健康状態のチェックを怠っている社会になることである。でもこれは個人的な問題であり、この結果、自分の体内のコンパスを失い、デジタル機器なしでは自分が病気か健康かもわからない人間ばかりになってしまうことである。普通に健康に暮らしている人が機械に依存することは望ましいことではない。また医者や保険会社によって、このような傾向が強まるのはもっと問題であろう。

二番目のリスクこそ最大の問題だが、それは本来人間がしていた判断を機械に委ねてしまう点にある。デジタル化によってより個人を尊重する医療になるはずだったのが、本当の人間との係わり合いが少なくなるのは残念なことである。オンラインでの助言は、心配していろいろ考えてくれる人間のぬくもりを肌身に感じるのとはまったく別の話である。大量の病歴のデータが入力されたIBMの「ワトソン」のほうが二〇年も三〇年も患者を熟知する医者より良い診断を下すかどうかは分からない。

デジタルシステムは医療において補佐として役に立つことがあろうが、危険になるのは、医者に取って代わるときである。「補佐」するのはいいが、「代わり」をつとめるのは駄目だ。というのは、社会的または倫理的に重要な問題について言われていて、医療分野では特に正しいように思われる。少し衝撃的で、また十分想像できるのは、医療分野でも測定可能なものだけに取って代わってしまい、人間としての患者でなくその病歴データが主役を演じるようになることである。現在大学を中心に受け継がれている近代医学の弱点は、身体と精神の複雑で個性的な相互関係をよく把握できていないことである。デジタル化で下手をすると、この欠陥がもっと大きくなる危険性がある。この状況は、将来にわたっても精神のほうが何百万のデータに分解されて利用されるようになったからといって改善される可能性は大きくない。ネットデータで何もかもが把握できるわけではないという原則は、たとえば身体感覚もその例であるが、この問題は今後さらに先鋭化するだろう。

ということは、医療分野でデジタル技術が恵みをもたらすには、その分だけ感情が入る余地が強化されなければいけないということだ。技術が精密にかつ合理的になればなるほど、医者とのコミュニケーションが重要になる。またこのための前提条件があるとしたら、それはデジタル化で医者にとって煩雑で事務的な仕事が軽減されることである。医者は、未来の救済者といわれる。ならば、自分の役割を情報処理プログラムに任せるのでなく、昔ながらのホームドクターのように患者の面倒をみなければいけない。このために、医学部での試験の成績だけでなく、別の基準を満たすことが重要になる。現実の医療の分野で本当に必要とされているのは才能に恵まれたエリートではなく、人の痛みが分かるほどほど優秀な人である。

医学にとって人間の幸せが本当に重要であることが理解できれば、デジタル技術による支援への信頼も大きくなる。このような医療文化の転換が実現すれば、技術のほうも受け入れられるだろう。介護の分野でも同じことが当てはまる。介護ロボットを歓迎するべきなのだろうか。それとも断固拒絶するべきなのか。この問いの答えは簡単である。日本では介護ロボットは重要視され、豊富に提供されている。こうした状況を眺めると、本質的には二つのタイプのロボットがあると言える。それは支援ロボットと情緒ロボットだ。支援ロボットはたとえば移動式ゴミ箱のように見え、医者に同伴する。箱のなかには十分なスペースがあって、医療機器や患者用の書類が入る。残念なことにまだ量産されていないが、ベッド用の差し込み便器の交換をしたり、動けない老人を持ち上げて車椅子に座らせたり、車椅子に変身するロボットもある。一方、情緒ロボットのほうは小さく、軽く、やわらかい。日本では認知症の患者に抱かせるようにする。ロボットのアシカは、毛皮の部分をなでると、グルグルとうなり、動き、嬉しそうに前脚をばたつかせる。

このような例ほど、「支援する」ことと「取って代わる」ことの違いがわかるものはない。最初のタイプのロボットは日本に限らずいろいろな国で将来本当に役立つだろう。寝た切りの人を起こして車椅子に座らせるのが重労働なことを、またときには患者に苦痛を与えることが知っている人にとって、支援ロボットがどんなに役立つかすぐに理解できる。それでは情緒ロボットはどの「問題」を解決しているといえるだろうか。認知症を患う人々も愛情に飢えている。でも、このことは本当に介護で解決する問題だろうか。このような疑問に対して、認知症患者は本当の動物と心配してくれる人間と情緒ロボットの違いを認識できないという答えである。情緒ロボットは、まさにこの認識できないという前提に立って使われている。

でもこうなると、倫理的な次元が見落とされることにならないだろうか。精神障害者をあざ笑う人がいたら、それを問題がないとか、どうでもいいとか無視できるだろうか。到底そんなことはできない。それも、本人があざ笑われているのに気づけなくてもだ。私たちが精神障害者を笑い物にするのを間違っているとか、無作法だとか、恥知らずだとか思うのもそのためだろう。このとき私たちが憤慨するのは、嘲笑されている人のためではない。人々が精神障害者を笑い物にするのに怒りを覚えるのは、道徳的に正しくないからだ。これは、人々の道徳的でない態度を、批判している。

でも、認知症患者を惑わして、気休めにロボットを与える。患者は、生き物と見なすだけでなく、好意をもっている。このようなことをしながら、なぜ私たちは平気でいられるのだろうか。愛情を与え、愛情を受けることとは、最後の望みであるだろう。ところが、まさにこの最後の点で、人手を省こうとか、欺こうとか、誤解させようとしている。

医療でいえることは介護にも当てはまり、技術が人間に取って代わってはいけない。そんなことをすると、より人間的にあらねば、という目的を反故にすることになるからである。

私たちの生活をより良くするとは？

デジタル技術は、私たちの生活をより良くするためにある。でもここでより良くするとは何なのだろうか。ユートピアの考え方によると、より良いことは、より短いことでも、より楽であることでも、またよりスマートであることでもない。技術は人間の本当の欲求に従わなければいけないが、欲求のほうは量に還元できるものではない。文化を大量生産に適しているものと考える人がいたら、その人は文化が何であるかを理解していないことになる。文化は問題を解決するものでなく、すでに受け入れられていることを正しいと肯定することでもない。手っ取り早い道が最善の道でないことはよくある。人間が尺度になる社会では、大勢の人々から逸脱した思考や行動を排除しないようにするためにも、多くのことが規格化されないほうが望ましい。中心になるのはあくまでも自主性である。交通や医療など、厄介な問題に直面している分野ではデジタル技術による解決も本当の解決になりうる。事故を最小化する新たな交通システムも、また正しい理解でデジタル技術を利用し人間の生活を改善する医学なら、我々は大歓迎である。

第9章　計画でなく、物語を——政治の復帰

「ロバート・テイラー・ホームズ」は、米シカゴで希望に満ちたアイデアから建てられた公営団地である。当時都市計画者は、落ちこぼれの市民たちを、その大多数は黒人であったが、近代的な団地に住まわせようとして、その必要性を熱心に訴えた。裕福層が住む市の南地区に全部で二八棟の巨大な鉄筋アパートを建設した。近くに大学だけでなく、著名な建築家フランク・ロイド・ライトの設計した横の広がりを強調した草原様式のプレーリーハウスがある。一九六二年に花束で歓迎されて入居した最初の住人はしばらくするとそこに住まなくなった。一九九七年に私がシカゴ・トリビューンの警察担当記者に付き添われて建物に立ち入ったときには、そこは町の中で一番怖れられているスラムであった。建物の玄関や、そこの郵便受けは汚物で汚されていた。子供たちは殴りに来るギャングの乱暴者を恐れてバスタブのなかで寝ていた。擦り切れた芝生にいろいろな色の薬莢が散らばっていて、ドイツの大晦日の花火の後のようであった。一九九三年に最初の住民の移住がはじまり、二〇〇五年に取り壊し開始。その二年後には最後の棟もなくなった。

何かがうまく行かなかったのだ。でも本当は何もかも良い考えであった。新しい団地は配置もよくて見通しもきいて清潔で、エレベーターもあり、全館集中暖房で、温水も供給された。みすぼら

しくて汚い掘っ立て小屋に住んでいた人々はここに住むようになってから、なぜ自身の社会的状況を良くすることができなかったのだろうか。整然とした居住地区は住民の道徳的向上心にはつながらなかった。社会的に厄介な境遇にある二万七千人の住民がお互いに刺激しあって道徳や礼節を重視するようにはならなかった。こうして、重大な社会問題の解決案を製図板の上で設計できるという都市計画者の夢はうまくいかなかった。

シカゴのような派手な計画は、人間の心理に対する理解が欠けたマスタープランとして「解決主義（ソルーショニズム）」とからかわれていて、[65] これに似た例は近代の建築史には数え切れないほどある。きわめて複雑な問題について、いつものことだが、単純明快でわかりやすい解決策が約束される。パリのセーヌ川の右岸の建物を壊して一八棟の壮大な高層建築を建てようとしたスイス生まれのフランス人建築家ル・コルビュジエの計画もそうした例だ。破壊から創造性が生まれるという精神に高揚するあまり、このような企画は何かが失われることに敏感でなかった。だから歴史的に成長したパリの旧市街の独特の魅力がなくなることに無頓着であったのもそのためである。

ベラルーシ出身のジャーナリスト・エフゲニー・モロゾフは二〇一三年に建築理論から「解決主義」ということばを踏襲し、シリコンバレーで生まれる多数の発想や未来構想やビジネスモデルの性格を表現した。これらの発想の中に、モロゾフは、完璧をめざすあまり、いつの日か手厳しくしっぺ返しされる近視眼的な意図が働いているのを見る。というのは、彼らの発想の特徴は、「改良されるべき行動に本格的に関心があるのではない。そのためにすべての複雑な社会関係が解釈し直されて、輪郭のはっきりした、計測可能な解決案がある問題に思えたり、また正しいアルゴリズムで最良の解決がもたらされる透明度の高い自明のプロセスに見えたりするが、ところが予想もしなかった結果になる」[66]。

多くの社会問題は、無理に技術的な枠のなかで考えようとしないかぎり、技術的な手段によって解決されるとは思われない。「建築の設計図の上はいつも落ち着いている。現実の生活ではそうでない」と言ったのは、オランダの作家セース・ノーテボームである。多くの米国の都市では、かなり前からモバイルチップを搭載した監視カメラが取り付けられていて、観察されていない人などいなくなった。こうして犯罪率は低下するかもしれない。でも、私たちは四六時中監視されているので、自由な世界で暮らしているとはもはやいえない。グーグル・グループのアルファベット社のエリック・シュミット会長が「もしあなたに誰かに知られたくないことがあるなら、はじめからそんなことをしなければいい」と言ったが、そのような世界になりつつある。啓蒙思想によれば、人間は道徳的に行動できるように判断力を養うべきだとされている。ところが、サイバネティックスによって人間の行動が工学的にコントロールされるだけになったら道徳的な振る舞いの余地がなくなるだろう。「信頼もいいが、コントロールはもっといい」というレーニンの言葉は百年にわたってスターリン主義の冷酷な人間観の表現であったが、今や社会問題も機械の故障を直すように解決しようとするのがシリコンバレーの思考様式の特徴である。

監視やコントロールによって解決しようとするのはカルフォルニアをはじめ米国だけではない。ドイツでも諜報機関や警察は、バスに乗り遅れるな、とばかりに「テロ撲滅」のために監視をより良いものにしようとする。ここでは、変化が小刻みであるために基準が変わることに気づかない「基準推移症候群」に直面している。というのは、一九八〇年代ドイツでは国勢調査の実施や、また機械で読み取り可能な身分証明書の導入に対して多くの人々が反対したのに、今では日常生活での監視技術の導入を甘受している。安全と自由の関係は、小刻みにだが、全体としてはどんどん変化しつつある。これは、ドイツでこの数年来、安全が極度に脅かされたからでなく、今日では昔なかった新しい技術的可能性が増えているからである。目的の追求でなく、手段が存在するために利用される。事実、犯罪統計によると多くの不法行為は低下する傾向にある。増えているのはもっぱらサイバー犯罪である。

状況は厄介である。というのは、新しい監視技術の導入にはそれはそれなりの理屈があるからだ。ところが、事態がこのように展開していくことで、重要な価値が壊されていくことには気づかない。一歩一歩はたいしたことでないと思われるからだ。ところが、透明であること、監視できることのほうがプライバシーの権利より知らない間に重要とされてしまう。こうしてコントロールそのものが自由に取って代わる。こうして小刻みに変わっていき、その最後に出現するのは自由な国でなく、制御と通信によって支配される国家である。ところが、どうしてもずるずると進んで行き、ここで止まらなければいけないと確信できる地点を見つけることができない……。

不透明性の価値

　不透明性は私たちの社会では大きな価値がある。でもこんなことをいうと、コネ、腐敗、闇取引を連想して、奇妙に思う人がいるかもしれない。またモロゾフのいう「解決主義」の信望者が目標とするのも不透明性でなく、透明性である。不透明性の価値を疑う者は、英国の作家ウィリアム・メイクピース・サッカレーが一八六一年にしるした『見つけ出されることについて』を読むべきであろう。彼は透明な社会について次のように書いた。「あなたは、不正を犯した者が必ず見つけられて、当然な処罰を受ける社会を一度想像するべきだ。学校でぶん殴られる男の子を、そこの先生を、次に校長先生を頭に浮かべてほしい。部隊全員の処罰を監視してきた司令官が今度は鎖にしばられる。神に対して自分が罪を犯したと告白した途端、捕まえられて殴られる牧師、そこまで行けば、当然彼を任命したより高位の聖職者はどうなるのか…殴るのは恐ろしいことである。棒を振りまわすうちに手がしびれ、棒もそのうちに足りなくなり、木を切って手配しなければいけないが、その数に仰天する。私たちがすべての人の悪事を暴かないですめば、これに越したことはない。くりかえす。私は、私たちがしたことにふさわしい処罰を受けることに断固と抗議する」[67]。

　私たちの社会は、作家のサッカレーが読者に警告する社会からまだかけ離れているかもしれない。とはいっても、私たちはそちらへ向かっているのではないのか。誰も他人についてのことを何もかも知っているわけでない。知っているのはグーグル、アップル、フェイスブック、アマゾンのＧＡ

FAだけかもしれない。でも私たちが関係する人間について何もかも知らないことは、いっしょに暮らすために重要なことである。私たちは他人について知っているが、それは不完全で、同じように他人も私たちについてあまり知らない。またそうであるのはいいことではないのだろうか。他人について何もかも知るようになったら、私たちの社会は崩壊するかもしれない。すでにサッカレーも可能な限りの透明性が社会の平和につながらず、その正反対になると推定し、次のようにしるす。「自然が私たちの正体を暴く才能を女性に与えなかったことほど幸いなことはない…あなたは、伴侶の女性やまた子供たちが本当のあなたを知り、あなたを評価することを望むだろうか。もしそうなったら、陰気な家に住むことになり、くつろぎも温かさも失われる。この結果、彼らの眼に映る自分が本当の自分だという幻想ももたなくなる」[68]。

このように、まったく透明な社会はあまり望ましいものではないだろう。同じことが規範からずれる行動を許さない社会についてもいえる。「行動が完全に透明になることが要求される社会では、規範はシステムとして失敗して機能しなくなるしかない」としるしたのは戦後ドイツの社会学者ハインリッヒ・ポピッツであったが、「行動が規範から逸脱するのを完全に見つけだす社会では、規範はその効力を失う」[69]と。すべてが公然になると、人々がそれによって礼節をわきまえるようになるわけでない。それどころか、すべての規範が百パーセント順守できないために、遅かれ早かれその効力を失う。

規範には「必然的に硬直的なものであったり、無責任であったり、固まっていたり、頑なであったりするところがあり、そのためにいつも過剰な要求となってしまう」[70]。社会行動や道徳が存在できるのは、白でも黒でもないあいまいなグレーゾーンがあり、判断がつかない振る舞いがあるためである。釘やネジの大きさのようには規格化できない。人間が暮らしているところではルール違反は社会生活に依存する。そもそも何がルール違反であるかということ自体が高度に文化的である。レバノンのベイルートの町で赤信号のときに道路を渡っても警察から責任を問われない。ところが、ドイツのバイロイトの町では警察のご厄介になるリスクは高くなる。この理由ははっきりしている。もしベイルートで警察が歩行者の交通違反まで取り締まると、他の仕事ができなくなってしまうからだ。これも何が取り締まりの対象になるかという基準が異なる例である。誰もが規則に反することをすると、皆が規則に従う場合より、規則違反がどうでもいいことになる。というのは、私たちが他の人たちの違反を知れば知るほど、自身の誤った行動も当然のことのように思われる。納税申告にあたって多数の人々が正直でないことが公表されたからといって、納税者のモラルの向上にはつながらない。それどころか、きちんと税金を払わない人が増大するきっかけにさえなる。

スーパーの駐車場からショッピングカートを持ち去ろうとした途端に自動的にブレーキがかかって動かすことができなくなったらどうだろうか。ニューヨークの地下鉄では、（ドイツとは異なり）切符がないと改札口を通ることができない方式[i]になっているが、これも似たケースである。[71]どちらの場合も人間が誤った行動をすることを阻止するだけでなく、同時にそれをするかしないかの選択の可能性も奪っている。技術的な安全装置が私たちの生活を規定すればするほど、私たちは自主的

i　日本も同じしくみである。

な判断力を養わなくてもすみ、自分で倫理的に行動を決める必要もなくなる。一方、私たちは決まったことをし続けるが、それは他の可能性がないからである。社会規範はそれとは反対で、私たちのほうが、それに従うか、それとも違反するかの選択を自分でする。こうして両方の可能性があるのに違反したら、それはそうした意図があるからで、その点にこそ意味がある。ということは、社会規範の有効性は強制ではなく自発性に基づく。社会規範は守る人がいなくても重要である。私たちは、「社会生活を不確定な状態のままにして、他人についても、また規範についても肯定も否定もできる。このようにはじめから決まっていないところで社会生活を営み、強制されているとも感じない。規範が機能するのに必要とするのは強い光でなく、薄明である」[72]。

私たちは現実に生きていると、相異なった規範のどちらかを決断しなければならないことがよくある。ということは、一方の規範に従うことは他方に対する矛盾になる。このような状況に私たちは耐えなければいけない。「自分に対してわだかまりがないのはバカの証拠だ」といったのは哲学者のマーティン・ゼールだが、これは社会についてもいえることだ。またいろいろな道徳律についてもあてはまる。規範は真面目にとらなければいけないが、とはいっても真面目過ぎてはいけない。規範はあくまでもルールであり、私たちがいっしょに暮らすことを容易にするためにある。どのルールも紛争を予防するためにある。前もって紛争も起こらないようにしてしまうと生きることが退屈にならないだろうか。自分で考える人がいてもよいはずだ。

倫理の目標は一番安全に生きることではない。できるだけ多数の人が満足する生き方を可能にすることだ。規範もそのために役立たなければいけない。私たちのほうが規範にお仕えするのは、その本来の意味ではない。規範がやぶられることに怒りを覚えるが、そういうことがあること自体が良いことである。どんな違反も気づかれて処罰される国で暮らしたいと誰が思うだろうか。どんな道徳律も無制限に硬直したルールになった途端、残酷につながる。いつも正直であること、いつも公正であること、いつもフェアであること、いつも同情心をもつこと、いつも気前がいいこと、いつも感謝の念をもつこと、でも誰がそんな人間でありたいと思うのだろうか。このような状態が、本当に満たされた生き方であるというのだろうか。

未来技術によって私たちに安全性チェックのマトリックスが用意され、不確定なアナログの問いもデジタルで回答されて確定的になり、その結果安全性が高まると説明される。でも私たちはこのような話に懐疑的であるべきだ。これは犯罪を撲滅するために自由を手放すことにつながり、犠牲が大きい見せかけの勝利だ。「善業」をするように仕向けられたり、絶えずその証拠を残すようにさせられ、自主的に道徳的であるのではなく、常習的偽善である。私たちのデータを集め、動機や欲求や行為についても本人よりもよく心得ている薄気味悪い巨大企業の影響力についてはこれまでに何度ものべた。

デジタル化時代の人間的なユートピアを考えようとする者はこのような危険性を真面目に、また意識的に受けとめなければいけない。モロゾフのいう「解決主義」の物も言わない「建築設計図」に受動的に従っているだけであってはならない。これに関連して、バウハウスの建築家のヴァルター・グロピウスが自分で設計した団地の住民に窓辺に植木鉢を置くことを禁止したのを思い出すべきだ。彼がそうしたのは植木鉢が全体の統一性をこわすからである。でも、このような「植木鉢」

は人間が生活し働いているところではどこにでもある。でも、効率性と最適化の信望者は、私たちの生活や人間の性格につきものの無秩序と乱雑を見逃してくれるだろうか。職場でもいろいろな人がいる。仕事の負担に耐えるために百％の力を発揮しようとしない人、協調性が乏しく自分だけで仕事をしようとする人や、生意気な人、人当たりが悪い人、近寄りがたい人、上機嫌な人、激しやすい人、のろまな人、嘲笑を好む人、足取りが軽快な人など本当にいろいろな特徴をもつ人がいるが、それが当たり前のことである。

これら全部が色とりどりで扱いにくいところもあるのが現実の生活である。確かに面倒かもしれないが、だからこそ面白い。そこから生まれるのは物語であって、計画ではない。昔、哲学者のオード・マルクヴァルトは「物語とは、何か予想外に起こる出来事である」と定義した。計画はその反対で、予想外のことが起こらなければうまく運んだことになる。スマートフォンのナビどおりに走る人は誰かに道を尋ねることなく、誰かと知り合いにもならない。このように何も予想外のことが起こらなくなったら、いったいそれはどんな人生なのだろうか。

予想外のことが起こらない人生とは？

人間的なユートピアへおもむく途中で私たちはこうした危険性を直視しなければいけない。警戒を怠ると、現在私たちが進む道は完璧主義の結晶のような不毛な凍土に到着する危険がある。そうしているうちに悪意がなくても選択肢が失われていき、政治の退廃を招くかもしれない。エフゲニー・モロゾフも「技術的な完璧を目指す衝動を鼓舞するシリコンバレーのメンタリティから逃れようとする強さと勇気を、私たちはもたなければ、いつの日か、政治を望ましいものにするすべが失われて、政治は形骸化するばかりである。そうなると残っているのは、道徳的な行動をとる能力を失った人々であり、文化に携わる人々も蒼白で生命の息吹も失ったのに等しく、いっさいのリスクを回避し、損得勘定しか見ようとしない。挙げ句の果てには、社会のほうも完璧にコントロールされる。そうなると反対が不可能であるだけでなく、反対という発想もなくなる」[73]。

何もかも効率的という観点から眺めたら、欧米諸国の民主主義国家の政治に大きな意味を見出すことはできなくなるだろう。シリコンバレーで指導的な立場の人々は政治システムが最適化されなければいけないとはっきりいう。誰がそれをするかというと、最適者は彼ら自身ということになりそうだが、でも彼らには見えていないことがある。それは、私たちの民主主義が意図的にゆっくり進むことである。二院制もまた分権制も権力をバランスよく分散させるためだけでなく、政治的決断のテンポを緩慢にするためである。古代ギリシャ・アテネでは被告人はその日のうちに判決をうけたが、多数の誤った判決があった。民主主義や法治主義は一八世紀に考え出され、一九世紀と二〇世紀に実現されたが、そのような即決実行主義にブレーキをかける。一番の近道がもっとも効率の良いようにみえるかもしれないが、民主主義の視点からは道のりを長くすることのほうこそずっと効果的である。時間と手間とお金を節約することは、必ずしも良いことではないし、根本的に間違っていることも少なくない。

時は金なりで、一番速い者が報われるという経済の原則は政治の世界ではいつも正しいとはいえない。多くの良いアイデアは実現するのに時間がかかり、複雑だし、面倒である。政治の世界の効率性を向上させようとする者は政治そのものを廃止し、工学的アプローチに置き換えることになる。市民が、どんどん自分が透明になる怪しげな契約を承諾すればするほど、政治は空洞化するばかりである。ドイツのウド・ディ・ファビオ元連邦憲法裁判所裁判官は「後になって是正困難な変化」がはじまっているとし、次のように警告する。「西欧民主主義を支えてきた批判的で意志の強い人々に代わって登場するのは無料のサービス給付で抱き込まれてがんじがらめにされた人々だ。彼らはそれぞれのネットコミュニティの自己規制やトレンドにすっかり適応し、他人の行動から逸脱するのをさがす側にまわる」[74]と。

他人に順応するように圧力をおよぼすことや、また競争、猜疑心といったことは開かれた社会を支える最善の柱とはいいがたい。自分のことばかりを考え、他人を除外するようにしつけられることは昔からあり、デジタル化ではじまったことではない。他人に対して絶えず自分が得するようにしつけられた人は市民国家の成員として良い教育を受けたとはいえない。幼年時代の道徳や、宗教のかすかな残りや、また学校で習った民主主義的価値観が宿っているあばら家を何とか支えようと出版物や催し物が助成され、数十億ドルのお金が費やされている。でも、これだけでは到底勝ち目がない。お得な料金で安く上げることばかりを目指し、そんなことができるのも普通の料金を払う人のお陰であることを一瞬たりとも考えていない。

市場経済の核心となるいわゆる個人主義は、社会的人道主義の原則とバランスがとれるように考慮されなければいけない、と述べたのは経済学者ヴィルヘルム・レープケである。彼は、戦後西ドイツの繁栄の基礎を築いたルートヴィヒ・エアハルト経済相（当時）から師と仰がれた人であった。でも現在のドイツのどこに社会的人道主義の原則が残っていて、堂々とその考えを主張する人がいるのだろうか。本来、西ヨーロッパでは自由経済と民主主義の機能は切り離されないものと見なされて、一方を無視して他方だけを想像することなどできなかった。これらの二つの要素がバランスを保つことが以前よく強調されたが、今やまったく失われつつある。ボーダレスな資本主義は誰からも邪魔されることなく私たちに国民意識を喪失させて、私たちは消費者以外の何者でもない存在になってしまった。こうして、自分にあたえられた、生きている時間を値段について思案するためや、料金の比較に費やし、他人の負担で得していることもろくろく考えないようになった。

そのようなときには、私たちの魂は飽和状態を超えているだけでなく、同時に煽り立てられた興奮が持続している状態にさえある。そしてこれこそ現在の経済体制の最終目的である。経済の目標は消費者を満足させるのでなく、新たに不満を覚える消費者を絶えず生み出すことである。多くの人が政治に対しても食傷気味で、また苛立って反応するのも類似したパターンで、これもどこか当然である。彼らの社会的願望も目標も、ネットの世界の幽霊のような存在で四六時中変わり、スマートフォンで自分を撮り、ネットに上げる何十億の写真と同じような際限のない自己演出で、どうでもよく、別のものと交換しても誰も気づかない。これらは民主国家の市民意識を強めるものではなさそうである。過度の消費社会と民主主義は自然な同盟関係でなく、買い物できる間だけのつきあいに過ぎない。

これについての説得力のある説明は、一八〇〇年前のもので、アレクシ・ド・トクヴィルの米国の民主主義についての二巻本の上巻にある。一九世紀民主主義の模範とされた米国で、この貴族出の若いフランス人が一八三五年に出会うのは、公共精神のかけらもなくて、自分のことばかりに関心をもち、頭の中にあるのは商売のことだけの人々であった。裕福になればなるほど、人々は非政治的になる。自由主義が最優先されるようになればなるほど市民の政治意識は希薄になるばかりだ。トクヴィルの予言にしたがえば、民主主義は最終的には空洞化するしかない。ということは、市民は参加を放棄し、国家がすべてのことを把握し、良い気持ちにさせる独裁体制に変わっていく。これは平等主義に見えても、政治的には全体主義で、効率的でその魅力に抵抗できない人も出て来るかもしれない、という。

トクヴィルの予言は正しいだろうか。この問いの回答が今日ほど切実に求められたことはなかった。米社会学者のリチャード・セネットから「消費者・傍観者・市民」という名前を頂戴した人々は自身の民主的権力を巨大なデジタル企業に譲渡し、便利さや安楽さと引き換えに自由まで売ってしまったのでないのか[75]。米国の政治学者で労働長官をつとめたことのあるロバート・ライシュは、私たちが消費者と投資家としての権力を増大させているが、労働者と市民としては権力を失いつつあると言ったが、その通りなのだろうか[76]。このように進んで行く以外の別の選択肢はないのだろうか。それとも私たちは流れを変えることができるのだろうか。

経済最優先主義

国家の経済最優先主義は今にはじまったことではない。たとえば、英国も一八世紀後半、また一九世紀に入ってからも長いあいだそうであった。当時の英国の東インド会社にとって誰が国王であるかなどどうでもいいことであった。今日のグローバルな巨大企業にとっても誰がドイツの首相をしているかなど重要でないのと同じ話である。新しいのは、圧倒的な力を誇る巨大企業がどの国にも属さない点である。グーグル、アップル、フェイスブック、アマゾンといったGAFA企業はどれもが無国籍で超国家的に活動する。

このような状況では、国家と市民の関係も、過去数十年とは別の観点から問い直されなければいけない。両者が今後離れ離れにならないためにはどうしたらいいのだろうか。どのように市民は国家を尊重したらいいのだろうか。国家のほうは市民をどのようにして守るのだろうか。この二つの問いは互いに関係がある。ここで決定的に重要なのは「信頼」ということばである。商売だけで恥も外聞もない人々に対して私たちを守ってくれると信じることができるのだろうか。同時に、国家が保護の必要性を超えて私たちを調べないだろうか。これら二つの点で国家を信頼できれば、私たちは国家を尊重する。

この数十年の間に、私たちと国家との結びつきが、特に国民の意思形成に重要な政党との関係が希薄になってしまった。その代わりに多くの人々は消費者としての態度を国家に対しても取るようになった。彼らに思い浮かぶ疑問は「何がもたらされるのか」とか「どんな得があるのか」といったことである。私たちの時代が抱えている大きな問題に関しては技術的な解決策を期待する。たとえば、国家は難民問題を解決しなければいけないという。一番いいのは数字だけによる解決である。受け入れ難民数の上限を決めることによって問題が解決したかのように錯覚する。同じことは環境問題についても、また社会的格差の問題についてもいえる。

政治に対して、安楽な生活と問題の解決を期待しているだけの人々は政治的思考をやめたのに等しい。まさにこの瞬間である、技術によって社会問題を解決しようとする人々がチャンスを嗅ぎつけて近づいてくるのは。人間が犯罪者にならないようにするのは面倒で、時間のかかる仕事である。ところが、都市をセンサーとカメラで完全に監視するというのは単純でスマートである。この理由から、「スマートシティ」は賛成者が多いビジョンである。センサー技術によって町のなかのすべての場所で収集したデータをクラウドに集めて利用することも可能である。こうして、都市の住民と、その周りのテクノロジーは相互に作用し合う。私たちを囲むモノも人間的になるか、それとも人間のほうが技術的インフラの一部になるかは、どの立場を取るのかによる。

スマートシティのアイデアはたくさんの人を夢に誘う。すべての人間とモノをネットワークで相互に結びつけることは経済効果を高めて、無数の新しいビジネスのアイデアを生み出すといわれる。私のすることも、知ることも、何もかもデータとして残り、これは住む町の「最適化」に役立つ。町全体が絶えず学習するシステムになることを意味し、ゴミ収集車が不必要な道を通らないようにしたり、図書館には誰も借りない本を置かないようになったり、デパートも顧客の数を間違ってかぞえないようになったり、エネルギーを無駄づかいしないようになったりする。グローバルに活躍する会社にとってこれは未来の大きなビジネスチャンスである。ＩＢＭ、シスコシステムズ、シーメンス、スウェーデンのバッテンフォール社がそうで、もしどこかの町がスマートシティになろうと思うと、これらの企業の一つから長年に渡ってシステムを設置してもらい、稼働させるためのサービスを提供してもらうことになる。

別の道をたどるのなら、ＥＵから支援してもらい、ベルリン、ウィーン、バルセロナの大学の協力を得て実現することもできる。このようなプロジェクトで一番重要なことは、町がどの程度まで、またどの領域がモノのインターネットに組み込まれてスマートになるべきかを、いったい誰が決めるのかという問題である。ドイツ人哲学者アルミン・グルーンヴァルトはこの点こそ今後の発展にとって微妙で慎重な対処が必要になることだと見ている。だから彼は、政治家でも、また技術を提供する企業でもなく、住民こそ自分の居住区域のインフラがどうなるかについての議論に参加しなければいけないという。[77] 技術が日々の住民の行動の在り方に影響するというのは正しいが、でも住民に特定の技術に適応するようにはさせられない。普通の町がスマートシティに発展することを自然から与えられたもので他の選択肢がないと考える人がいる。これは技術が社会の在り方を規定するという意味で一種の「技術決定論」である。とはいってもこれほど技術のほうに主導権を認めるのは前代未聞の話であろう。[78]

ここでも本当なら、中心になるのはあくまでも人間であるべきで、技術ではない。町や、その一区域がエネルギーを節約するために何かをすることはすぐに多数の人々が賛成するだろう。だからといって、市民が外ではいつも監視されなければいけないという提案は支持を得られない。ドイツの市町村が巨大なインフラのために「解決主義」の市販パッケージを購入したり、またそのような汎用的解決を望んだりすることも勧められないかもしれないし、市民がついて来ないかもしれないし、活発に参加してもらえないと、信頼を失い、抵抗を招く。現状では、たいていの人とってはスマートシティでどのように生活するのかについてイメージできないし、またそれが夢の実現であるか、それとも悪夢になるのかも判断しようがない。ロボットにとっては規則通り進行する世界のほうが居心地がよいかもしれないが、人間は未来も人間である以上、必ずしもそうとは限らない。スマートシティは大きな空間であるが、住民にとってそこに属している感覚が乏しい。それは、本来の都会とは落ち着きのない空間で、偶然、予想外の出来事を体験し、次の場所に行く途中だという感覚が強いからである。ということは、都市はそもそも計画という考え方と正反対のものだろう。ちなみに、町のなかでいつも落ち着いていて、計画通りであるのは墓地だけである。

啓蒙活動や情報提供を通じて透明度を高めない限り、決定過程に多数の市民を参加させることもできない。ところが、今までのところ、国家も地方自治体もスマートカバナンスのための最低条件を満たすことができないでいる。課税書類であろうが、建設許可であろうが、現状のお役所は速やかで透明な行政からは程遠い。そのような通信情報技術を用いたEデモクラシーが備わっていない以上、本当は市議会も市長も町をスマートにすることを夢見ることなどできやしない。政治からのサービスを消費するだけの「面倒臭がり屋」でなく、本当の意味での市民でありたいと望むなら、政治過程に組み込まれなければいけない。一番良いのは学校に通う頃にこの訓練をはじめることだ。

都市という限定された生存空間についていえることは、より広い分野で多岐にわたる目的にＡＩを用いる場合にもいえる。私たち市民のほうばかりがどんどん透明になるいっぽうで、反対に、モノのインターネットや、ＡＩによるビジネスのアイデアは不透明のままだ。倫理的に微妙な領域と関連する研究に従事する者は、自分が何をしようと思っているかについて絶えず説明できなければいけない。このことは、特に私たちの想像を可視化する脳とコンピューターのインターフェースについてあてはまることである。体が麻痺していて話すことができない聾唖者のために役に立つなら、それはよいことだ。でも、この技術で何を意図しているかを、誰が前もって説明するのだろうか。研究成果の応用に関心がある人は諜報機関だけでなくたくさんいる。たとえば、私たちは現実の生産設備を仮想上二重にする「デジタルツイン」から何を期待しているのだろうか。このようなシミュレーション・モデルの応用は機械だけに限定されるのだろうか。

特に微妙なのは、ＡＩが「倫理的」なプログラムを備えなければいけない場合だ。この問題はすでに自動運転車の登場とともに議論されるようになった。おそらく一番いいアイデアは顔認識センサーをあまり精度の高いものにせず、顔かたちを識別できないものにすることである。とはいっても、技術者は機械に倫理的判断を可能にするプログラムをつくろうとする。ところが、その結果どうなるかをほとんど予測できない。機械が倫理的な決断をするようにプログラムされていて、実際にその通りに決断し、賛否が分かれる決断の結果、事故が起き、破局をもたらす。このとき、非難されて、さらし者になるのは、当然だが、プログラム設計者になる。こうなるよりずっとましなのは、許されるべき地点で境界線を引き、それを超えないようにすることである。倫理的にプログラムされて、それが人間の倫理的決断の代わりになるようなことは許されてはならない。この点こそ、どのＡＩの使い方が道徳的に肯定できるか、できないかの境界線を引く人々の拠り所にもなる。これは、すでに介護ロボットの投入と関連して問題にした境界線でもある。何かが人間を助けるからといって、それが道徳上非難される理由などない（ただし、犯罪を助ける目的のために開発されたものであれば話はもちろん別である）。社会的に敏感な領域で人間の代わりをさせるもの（たとえばプログラム）を設けるのは、道徳的に肯定されるべきでない。

でもこう区別したからといって、いつ、またどこでＡＩを投入することが望ましいかが決まったわけでない。ＡＩが過剰に用いられることで人間が多くの点で愚かになり、また鈍感になることはすでに述べた。ここで私たちは、オランダで交通計画を担当したハンス・モーダーマンのような人を参考にすべきかもしれない。特に交通では高度の安全性が重要になる。ところが、モーダーマンは八〇年代、九〇年代にいくつかのオランダの都市で交通標識を取り外した。あまりにもたくさんのルールがあると、人々はかえって自分で考えなくなるからである。「人々に絶えず何をするか命じ、バカ扱いすると、彼らは本当にバカになってしまう[79]」。バカ扱いの代わりにモーダーマンは道路幅が狭く見えるようにして田舎道の印象をあたえようとした。これに対してドライバーは直感的にスピードをゆるめた。それも、標識がそうするよう指示する前に、である。モーダーマンのように考えるタイプの人間が今ほど社会にとって必要なことはない。今やロボットカーの時代で交通は自主的思考を応用する対象でなくなりつつある。そのような時代であるからこそ、自分で考える人が充分に残っていることがますます重要になる。デジタル化した時代で基本的権利を脅かす発展に対して私たちを守ってくれるのはあくまでも国家である……。

「解決主義」に気をつけろ！

未来の社会では多くの領域がデジタル技術によって改善される。何よりもエネルギーや、他の天然資源をより効率的に利用することになる。国家も市町村もよりスマートになり、市民の欲求に適合しなければいけない。交流と市民参加によって、将来的には人間のほうも自分を取り囲む世界に貢献し、社会形成に参加するようになる。でもそのときに、社会問題を技術的に片付けようとする「解決主義」に対して、私たちは気をつけるべきである。人間の行動の不透明部分や、灰色な領域や、規則や基準に違反する可能性などといったことこそ人間の自由の基礎を構成するものだからである。技術がこの自由を制限し、あるいは人間になり代わって厚かましくも「倫理的に」決断をしようとする地点にさしかかったときこそ、私たちはそれを阻止するべきである。

第10章 人間性のためのルール——悪いビジネスと良いビジネス

ずっと後になってから回顧すると、二〇一〇年代は奇妙な時代であったことになるかもしれない。人々はデジタル革命に共感し、その勢いに圧倒されてしまった。羅針盤もなく、方角も失い、デジタル化の先頭を走っている超大国の人々が未来について予言したり、世界に向かって歴史がどのような必然的な道をたどるのかを説明したりすると誰もが何もかも鵜呑みにした。何もかもがプログラムになっていて、その通りに進む以外の道しかないように思われた。いっしょに進まないと、先進国に属する国々には経済的衰退という運命しか残されていないと信じられた。また「インターネット」という、バーチャルな空間があり、現実の世界や国家とはまったく別の法則で機能していると思い込まされた。というのは、ここでは現実の世界の法則はまったく通用しないとされたからである。最終的には、いろいろな進歩の可能性があるのではなく、進歩といえば決まった方向にしか進まないと信じられた。これは、ちょうど一九七〇年代に核エネルギーこそ唯一残されたエネルギー源であり、当時、いくつもの選択肢があって、なかにはより良いものもあったのに、その一つに過ぎないとは夢にも思わなかったのと似ている。

このような信仰は、二〇一〇年代に多くの人々のあいだに広まっていた。デジタル化を疑う者は保守的で、古臭く、世間知らずで、技術と進歩の敵対者とみなされた。この事情は一九七〇年代の原発論争と似ている。二〇一八年の時点で、偏屈としてのレッテルを貼られたくないと思った人は、このような多数派の見解から離れないほうがよいとされた。できることはせいぜい節度をもつことや、教育の重要性や、判断力の強化を訴えて、デジタル巨大企業の透明性を要求するくらいであった。実際、デジタル経済など存在しなくて、存在しているのは経済そのもので、どのデジタル・ビジネスモデルも国民が裕福になるわけでないし、インターネットといわれているものは事実として私たちに与えられているのでなく、私たちのほうが支配されている権力関係以外の何ものでもない。こういったことは、二〇一〇年代当時、詳細に論じられていなかった。

とすると、どうやら歴史は繰り返すようで、ここで私たちは第一次産業革命を思い起こすべきである。当時と同じ混乱やストレスであり、また同じような経済的尺度の偏重である。これらは後になって大きな過ちであることが判明する。この間違いとは、労働者に人間としての価値をろくろく認めず、彼らが被る損失を考慮せず、できるだけ低い賃金しか払わなかった点である。というのは、一番安く生産できる国が、別のことばでいえば、最低の賃金で済ませられる国民こそ国家間の経済競争で勝ち残ることができるとされた。一般国民の繁栄は労働組合と労働運動が政府に圧力をかけて労賃を改善させることに成功してからはじまったというのが、今では常識である。国家は労働者の圧力を受けて、それ以前不必要で経済的に不利だとされていた社会法を施行することを強いられる。この結果、国内市場は盛んになり、民主主義が実現し、教育水準も上がるといった具合に多くの良いことにつながった。

それでは二〇一八年の状況はどうであろうか。デジタル大国とその模倣をしたい国家は、ユーザーを人格権とプライバシーが備わっているちゃんとした価値のある人間として尊重すべきだとはいわない。なぜなら、新たな「原油」というべきユーザーのデータを金塊に変えるためである。このビジネスモデルは不可避で、他の選択肢がなく、未来はこうなるしかないという。新しい時代には、ビジネスも法律も新しくなるしかないといっているようで、適応しなければいけないのはドイツの古臭いデータ保護のほうだということになる。個人情報の濫用は、現実の世界では政治問題であるが、デジタルの世界ではそうではない。これまで存在する法律は守るべきとする思考がデジタル化時代には過去のものとされてしまったようだ。こうして、別の選択肢も問題にされず、私たちは受け入れるしかなかった。

今度は、私たちが構想するユートピアの立場から二〇一〇年代を回顧してみる。恐ろしくなるほど多数の人たちが自分に対して、国家に対して、裁判に対してすら信頼を失った時代はなかったのではないのだろうか。またイノベーションとか効率性が偶像視された時代でもあった。後々になって、法的に厄介な戦いをして制限しなければいけないビジネスモデルが合法扱いされていた時代として歴史に残るのではないのか。それは、経営のトップに立つ人々が自分の人間観に反するビジネスを推し進めた時代でもあった。というのは、彼らは、顧客がなまけ者で気の短いユーザーにとどまり、個人データについての権利など真面目に考えないことを望んだ。ところが、自分の子供たちは、なまけ者で気の短い人間にならないように良い学校へ通わせて、プライバシーをもつ人間として尊重されるように教育していたのである。

私たちは精神的矛盾がいかに気づかれない時代であったことを知って後で仰天するのではないのだろうか。一度想像してみるべきだ。ある日突然、巨大デジタル企業が傍若無人にもできるだけたくさんの個人データを集めて、それを利用するビジネスがはじまる。あるいは、一九九八年に戻って、政治家や、憲法裁判所の裁判官に二〇一八年の現状を説明したとする。プラバシー保護の基本権を尊重する者なら誰でも、想像を絶したダムの崩壊状態に腰を抜かしたと思われる。彼らは、直ちにこのダムを補強して、社会に氾濫が来ないようにあらゆる努力をしたと想像される。ところが、変化は一度でなく、小刻みにやって来た。それは、無料の検索エンジンにはじまり、ソーシャルネットワークを経由してバーチャルアシスタントといった具合に静かに進行する。はじめは個人データ保護に対する侵害がはっきりしないままで、ろくろく重要視されなかった。二〇一八年の時点にすでに覆水盆に返らずで、今さら変えることができないと大多数は思いはじめている。とはいっても、何か納得できず、不快を覚える少数の人々には、安全性が改善されて、便利と巨大な経済成長を約束するデジタル化の未来が語られる。こういわれると、安全と便利さに反対するのは難しい。毎日自分から自由を売っている人々に考え直してもらうために、わざわざ面倒なことをする人などいるだろうか。また、史上空前の進歩と経済成長を約束するビジネスモデルを、誰が疑うだろうか。

二〇一八年のデータビジネス

それでは、二〇一八年の時点におけるデータビジネスを眺めてみよう。データの扱い方には多数のタイプがある。またデータにもいろいろな種類がある。多くのデータは現実に存在する人間とは関係がない。工場のラインをまったく自動的にコントロールし、機械の自動メンテを進行させ、また冷却・換気装置や、窓やサーバを省エネで操業するのに大量のデータが必要であるが、パーソナルデータは要らない。このタイプのデータの使用は、これまでになかったものであっても、法律的にも哲学的にもあまり問題がない。ところが、私の行動が、たとえばネットサーフィンをしたり、何か注文、スマートフォンを手にして道路を歩いたりするのが記録されると、データの質が変わり、別のカテゴリーになる。あるいは、医者や、病院が私の身体に関するデータをメモリーに蓄えるようになると問題は簡単でない。このようなデータはきわめて微妙で、あとで説明するが、憲法で保護されている。三番目のカテゴリーのデータはパーソナルデータが匿名になった場合で、このデータの利用者は誰に属するものであるかを知らない。このときは、データ提供者のプライバシーは守られていることになる。この匿名化されたデータは普通のパーソナルデータより問題がない。とはいっても、これを商売にすることは少なくとも、国家単位のマクロ経済から見ると、望ましくないこともあり、役に立たないこともある。

パーソナルデータからはじめる。スマートフォンを利用してお金を出したりネットサーフィンを楽しんだりする人は至るところに跡を残す。これらは、習慣や興味や好みや、一日の過ごしかたや、財政状態などを示す個人データである。これらはどれも避けることができない。さらに銀行は利用者の習慣にサービスを合わせて改善したり、またネット販売者も取り扱う商品を選んだりするのに参考にできる。ここまでは問題はない。私のパーソナルデータが、私に適した宣伝をするのに利用されたり、第三者に売られたりすると、不気味になってくる。というのは、商売のために、知恵を絞って私の何もかもを利用しようとすることになるからである。

特に狡猾なビジネスモデルだと思われるのは、何かを無料で提供する点である。検索エンジン、ソーシャルネットワーク、きわめて安価な個人用の「アレクサ」のようなバーチャルアシスタントがそうだ。このようなビジネスモデルは通常ではあまりない。顧客のほうは自身のデータで払っていることを心得ているが、彼の想像力はそこで止まってしまう。それが実際にはどうなるのか、また顧客は、このようなスパイビジネスの利益がどれほど大きいのかといったことには無知で、せいぜい特定の企業の株価が急速に上昇するのを見て不思議に思うだけである。また自分のデータが誰に売られるのかも知らない。それらを収集し、濃縮し、組み合わせ、選り分けて、そこからプロファイリングを作成するが、これは巨大ビジネスになっている。これを専門にする多数の企業があり、大きな利益を上げている。現実の世界での経済できわめて面倒で法的に制約されていることも、ほとんどノーチェックで簡単にできる。こうしてスパイもどきに人間をさぐり、お金をまきあげる。

ドイツのようにデータ保護の高い垣根を設けた民主的な法治国家にとっては、本来こんなことはテロ攻撃をされたに等しい。このことは、本人がデータを自主的に提供したという事実を指摘することによって容赦されるものではない。というのは、スマートフォンにしろ、検索エンジンにしろ、ワッツアップメッセンジャーにしろ、このようなデジタル・コミュニケーション手段を避けることはできない。自主的といってもそれほど自分からすすんで同意したのでなく、社会で孤立の危険を避けるため、ある意味やむなく提供したことになる。このような道具やサービスの利用をまったくつかわないのは現実的な解決方法ではない。容易に解読できないように暗号化したり、身元を偽装化したりする技術に暗い人にとっては絶えず自分のいる場所が知られ、監視され、探り出される道しか残されていない。

ということは、普通の人間は、未知の第三者によって金儲けのネタにさせられて、自分のプライベートの交友関係やまた職業的なネットワークも探られて、自分が今どこにいるかも特定されて、その挙句「移動プロファイル」とか「パーソナリティプロファイル」とかいったものが勝手につくられることに対して防衛することができない。いわゆるサードパーティクッキーを通じて私のコンピューターやスマートフォンに入り込み自分の姿を隠したまま私に合った広告を次から次へと提供する。人々の欲求は、本人が知る前にキャッチされる。このようにして得る利潤は巨大である。

学校の授業でジョージ・オーウェル『一九八四年』やオルダス・ハックスリー『すばらしい新世界』を読んだ人には、こんなことが合法的行為として通用していることが理解できないはずである。一九九八年のある日に突然個人情報によってこんな無節操な商売がはじまったら、ヨーロッパのどこでも直ちに全面的に禁止されたはずだ。ところが、すべてが一〇年もかかって、それも本当に小刻みに実現し、これからも同じようなテンポで進むために、隠れたままで、政治や司法からもろくろく気づかれず、それに対抗する防御のほうも情けない状況にある。ドイツやヨーロッパで責任のある立場にある人は、既成事実がどんどんつくられて、絶えずそれに歩調を合わせるのに精一杯で、何が本当に進行しているのかをほとんど理解していなかった。自由と民主主義を守ろうとする人々も、安楽さと便利さを目の前にして、大きな経済成長を約束されると抵抗できなくなってしまった。このような事態を、デジタル化がはじまる前の時代を知る人は理解に苦しむ。

経済成長するという約束のほうはどうなのであろうか。コンピューターやロボットが疲れることなく人間の仕事を片付けてくれて、生産性が劇的に上昇するのは疑いの余地がない。何兆にもおよぶ無名化されたデータがロジスティックを効率的にする話も納得できる。同じように、無名化されたデータが交通の流れやゴミ処理や医学の分野で進歩をもたらすというのも理解できる。でも、消費行動を操作することを目的にして個人データを商業的に利用したり、販売したりする人々は、国民経済にどのように役立っているのだろうか。

個人データを利用して無駄なく宣伝をすることができる。誰かについての情報をもてばもつほど、より巧みに誘惑し、買わせることに成功するかもしれない。でもこのようなことは、国民経済にどんな利点をもたらすのであろうか。個人目当ての宣伝に効果があって、何かに多大な出費をし

i　ファストパーティクッキーは訪れたサイトからユーザーのブラウザに書き込まれるログイン情報などの記録。一方、サイトのあるバナー広告から、すなわち正式に訪問していないサーバーから記録されるのはサードパーティクッキーである。本書で指摘されているように、ユーザーが知らないまま第三者から個人情報が収集されることになる。

た人は別のところで節約しなければいけない。ということは、新たな付加価値が生まれるわけでなく、お金の配分の在り方が変わるだけに過ぎない。フェイスブックと同じように顧客についての情報を集めようとする食料品販売のトップ企業、ファンの足跡をたどってもっと売りつけようとするサッカー・ブンデスリーガ[ii]のクラブ、読者に気に入りそうな商品をオファーし、同時にそのデータを第三者に売るために自社のウェブサイトに何とかつなぎとめようとする巨大メディア産業といった具合にいろいろあり、個々の企業の得にはなっても、それはいつも他で損をしているところがある。顧客プロファイルにぴったり合う宣伝をしてよりたくさん買ってもらうことに成功しても、だからといって、この顧客が支出できる総額が増大するわけではないので、パイの全体は少しも大きくならない。

それどころか、国民経済に特に害をもたらす点がある。それは、グーグル、フェイスブック、アマゾンなど有名な巨大企業であろうが、オラクル、ケンブリッジ・アナリティカ、ヴィジュアル・ディー・エヌ・エーなどあまり知られていない企業であろうが、データビジネス業者はどこも一番たくさん支払ってくれる企業と商売をする。ということは、大企業がどんどん強くなり、小さな企業は市場で顧客も売上も減らすことになる。[80]たとえば、米国のマーケティングサービスの提供企業のアクシオム社は米国民の九六%以上を網羅する精度の高いデータが利用できるようにしている。そこには四千四百万におよぶドイツのネットユーザープロファイルも蓄積されている。それらは、「ひとり親でステータスは貧しい」などの一四のメイングループに分類されていて、さらに「知識人」、「快楽的」、「物質的で強度の消費傾向」といった具合に二一四の下位グループに分割されている。[81] このようなデータは、お金を充分払えば、誰もが購入できる。ということは、これらのデータのお陰で儲けるのは大企業であって、雇用を創出する中小企業ではない。こうして国民経済は草木の乏しい荒野のようになり、税金を払わないで済ます大企業や投資家のもとにお金が集まるだけである。

こういったことは個人データを利用するビジネスに当てはまる。とはいっても区別しなければいけないことがある。個人データは決まった期間だけメモリーに貯えられているだけか。取得した者だけが利用するのか。それとも、売却されて第三者の手に渡るのかといった点だ。個人データをメモリーに保持するのも、たとえば医学や自動運転については意味がある。でもこのデータを商業的に利用するとなると話は別だ。というのはどこまで利用することに承諾するかによって正確に区別されなければいけないからだ。そのような配慮なしに無制限に利用したり、それだけでなく売却したりすることは人権侵害であり、本当はとんでもないスキャンダルである。

ii ドイツのプロサッカーリーグ。

ドイツの憲法である基本法も欧州基本権憲章も、市民の人格権やプライバシーを保護するためにある。少なくとも紙の上ではそうだ。たとえば、基本法は第一条で人間の尊厳の不可侵を保証する。同時に市民に対して情報上の「自決権」[82] を認めている。「いつ、またどの範囲まで自身の個人的な事柄を公開するかについて決定する」権限は個々人にある。プライバシーの程度が高くなればなるほど、守るための垣根も高くなる。このような意味でドイツ連邦憲法裁判所も「情報技術システムの全面的な信頼性が保証されることに対する基本権[83]」を強調する。欧州連合憲章の七条はプライバシーの尊重を保証し、また八条も個人情報の保護をうたっている。欧州連合司法裁判所は、二〇一五年一〇月のプライバシー権免責事項協定に関しての判決でパーソナルデータ処理に際して市民のプライバシー保護を加盟国に義務づけた[84]。

このように紙の上では、ドイツも欧州もその市民はちゃんと法的に保護されていることになる。「いつ、またどの範囲まで自身の個人的な事柄を公開するかについて決定する」ことができる以上、誰かが私のパーソナルデータを商業的に使用したり、いわんや誤用したりすることなど不可能ではないだろうか。グーグル、フェイスブック、アップル、アマゾンの利用条件に私がチェックマークをつけたことで、「いつ」という問いは終わってはいない。というのは、私が、自分のデータをいつ利用されるかについて決めていいのなら、その度ごとに前もって私に尋ねなければいけないからだ。自分の個人データが「どの範囲まで」利用されるのかという問題をきちんと判断するためには、境界線がどこにあるかを知らないといけないし、そのためには、誰に販売されるかという疑問が重要になる。となると、少なくとも毎月私のデータで何をする計画であるのかが分かる一覧表をもらい、その度ごとに承諾の署名をしなければいけないことになる。

ＥＵ一般データ保護規則の制定

このように考えると、二〇一六年四月にＥＵ一般データ保護規則が制定されたことはよろこばしいことである。これはすべての加盟国で二〇一八年五月から適用されるようにならなければいけない[iii]。この一般データ保護規則は、その考え方によれば、個人データを勝手気ままに利用することを禁じるものである。とはいっても、重点は「考え方」に置かれている。つまり、その第五条にあるように、許可留保を伴う禁止である。企業は個人データ処理を「取扱いの目的に必要な程度以下」に限定しなければいけないとあるが、これも必ずしもはっきりしていない。そうはいっても、やっと責任の所在が逆転した。自身のデータを利用している側にこのことを証明する責任があるのでなく、個人データを収集し、メモリーに保持している方にこそどう取り扱うかについて何をするのか説明義務があることになった。ということは、これでデータの取扱いに関して白紙委任状を与えることではなくなった。

この法律は、ＥＵのなかで人々のデータを収集するすべての人々に、当然ながらグーグル、アッ

iii　ＥＵ一般データ保護規則（ＧＤＰＲ）は二〇一六年四月二七日制定され、二〇一八年五月二五日から適用されている。すでに欧州各国で訴えられ、たとえば、グーグルは二〇一九年に入ってから一月二一日に仏担当官庁「情報処理と自由に関する国家委員会」（ＣＮＩＬ）から個人情報の取扱いに関する規則違反のために五〇〇〇万ユーロの罰金を科された。

プル、フェイスブック、アマゾンにも適用される。こうして、どちらに権力があるかを決める力比べがはじまる。グーグルやフェイスブックなどのハイテク企業側は、ユーザーにオペレーティングシステム、Ｅメール、ソーシャルネットワーク、ショッピングプラットフォームを提供し、パーソナルデータを「必要な範囲内」で利用していいだけである。欧州連合が本当に断固として自身の立場を貫き闘うかどうかは予断を許さない。すでに加盟国では、ユーザーが明確に同意しない限り、個人データの利用禁止を原則としているＥＵ一般データ保護規則の一部というべきｅプライバシー規則[iv]に対して猛烈な反対運動が起こっている。この規則によれば、ＥＵ市民は（明確に同意するには）一六歳に達していないといけないし、データ利用者は利用する度に新たにユーザーから承諾をとりつけなければいけないし、どのマーケティング措置についても正確に連絡しなければいけない。またネットで買う人は自身のデータを宣伝目的に提供することを強制されてはならない。

　ｅプライバシー規則を含めてＥＵ一般データ保護規則が実施されたら、自分の個人情報の取り扱いを自分で決める権利を再び獲得するための重要な第一歩になる。でもこうなることに不満足な業界があり、特にドイツでは新聞発行社協会がそうだ。また、政治家は、憲法によって保証された基本権が問題になっていることで萎縮してはいけない。これまで問題が敬遠されてきたり、無視されたりしてきたことは正当化の理由にならない。

　対決は緊迫しつつあり、政治もこれまでのように言いなりにならず強い姿勢をしめすようになった。決着はまだついていない。というのは、誰もがＥＵ一般データ保護規則などを中間段階のものとみなし、もっと厳しく明確に規制されるべきだと望む人がいる。その一方で、反対に規制が行き過ぎていると考える人々も少なくないからである。

いったい何が問題になっているのだろうか。ヨーロッパには、GAFAによる独占体制と競争の歪みを支援したいと思う人などいない。データを収集する国際的な怪物で、見えないところで活動をしているこれらの企業に共感する人も少ない。とはいっても、巨大なグローバルな企業に対抗して自国内もしくは地域的に小さいながら競争力をつけようとする企業に個人データという「原油」に手を伸ばすことを拒みたくないと思っている人も多い。規制反対が国民経済上本当に有益かどうかに疑問があるのに、さまざまな業界団体はロビー活動に懸命である。でも、パーソナルデータを大規模に活用することは、欧州でろくろく税金も払わないグローバル巨大企業が小さな市場参加者を圧迫するのに手助けするだけである。この過程で、多数のビジネスモデルが破壊されて、たくさんの人々が失職する。宣伝戦略も軽薄になるばかりだ。購買力もどんどん低下していく。こうして個人データビジネスでは、全員でなく限られたごく少数の人々が得するだけである。データを売ったり買ったりすることで国民経済は豊かにはならない。

このような厄介な経済問題はほとんど議論されない。政治に圧力をかける業界団体は国民経済などその頭のなかにないし、大会社の加盟企業の顔色をうかがうだけである。新たな「原油」ビジネスの輝かしい未来像がこうしてでき上がった以上、それが歪んでしまったことも当然である。このような話に、多くの政党が、特に自由主義を奉じる政党が全面的な信頼を寄せる。法的問題につい

iv　GDPRは一般的であるが、eプライバシー規則はクッキーの利用に適用され、十分に説明した上でユーザーから了解を得ることが必要。

ての見解は、普通思われている以上に、経済観を反映する。情報上の自決権をどうきびしく解釈するか、あるいはどう緩やかに考えるかは、個人データによるビジネスがどこまで国民経済に役立つかという評価と関連する。

状況は決して容易でない。というのは、企業や国家の多くが、グーグル、フェイスブック、アップル、マイクロソフトなどの会社のビジネスモデルに投資して、自身の運命をこれらのデジタル巨大企業と結びつけてしまったからだ。ノルウェー、シンガポール、マレーシア、サウジアラビアといった国々は米国のデジタル経済に巨額な投資をしている。またアップルほど国際的な企業の社債の売買・保持（アップルキャピタル）を大規模にしている会社はないといわれている。国家を含めて全世界の金融資本から巨額な資金がシリコンバレーに投下されて、その結果、アップル、グーグル、フェイスブック、アマゾン、マイクロソフトの総企業価値は二〇一七年の一年間で一兆ドル増大した。中国でもその状況は似ていて、アリババとテンセントの二社はその企業価値が一年で五千億ドルも増大した。[85]

ヨーロッパ経済や欧州諸国の政府が、シリコンバレーのビジネスモデルに対する依存度が高くなればなるほど、自分の個人データを安売りする自国民を守る気持ちが薄れる。人々はデジタル経済のビジネスモデルの多くが実際には個人データを商売のタネにしなくても機能することを見ようとしない。グーグルやフェイスブックがヨーロッパの市民の個人データを商業的に利用できなくなれば、彼らは無料だと誤解させているサービスを有料にするだけである。検索エンジンやソーシャルネットワークに月に数ユーロの料金を払って、その結果知らないうちに自分のデータが利用されないのなら、これほどいいことはないだろう。自動運転車を利用するにあたって、プロバイダに何がしか払い、自分の個人データが知らない間に利用されることを防止するほうがいいだろう。このように、個人データを不明朗なかたちで利用するのでなく、正々堂々と同意を得てサービスを提供するようになったからといって、進歩を妨げたり、国民経済に害を及ぼしたりすることはない。こういったことは、昔から行われている。熟慮されてでき上がった実体経済のルールや常識が誤って特別視されたネット経済に使われているに過ぎない。

残念なことだが、政治家の多くは、検索エンジン、ソーシャルネットワーク、APP、ネット販売、モノのインターネットなどのビッグビジネスには疎く、不透明なかたちでしか扱えないという考えにものの見事に乗せられている。これは、不明瞭なビジネスを継続するための商売上の利点を失わないために広められた神話以外のなにものでもない。「ネットのロジック」とはまったく無関係で、自分のことしか考えない商業主義の産物である。

検索エンジンも、データビジネスや、プロファイリング・ビジネスなしでもやっていけることは、三〇も検索エンジンが存在し、その中から代わりになるものを選ぶことができることから判明している。なかでもフランスの検索エンジンQwantはヨーロッパでベストなものである。Qwantで検索してもグーグルと遜色のない情報源を得ることができ、同時に自身の個人データが保護されている。ところが、検索エンジンQwantは残念なことにグーグルと比べてまったく知られていない。この状況を変えることが欧州連合の今後の課題である。現実の世界では、国家は自由な交通のために鉄道や道路を整備し、また市民に対してエネルギーの供給を保証する。これらはすべて「生存のための備え」で国民の生活に必要とされる。なぜ国家はネットでの自由な交流のために同じことをしないのだろうか。欧州諸国がネット上で自国民のデータを保護するためにインフラを整備することぐらい当然なことではないか。検索エンジン、Ｅメールの送受信、ソーシャルネットワーク、町のデジタル地図、言語的支援といったことはデジタル化時代の生活のインフラであり、独占的業者の手に握られたままであってはならない。

私たちが未来も人道的な社会であることを望むなら、国家は情報供給の基盤に関連する問題をビジネス上で不透明な態度をとる巨大企業に委ねるべきでない。民主主義や、言論の自由や、国民経済にとってリスク要因になることは速やかに取り除かなければいけない。実体経済では禁止し、絶対承認しないビジネスモデルをデジタル経済だからといって許すダブルスタンダードの時代はすぐに終わりにするべきである。私たちの世界に侵入しやすい場所ができると、そこからユートピアと反対のディストピアの世界に道が通じてしまう。芽は早いうちに摘んでおかないといけない。さもないと、後で透明度を要求したり、また独占化に反対したりしても、ズルズル押されるばかりである。これに関連して、ウド・ディ・ファビオ前憲法裁判所裁判官も、「重大な憲法上の危険な状況は根っこのところで切り取ってしまうべきで、後で枝や枝分かれするところまでになっては手遅れになると警告した。[86]

ユートピアについて考えるにあたって、これで私たちの願望ははっきりする。今こそ、私たちは、人間の尊厳や、人格権や、また情報上の自己決定に対する基本権がこの上もなく保証されている未来社会がどのようであるべきかについて絶えず問いかけなければいけない。一九世紀と二〇世紀は、社会保障によって労働者に一歩一歩行動の上での自決権の実現を可能にした。その結果ドイツには、現在餓死したり、または貧窮に陥ったりしないために働かなかなければいけない人はほとんどいない。二一世紀こそ、強力なデジタル巨大企業や、国内の便乗主義者による「情報の上での他人支配」に対してデータの自己決定権を確保するべきである。ということは、私たちは、臆面もなく利用する人々に対して自分を守らなければいけないことになる。太い葉巻を燻らす「灰色の男たち」の粗野なマンチェスター資本主義[v]に対抗したように、今度はスニーカー靴で足音を忍ばせて歩く親切そうなパロアルト資本主義の無制限で過激な技術万能主義を私たちは理解し、文明世界に組み入れなければいけない。そうしないで、彼らに盲従して、啓蒙思想が残した人間の尊厳性や自主性といった価値を犠牲にするとしたら、これこそディストピアに転がり落ちる下り坂である。よくいわれることだが、最短の道が最善の道であるとは限らない。

プライバシーに対する権利と経済的利点を天秤にかける

私たちのユートピアというべき人道的な未来社会は、プライバシーに対する権利と経済的利点を

v　第一次産業革命からはじまった資本主義はその中心都市の名前にちなんでマンチェスター資本主義とよばれる。「灰色の男たち」はミヒャエル・エンデの『モモ』に登場する「時間どろぼう」でこの資本主義の象徴。パロアルトは二一世紀のデジタル化資本主義が展開されるシリコンバレーの中心都市。

天秤にかけて相殺しようとはしない。今日すでに私たちは奴隷や児童労働の問題で妥協をしなくなったが、それと同じようになる。基本的権利はあくまでも基本的権利だからである。他人の私生活に入り込んで嗅ぎまわる文化が合法だとなると、これは社会のモラルに対してどんな影響力があるのだろうか。このことを一度想像するべきだ。誰かが知らないうちに他人を密偵し、利用し、欺き、その人格を解体する。これが合法だと知ることは、信頼関係を重視する文化にとって、さらには、この基盤の上で機能する自由な民主主義にとっても大きな打撃である。このようなことは社会とどんな関係にあるのだろうか。インターネットではパイオニアというべき米国人ジャロン・ラニアーは、利用し尽くしたデジタル巨大企業に小さい額でいいから補償するべきだと提案しているが[87]、このことをどう考えたらいいのだろうか。でも端金でも受け取ることは、彼らが基本的権利を侵害したことを合法化することにつながらないだろうか。このような提案は社会的に大きな害悪を取り除くことにはならない。

もちろんこの問題に関しても反対の立場をとることができる。情報と制御による科学技術万能主義に転換したってかまわないという考えだ。世界中の人々はデジタル化した世界の恩恵をまったく無批判でないにしても受け入れ、その結果と折り合って暮らしているからである。

一度開かれたパンドラの箱は、何をしても再び閉めることなどできない。そうなると、しなければいけないことはこの状態にうまく適応して平穏に暮らすしかない。市民はユーザーに格下げされて売り飛ばされたからといって反発などしていない。これまで彼らは提供されたサービスをよろこんで利用し、この楽しみが続く限り、フィクションの世界やバーチャルリアリティの世界にひたることができた。こうなるのが世の中の成り行きだろう。自由な民主主義は、米哲学者のフランシス・フクヤマが東欧圏の崩壊後に宣言したような「歴史の終わり」ではなく、人間が機械とその管理者に制御される時代へ進む途中でしばらく停車した駅のようなものだ。

ところが、この道は、すでに述べたように、自然法則にしたがって前もってでき上がっているわけではない。この点で、ヘーゲルの公正に機能するプロイセンの官僚国家であろうが、カール・マルクスの搾取も差別もない「無階級社会」であろうが、これまで人類が必然的にたどりつくとされた「歴史の終わり」の話と今回もあまり異なるものではない。とはいっても、私たちがこれからも個人データを自由に使用するのを許せば、シリコンバレーのごく少数の企業による世界市場の寡占的支配が強まり、政治的にもますます巨大な権力になり、社会福祉や市場経済や民主主義が知らないあいだに機能しなくなる事態を招く。

つまり、私たちは自由について矛盾した状態に置かれていることになる。市民の自由をこれからも確保し、また獲得しようと思うと、個人データ使用の自由をきびしく制限しなければいけない。一方で国家がこの問題について自由を許せば許すほど、重視する基本的人権が空洞化されて自由も失われてしまう。秩序のための政治を行い、また基本的秩序を守ろうとすることこそ、憲法によって保証された人格権を、特に個人情報の取扱いについての自己決定権を再び獲得することにつながる。

データの独占が民主主義に役に立つどころか、経済と社会における権力の不均衡をもたらすことは、たいていの人はわかっている。市民の自由権が重要だと思っている人は、人間をより効率よく操ろうとするビジネスモデルに賛成などできないはずだ。国家によって市民の個人データの入手が制限されなければいけないことはすでに共通認識である。ところが、人々には独裁国家の監視体制のイメージが強いために民間の経済界のほうから来る危険にはピンとこない人が多い。特に自由主義者や、昔からの市民運動家がそうで、この問題に関してこれまであまりにも盲目的であった。

当然、普通の市民のなかにも、とっくに自分の個人データを守るためにいくつかの手段を考えている人がいる。「私を捕まえることなどできない」といった類いの題名の手引書が何冊も出版されていて、データ収集の怪物から捕まらないために自身を見えなくする技術や手法について助言してくれる[88]。とはいっても、実行するのもけっこう厄介で面倒なことだ。自分の身元を隠す仮装舞踏会に参加する人はごくわずかであるが、そんなに隠したい秘密があるのかと思われて、かえって諜報機関の関心を引く。ドイツでは誰かが自分のデータを判読できないようにするだけで怪しまれるが、これも驚くことだ。まさにこれこそ、今や事態がどれほど混乱しているかを物語る。

技術的進歩が幸せをもたらすものであるなら、それは社会を進歩させるはずである。もし進歩を逆もどりさせるものがあるなら、ただ気づくだけでなく、その危険をとり除かれなければいけない。こうした警戒心によって社会問題を技術的に解決しようと偏るあまり、市民を監視したり、一人前の成人として扱わないで自主的判断力を奪ったりすることにつながる。また課税問題もその例で、この点で合意するのはあまり困難でない。デジタル化時代のビジネスモデルについて税制を考え直さなければいけないことはかなり前からコンセンサスが得られている。ところが、国際的税法についての根本的改革は二〇一八年まで手つかずであった。どのように価値が創造されるかということと課税場所が結びつけられなければいけないのだ。簡単にいえば、儲ける場所で税金が払われるべき点である。そのためにEU加盟国のあいだで大きな相違がある法人税計算の査定基準を統一することが必要である。

時代は変わりつつある

今一度記憶に呼び覚ますべきことがある。二〇一四年にドイツのハイコ・マース法相（当時）がアルゴリズムの公開をデジタル巨大企業に強制しようとした。またジグマール・ガブリエル経済相（当時）も巨大なプラットフォームビジネス企業の分割についてふれた。どちらも実現しなかったが、目標として残っている。すでに述べたように、EU一般データ保護規則も重要な一歩である。時代は変わりつつあるのだ。ところが、ドイツや欧州の企業は自身が無制限に利用できない個人データに固執し続けている。これとは対照的に、シリコンバレーこそ、従来のビジネスモデルから離れようとしている。無料で得たデータに由来する数十億に及ぶ広告収入を放棄するわけでなく、自動運転車からモノのインターネットまでAIの分野での多数のアイデアはどれも広告収入を必要とするわけではない。それらは、巨大なデジタル企業から見て、すでに支払いも済んでいるサービス業務のおまけに過ぎない。

とはいっても、これらの新しいビジネスモデルをきっかけに、ヨーロッパは問題を考え直して行動に移らなければいけない。なぜ今までEUのどの国も高速ネット回線に対する膨大な投資を利用者に支払わせようとしなかったのだろうか。送電線には払うが、光ファイバーには払わないことになっているからなのか。「自動走行」について考えられていることについても同じことが当てはまる。自動運転車とはいっても納税者が建設費を負担した道路を利用している以上、適切な料金を払わなければいけない。外国のネット巨大企業はドイツのインフラを当てにしているが、それならなぜ無料なのだろうか。たとえばグーグルが町のなかで有料の自動運転サービスをはじめたら、道路走行料を払うのも当然なことではないのか。この道路の整備のためになんだかんだいっても何十億も払っているのは市町村側であり、けっきょく納税者以外の何者でもない。

別の厄介な問題の存在を示唆してくれるのはモノのインターネットである。たとえば、坐る人にその身体に合っているだけでなく、そのときどきの身体の状態に合わせて健康になるように自動的に調整されている事務用の椅子があるとする。これは「モノ」どうしがセンサー技術と情報処理によって連携し、害もなく好感をおぼえる例の一つである。とはいっても、このような応用が増えれば増えるほど、問題の所在がはっきりしてくる。何がユーザーにとって「正しい」か「健康である」のかを決めるのはソフトウェアの開発者だからだ。自動運転車も、厄介な事故が想定されていて、どのようによけるかがプログラムされているが、問題は似ている（ここで、筆者が顔かたちを識別できないようにプログラムを設定するべきだと提案したのを思い起こしてほしい）。とはいっても、システムにもいろいろなケースがあり、外界の何かに対して識別不能にすると機能しなくなることがある。なかには高度の「環境識別知能」を備えたシステムがあり、センサーは正確な認識能力を発揮し、それに基づいてプログラムどおりの決断を下すこともある。法律家でIT企業経営者のイヴォンヌ・ホーフシュテッターは、私たちが絶対守らなければいけない価値と規範を考慮して、そのような決断を「倫理的」にプログラムに反映させることを提案する。[89]とはいっても、そのようなプログラムの倫理的決断は、現実の人間が迷いながらいろいろな要因を配慮してから決断する度合には達していないことも考慮されるべきだろう。また人間の倫理的判断では合理的理由と直感的な衝動を切り離すことが困難であることも忘れられてはならない。とすると、何よりも重要なことは、いったいどの領域でモノのインターネットに決断を任せるか、どの場合にプログラムに決断させないで人間が主導権を握るかについての議論である。これまで本書はモロゾフの「解決主義」批判に関連して常識的な考え方を重要視したが、この議論をすすめる上にも役立つと思われる。

またこの意味でこそ、今広く話題になっているスタートアップとよばれる新規事業を国家が支援するにあたって重要なことである。一方で規制する以上、イノベーション、開発、成長に対して刺激をあたえることも必要である。省エネ・環境技術を開発するための賢明なアイデア、また人間的な難民収容施設を３Ｄプリンターでつくったり、良いアイデアはネットワークで広く知らせたり、諜報機関をより良くコントロールしたり、本当の教養を身につけたりできるよう緊急に支援しなければいけない。これらは、情報の提供というより人間らしい未来を準備するのに役立つ。自国民の起業家精神と創造性を促進しようとする国家は、やることのすべてが自国経済に役立つように注意を払わなければいけない。支援したスタートアップが成功したあげくグーグルやフェイスブックに買収されるなら、望ましい結果をもたらしたことにはならない。この点を考慮して、助成のための契約を締結する段階で適切な対策が取られるべきである。

未来社会では個人データによる商売は禁止されるべきである

人間性を重視する未来社会では、個人データによる商売は禁止されるべきである。個人データの利用も、またそれに同意することも具体的な場合にのみ限定されるべきだ。自分のパーソナルデータの取り扱いについて自主的に決定する権利は基本的人権であり、特別に尊重されなければいけない。これによって、市民の自由も、また自主性も、民主主義も確保される。デジタルのインフラ整備は国家の課題であり、市民はデジタルの世界での情報の収集や、コミュニケーションができて、また勝手がわかるように手引きしてもらわなければいけない。モノのインターネットをはじめ、ネットワークで人々がつながることは、当然なことだが、自分で決断して倫理的に行動できるように役に立ち、同時にその基盤を提供しなくてはならない。

第11章 別の社会——経済至上主義との別離

私たちの社会はどの方向に進むのであろうか。未来社会は自由で独立した人格の人々からなるべきである。日々生きていてごく小さなことによろこびを感じ、そこに生きることの意味を見つける人々の社会である。彼らは「狩人」として未知の体験を求めたり、「羊飼い」として親族や友人や困っている人の面倒をみたり、また「批評家」として社会について思索に耽ったり論じたりするなどいろいろなことをするだろう。また自分の家の庭の手入れをする人も、巨大プロジェクトのマネージャーをする人も、隣人を落ち込まないように励ましたり、彼らの心身の状態を気にかけたりする人もいる社会である。何よりも重要なことは、生きることが、今以上に尊重された価値をもち、もっと自由であり、自己実現の可能性がある社会である。そこの住人は、必要だと思い込まされている需要と自分自身の本当の欲求を区別することができて、また将来の世代を犠牲にしないために何でもしようとする人々である。医学の進歩はめざましい。寿命も延び、都市の悪臭を放つ交通も、音も立てずに滑るように流れる。植物の緑色も、落ち着きも、静けさも、この生存空間の一部になった。その背後では疲れ知らずの頭脳明晰な機械が国民の裕福な生活を支えるために働いている。仕事の世界の喧騒とストレスはおとなしい機械がたてる耳障りにならない音に変わってしまった。

このような変化はどのようにして実現したのだろうか。私たちが暮らしていた奇妙に落ち着きのなかった二〇一八年を未来の立場から一度思い浮かべるべきかもしれない。デジタル化先進国では人々がお金のためにはますます働かなくなる傾向が強まった。一週間八二時間労働ではじまったのが三七・五時間に減ったのもそうで、これは今後さらに進行し、生きるためや、不安からや、また嫌でも働かなければいけない人が減り、また仕事が退屈であったり、自分にふさわしくなかったりする理由から働かない人々も増えていた。教育を受けたり、自己実現をしたりする可能性は昔と比べて無限で、啓蒙主義者の途方もない夢をはるかに超えるものであった。

二〇一八年はこのような時代であったが、反対に途方もない危険にさらされていた。それは、二〇世紀後半に定着した自主性・自律性を尊重する社会から人間の行動が操作される社会に転落しつつあった点である。それは、願望が刺激されて強められているうちに、いろいろ考えて判断を下す能力が犠牲になり、この傾向に流されているうちに文化的、倫理的、政治的能力が衰退してしまう。最終的には人々は機械と融合し、身体にセンサーが搭載されることに同意させられることになるだろう。その結果人間的なものも余計になり、機械の独裁下でだんだん消滅していくしかない。確かにこうなれば前代未聞である。

人類の夢と悪夢が二〇一八年には同居していたことになる。でもこの点で、第一次産業革命や第二次産業革命のときと事情は似ていた。当時労働者の運命も悲惨であったが、資本家は特に問題と感じなかった。またマルクスも、労働者並びに住民大衆が窮乏化して、それが社会全体におよぶまでこの状況が続くと信じていた節がある。また第二次産業革命のときには、テーラーシステムとよばれる冷酷で打算的な生産管理方式が導入されたが、労働者には流れ作業で単純な手作業の速度を増大させるだけの役割しか期待されていなかった。当時、このような状況もいつか変わると思われていたのだろうか。二〇世紀初頭の大多数の経済学者は事態が変わるとは夢にも思わなかった。ここで、同じように残酷な人間観をもっていたスターリン主義が歴史の進む道をしめしていると誤解されて、多くの人々に魅力的であったことを思い起こすべきかもしれない。

このように考えていくと、人間の存在をデータに還元して、効率的に利用する「デジタル化テーラーシステム」は、歴史の終わりでなく、新しい技術への過渡期に過ぎないのかもしれない。シリコンバレーの予言通りには進展していかないと思われる節がある。というのは、三つの大きな危機の兆候が強まりつつあるからだ。これが進展していくと、ビジネスをこれまでと同じように続けることができない。第一の危機は消費危機だ。デジタル化による合理化とロジスティックの効率化によって経済の生産性が現在も将来も上昇する。そうなると、雇用の創出より喪失が多くなり、職を失う人が増える。その結果は購買力の低下だ。顧客の購買欲は巧妙に刺激されて消費も極限に達していて、これ以上は増大しないので、裕福でない人々から裕福な人々に消費の重点が移るだけである。こうして生産性の向上も、また高収入者層の購入増も購買力全体をふやすようには働かない。この意味でデジタル化は一九七〇年代にすでにはじまった発展の延長で、そのテンポを加速させるだけである。それは、経済の効率が全面的に上昇するが、国内市場での需要にまで影響を及ぼさない。隠れて見えにくかった輸出や債務増大や金融資本主義が表面に現れる。このような経済の在り方のため私たちの国民経済は本当の成長にはつながらない。

ＧＡＦＡの帳簿上の巨大な利潤は米国の国民経済にはあまり役立っていない。ＡＩにもとづく未来のビジネスモデル、たとえば自動運転車が市場に登場するようになると、今でも青息吐息の米自動車業界にとっては最後のトドメになる。他の種々のイノベーション技術についても事情は似ている。ドイツのような国では劇的な状況はまだ訪れていないが、米国では現実になりつつある。ドナルド・トランプのような現象も来るべき大地震の前触れだ。シリコンバレーの技術的ユートピアも何もない空間で生まれたものでない。今後これは経済問題や破局的状況を生みだすが、でも事態は線形的もしくは指数関数的に進展はしない。このことこそハイテク巨大企業やその巨大投資家がベーシックインカムの実現を要求する動機である。でもこれで彼らの問題が解決されるのだろうか。

ＧＡＦＡやその投資家たちが私たちに描いてみせる素晴らしい世界に対して私が反対する最大の論拠は、この世界が経済的に期待通りに機能しないと思われるからである。ビジネスモデルは発表だけで終わる例も多いからだ。自動車の乗客を斡旋するウーバー社がそうだ。サウジアラビアやゴールドマンサックスといった出資者は、「毎日少しずつ世界を良くしたい」という心掛けのおかげで、あまり心配していないようだが、この乗客斡旋業は毎年一〇億ドル以上の損失を計上している。この会社の企業価値は、貸借対照表とも、また六百億ドルという空想的評価額とも関係がなく、投機者の希望に基づいている。デジタル経済がこうであるのはウーバー社に限らない。多数のデジタル企業の価値は、斬新なアイデアに期待を託して投資する「ビジョン・ファンド」やその他のベンチャーキャピタルファンドの夢で膨らんだものである。エアビーアンドビー（Airbnb）や、似たようにネットで民泊を斡旋するウィムドゥ、また極端に膨張したｅラーニングであろうが、儲かりそうなビジネスモデルは見当たらない。過剰な投資を可能にするために簡単に信用が供与されるが、このためにバブルが発生する。二〇〇七年から二〇〇九年までの世界金融危機に匹敵する巨大デジタル危機が来るのもあまり先のことではないかもしれない。

そのためにいやがうえにも重要であるのは、ドイツのような国が、利潤優先の万人のためのサービスに関係して消費経済のデジタル化に依存し過ぎないことである。性能がベストの電動ノコギリ、ネジ、繊維製品、キャスター付きスーツケースを製造することこそこれからもドイツ経済の重要な柱である。シリコンバレーは技術的に完璧な世界をめざすが、そこへ至る道は経済的理由から真っ直ぐでない。バーチャルな娯楽によって社会的安定のために国民の三分の二を落ち着かせようとすることができる。でもこれに成功したからといって、ＡＩに投資した数千億ドルの元を取るために必要な購買力を生みだすことは不可能である。デジタル経済も、消費が必要となると、厄介な問題に直面する。というのは、これまでと同じようにシステムを機能させるために必要なお金を稼ぐだけの人が少な過ぎるからである。この事情こそ、先進国で従来の経済体制から得をしている人々の大多数が、迫り来る大量失業時代を軽視しようとする理由である。というのは、従来の道をそのまま進めることができないことがようやく分かってきて、別の選択肢を根本的に考えなければいけないことが分かってきたからだ。現在ドイツの経済団体がこの点にあまり関心をしめさないのも似たような事情からである。

二番目の危機はこうした事情と関係する。多くの人は将来経済的にはまだ消費者として必要とされるが、それだけの話で、消費だけしかしない存在になってしまう。イスラエルの歴史家のユヴァル・ノア・ハラリは『ホモ・デウス』のなかで、啓蒙主義の自由な人間像が軍事的にも経済的にも利益をもたらすことが期待されたときにのみ優勢であったことを痛切に訴えている。傭兵の代わりに徴兵制になり、工場で工員が必要になって、彼らの個人としての権利が認められたが、それはその必要性があったからということである。でもこれに忠実に従う必要はない。というのは一九世紀のはじめに工場で必要とされていたのは個人ではなかったし、兵士になる動機づけのためだけに人権が宣言されたわけでもない。自由主義では道徳と資本主義経済がしばらくは同盟関係を結んだに過ぎなく、この同盟が将来必要でなくなるとハラリが次のように結論を導きだすのは正しいように思われる。「一般大衆が経済重要性を失ったとき、道徳的理由だけで人権と自由が守れるだろうか？ エリート層と政府は、経済的な見返りがなくなったときにさえ、一人ひとりの人間を尊重し続けるだろうか？（中略）人間は経済的な価値を失う危機に直面している。なぜなら、知能が意識と分離しつつあるからだ[i90]」。

シリコンバレーの人間像は、人間はデータの寄せ集めに過ぎないと見ていないか。またデジタル技術で人間としての存在を救済しようとインターフェースを探しているうちに人間が欠陥のあるコンピューターであることに気づいたりする。このような人間像を共有する人々はハラリの危惧にすぐに共感するかもしれない。データとして集められた人々の人生を無制限に商売に利用し、社会・政治問題を技術的に解決しようと思い、笑いながら世界を良くしようと主張する人々からは、人道主義や人権についてあまり良いことを期待できないかもしれない。この点でハラリは正しい。第一次産業革命に誕生し、自由な資本主義経済と啓蒙主義的自由が結びついていた古い社会は終わりつつある。なぜなら、この社会の基盤であった市民による勤労社会が消えつつあるからで、本書ですでに提示したこのテーゼは陰影を帯びる。それではこの後に何が来るのであろうか。

消費危機とハラリが指摘した危機、そして三番目の危機

消費危機も、またハラリが指摘した危機も知らん顔をしてこのままでやって行くことができるような些細な問題ではない。これは、これまでの自由な人間観や経済のやり方が変わる前兆である。私たちは、そのような決断に直面して、はじめて自分たちの状況が理解できる。シリコンバレーの超資本主義は、これまでと同じようには機能できず、啓蒙主義的な価値を維持することもできなくなる。もちろん啓蒙のほうは単に見せかけだというのなら話は別である。賃金を受け取る奴隷から自己決断する働く人間への上昇傾向と、自分で判断する代わりにプログラムソフトのコードにだんだん任せるようになる下降傾向は、それぞれ反対方向に働く以上、こうしたシステムそのものが崩壊するしかない。

この混乱状態は三番目の危機によってさらに強められる。こちらはその規模からいって最初の二つの危機をはるかに凌駕する。グローバル化する経済システムは二〇一八年の時点でも無限の成長

i 邦訳、柴田裕之訳『ホモ・デウス（下）』河出書房新社、一三七ページ、二〇一八。

をめざし、資源を容赦なく濫用し、地球温暖化の最大の原因になっている。こんなことが続けられないことは誰の眼にも明らかであるが、日常生活ではなぜかあまり深刻に感じないで、本気になって何かを変えようともしない。資本主義は成長しないといけないといわれる。本当にそうだとすると、今世紀中に地球には住めなくなってしまうかもしれない。豊かな工業国に住む人類の四分の一が現状では世界の資源の四分の三を使い、その大部分は限りがあるからである。その意味でもデジタル化はこの災禍をもたらす発展を一層進める。たいていのデジタル技術は大量のエネルギーを必要とする。暗号通貨ビットコイン技術の利用だけで年間デンマーク全体の消費電力が必要になる。[91] グーグルやフェイスブックなどの企業は何でもできるかもしれないが、でも地球温暖化を止めたり、世界中の飢餓を阻止したり、地下資源や飲料水を増大させたりはできない。これらの企業は成長スパイラルから抜けだすこともできない。グーグルがエネルギーを効率よく消費するようになっても、これは、デジタル技術全体のエネルギー消費の増大を考慮すると、その寄与も微々たるものである。こうしてデジタル化は資源の濫用と温暖化をひたすら前進させるばかりだ。

特に厄介な点は、これら三つの危機に対して同一歩調で対策を取れないことである。生産性の上昇に対して消費が少な過ぎるというのが正しいのなら、消費を増大させることが解決策になる。だからこそ、たとえばハイナー・フラスベックなどの経済学者は力強い賃金上昇を提案し、これで解決するという。[92] でも、こんな時代遅れの処方箋では未来の問題など解決できない。彼のような経済学者は、これまで自分たちの思考パターンに合わないために軽んじてきた労働・業績主義社会の経済的変化に対して目をつぶってしまうからである。その結果、私たちが何とか克服しなければいけない消費主義的イデオロギーをこれからも擁護しようとする。すでにしめしたように、この豊かな国々に大きな影響を及ぼした超消費主義こそ、国家を支える市民意識を空洞化し「辛抱がなく怠惰な」消費者を生みだし、環境破壊を煽った。別のことばでいえば、消費危機を回避しようとすると、環境危機の先鋭化を招くしかない。

このような巨大で厄介な課題に直面して、シリコンバレーで人気がある「どの問題もチャンスである。問題が大きければ大きいほどチャンスも大きい」という標語を引用するのは冗談が過ぎるかもしれない。時代が変わるときには大きな混乱が心配される。すでに発生している不安もさらに強まる。接着部分が弱くなるとそれまでいっしょだった物がバラバラになる。それに似て、温暖化によって生存基盤を奪われた何百万の人々が難民になって移動しはじめる。それに対する反応は、人種的ナショナリズムに由来する盲目的な憤怒、保護主義や分離主義、ネットでの憎悪文化、政党忌避、世論の関心をはぐらかすための戦争、陰謀論への逃避、米国での（おそらく他の地域でもあると思われるが）集団的迫害を実行する私的武装集団の登場といった具合である。

このような状況は大変動をもたらす。当然であろう、つまり第一産業革命も、また第二次産業革命も、労働者階級が生まれて、労働運動によって女性参政権が実現するといったように、社会を急激に変革した。ところが、未来社会が良くなるか悪くなるか、今のところはっきりしていない。また大衆を巧みに誘惑する政治家によって、また野蛮に逆戻りすることだってある。デジタル統制資本主義でどんどん前進し、大きな経済的成功を博している中国にひそかに羨望のまなざしを送る人もいる。私たちも競争に負けないためにそうするべきではないかといわんばかりだ。とはいっても、二一世紀に私たちの自由を脅かし、環境をどんどん破壊するビジネスモデルに兆単位の巨大な投資をし、邁進するだけの資本主義がこのまま継続できないということは今日では社会的コンセンサスである。社会に不満な人々や失業者が集まる地下室や、貧しい詩人や左翼的知識人の屋根裏部屋だけでなく、巨大企業の経営者がいる、高価な調度品や安楽な設備の豪華な特別なフロアーでも不満が大きくなりつつある。たとえば、米国の大投資家のジョージ・ソロスにとっても、グーグルもフェイスブックも「人々の依存症を悪化させて、自主的思考を脅かし、独裁者による統制を可能にする」独占企業である。ソロスは、「開かれた社会」は危機に陥り、民主主義も脅かされ、それどころか、地球上で文明の存亡が危険にさらされていると批判する[93]。

米哲学者ジョーン・ロールズ以来、自由主義者は、国家のなかで不平等があっても最も弱い者が可能な限りの優位性を持つことによって正当化されるというものだった。でも今や、GAFAやグローバルな金融業で高給をとっている人々や、またサッカー選手の狂気じみた収入を見てこんなことをいう気になる人などいない。オックスファム報告によると、世界で最も金持ちの六二人が最も貧しい三六億人がもつ資産を合計したのと同じ金額の富を所有している。とすると、グローバル化した資本主義は、考えられうるすべての世界のなかでベストの世界であるどころか、奈落の底に転げ落ちるところである。今や空回りしているとしか見えない資本主義は、路上で旗を振ったりバリケードを築いたりする革命によって取って代わられるものではない。もしこの資本主義が崩壊するとしたら、その基盤を取り除く技術的革命や、その矛盾から生まれる良いアイデアによってであろう。

デジタル経済についてのべた左翼の文献には、資本主義が崩壊するというカール・マルクスの予言が近々実現するという見解に出会うことがある。これは、初期のマルクスのプロレタリア革命でなく、『資本論』の第三巻にある記述で、それによると、生産の効率性が高まるにつれて資本主義経済の利益率が恒常的に下がり、その結果体制が危機に陥るという説のほうだ。金融資本のほうはまだ活発にシリコンバレーに投資するが、消費経済に持続的に影響を及ぼすには至っていない。デジタル経済の技術化が進行すればするほど製品も安くなり、その結果投資側にとって利回りが悪くなる。デジタル経済の巨大な独占企業が自分のビジネスモデルを保護するために築いた垣根を取り壊すとすれば、現在こそチャンスだと思われる。ソーシャルネットワーク、検索エンジン、ＡＩアシスタント、モノのインターネットといったものがなぜ公有財産であってはいけないのか。すべての知識が民主化されればされるほど、それらを使うビジネスモデルで利潤をめざす必要が少なくなる。知識とコミュニケーションは、一八五八年にマルクスが要求したように、単に資本財であるだけではなく、すべての人々に属するものでなければいけない。そうなると、資本主義は崩壊することになるという。[94]

とはいっても、左翼の人々がのぞむように論理的で確かな話には絶対にならない。というのは、急テンポで形成されつつあるシリコンバレー・バブルがはじけても、資本主義の歴史のなかでできてはつぶれた無数のバブルの一つに過ぎないからだ。利益率が下降することに対して、すでに資本主義は、市場のグローバリゼーションや、戦争や、また現実の通貨と架空の資本の両者を容赦なく増大させるといった具合にこれまでいつも柔軟に、また創造的に対処してきたからである。

二番目は、それこそ経済がクラッシュしたら誰が資本主義的ビジネスモデルを公共経済に転換するイニシアチブをとるのかという問題である。「プロレタリアート」でないことは確実で、それなら、米政府とか、あるいはEUがその役割を演じることになるのだろうか。こちらも可能性は少ない。とすると、市民層の、特に教育のある中産階級が反対者として立ち上がるのだろうか。そうなるかもしれない。それならどのような体制にするのが最善なのか。社会主義にするべきなのか。これまでの歴史が教えてくれたように、純粋社会主義でいくと、国家独裁主義になるか、無政府主義になるかの二つの可能性しかなく、最後は腕っ節や押しの強い人たちの寡頭支配体制になるのだろうか。

経済危機に陥ったときに取るべき道とは?

そうすると資本主義を廃止することは現実的な道ではない。「革命の主体」もいないし、社会主義は経済全体のための選択肢としての青写真にならない。一八八三年~八四年にビスマルクは、社会法を制定することによって第一次産業革命で登場したマンチェスター資本主義の暗い側面を穏やかにし、労働者の苦痛をわずかながらも軽減した。前世紀の三〇年代に「フライブルク学派」[ii]の思想家は、共産主義に対する体制間闘争で資本主義をより魅力的で頑丈なものにするために社会主義的要素をとり入れた。当時これは、第二次産業革命を人間的なものに変え、一九四八年からの西ドイツ経済に成功をもたらした思想であり、西独の「社会的市場経済」の誕生でもあった。私たちは、今や第四次産業革命を目の当たりしてすっかり変化した経済的条件下で新しい秩序とバランスを築くという、換言すれば、新たな社会契約を締結する段階に直面している。私たちは、ビスマルクにはじまり、フライブルク学派を経由して上昇路線を継続するために社会主義を資本主義に取り込むことになるのだろうか。それとも、とてつもない経済や社会の体制崩壊の危険を冒すことになるのだろうか。

無条件ベーシックインカムの導入はその第一歩である。左翼陣営には、残念なことに、著述家マティアス・グレッフラートのように、経済的な困窮に陥った人々が施しものをもらっても威厳を保てるようにするためだと思う人も少なくない。[95] でも、これは左翼の昔ながらの被害妄想のような条件反射的態度である。これまで、経済活動を「業績主義」と称して、人々を社会ルールに従って労働させ、心理的に巧みに体制に組み込んできたが、充分で適切な金額のベーシックインカムは何百万の人々を解放するかもしれない。無条件のベーシックインカムは社会主義で自由が増大することでもある。これによって多数の人々の関心が、どのように、また誰のために働くかという点に向けられて、「狩人、羊飼い、批評家」の社会が重要になるかもしれない。ということは、二一世紀は「労働者の運動」ではないが、一九世紀のときと同じように、経済の効率性の向上を無条件に追求することによって失われる人道主義の地盤を何とか取り戻す試みである。

ii 戦前フライブルク大学を中心に展開された自由主義と同時に秩序も重視する経済理論。市場原理と社会福祉的要素を強調する「社会的市場経済」として戦後西独の経済指導原理になる。

もちろんベーシックインカムは根本的な解決策でなく、未来の持続可能な市場経済に至る道への第一歩に過ぎない。機械に人間のほうが仕えるのでなく、長期的に人間に役立つように、デジタル経済を文明的に改造しなければいけないが、同時に教育の在り方も変わる必要性がある。資本主義も、永遠に働き続ける「永久機関」[iii]としての幻想が壊れた途端、生産、経済、社会での効率性向上も、他のことがあまり変わらなければ、役に立たないのがはっきりする。デジタル技術やそのビジネスモデルについての意識も、未来に起こることは決まっているというシリコンバレー神話を信じる悲観主義者とは異なり、容易に変化すると思われる。技術の独裁体制になる道しか残されていないといわれても、キリスト教の予定説のようで奇怪だと公言する人はまだしばらくのあいだは出てこないかもしれない。でもどこの国でも、たとえばドイツでも、これまで人々の意識がどれほど変わったことであろうか。前世紀の五〇年代にはドイツ国民の意識や世界観がどうであったかを一度思い起こしてみるべきだ。当時多数の男性が吊りズボンをはき、どこの役所にも電話番の女性がいて、労働時間がやたらに長かった時代であるが、今の若者たちには、『アステリックス』[iv]の漫画に登場する古代ローマ時代のように遠い世界である。またその後の七〇年代や八〇年代も彼らにとっては似たようなものである。とすると、意識など今後もどんどん変わっていくと考えるべきだろう。たとえば、前世紀の六〇年代に誰が環境のことを考えただろうか。今でも、責任ある立場の人々のあいだではまだ少ないかもしれないが、一般に環境意識をもたない人はいないように思われる。ちょうど環境の保護のためにいろいろな環境運動が必要であるように、これからは技術とより人間的な関係を求める運動が必要とされるのではないだろうか。

それだけでは十分でない。社会の変革は不幸な出来事がないと実現しにくいが、今回もそれには困らない。まず避けられないとされている大量失業者がそれで、この結果無気力に陥っている政治家も問題を理解し、行動するしかなくなる。窮状が大きくて、メディアが憤慨すると別の選択肢がないはずだったビジネスモデルも新たな可能性が生まれる。インターネットやデータやＡＩとの係わり方もいろいろあり、決して一つだけということはありえない。また国家ももっと積極的になって規制したり、刺激をあたえたり、社会福祉体制を改造したりしなければいけない。またこれまでの勤労社会や業績主義社会から新しい社会に移行するにあたって、人々を放ったらかしにするのでなく基準をしめすべきである。

社会の変革期において政治が果たすべきこと

こうして、政治の課題が明確になる。政治家は自分を小さく見せたり、気づかないふりをしたりしないで、疎かにしてきたものを自分の手に取り戻すべきである。インターネット経済では兆単位の資産を持つ巨大な独占企業を相手にしているので、自由な市場原理が働くことなど期待できない。

iii　永久機関はエネルギーを外から供給されずに永遠に作業し続ける装置・機械。
iv　『アステリックス』はローマ帝国支配下にあるガリア人を描いたフランスの人気漫画。

政治家は、啓蒙的で自由な人間観に価値があると考えていることを、またすべての市民の情報上の自己決定権を保護しなければいけないことを明確にすべきである。というのは、秩序や憲法を守る人々があまり気づいていないことだが、技術ユートピアの温床というべきシリコンバレーで、共産主義を道徳的に劣化させたのと同じようなことがあったからだ。つまり、世界を良くするという「解決主義」的な動きから、すべてを監視する権力機構が出現する危険性がある。

これに対して私たち自身を保護し防備しなければいけない。政治家も憲法裁判所の裁判官も、行動をアルゴリズムに還元し、また人間が生きることをデータ処理と同一視する人間観に反対しなければいけない。この自由のための闘争の結末を決定するのは日曜日のお説教でなく、規制を実施し、また人間を人間として扱う経済に投資することによってである。今や政治家にとって、インターネットは初めて足を踏み入れる新天地でもなくなり、西も東もわからない夢遊病者のようにふるまい、またおつきあいで合意ばかりしていた時代はとっくに終わった。パロアルトでわざわざ購入した土地や家屋のなかで「防火壁（ファイアーウォール）」の背後に私生活を隠しているマーク・ザッカーバーグのような人々は、自分たちが何をしているかを承知している。反対に、データが無制限に透明になることの価値を熱心に主張する者を信じるのは何も知らない人々である。

それでは、どのようにデジタル資本主義を文明的に改造するべきか。米エコノミストのスコット・ギャロウェイによれば、再び本当の競争をもたらすためにグーグル、フェイスブック、アマゾン、アップルを解体するしかないことになる。遠くない将来に米国政府がこのような手段をとるかもしれない。このようなことは例のないことではなかった。でも一つだったフェイスブックを四つにしたり、グーグルを三つに分割したりすることで本当に問題の解決になるのであろうか。ビジネスモデルもビジネスの現実もイデオロギーも変わらないままではないのか。シリコンバレーの内部で力の配分が変わったからといって、「解決主義」的要素の強い対策は私たちを安心させるだけで、改革のブレーキになり、民主主義廃止の方向に働くだけである。

未来のデジタル社会のより根本的な問いは、誰に何が属するのか、なぜそうなのか、といったことである。私のデータは私に属する。ネットのデジタルインフラストラクチャーは、個人の自由や自己展開にあまりにも重要であるために当てにならない私企業に委ねてはならない。ここから国家のするべきことがはじまる。ちょうど国家が商業的関心の赴くままになる民間に任せないで、国民のために道路整備やエネルギー供給に責任を負うのと同じ理屈である。デジタル化のアジェンダとして次に決議されるのは何になるにしろ、ネットでの市民の自由の保証こそ中心問題でなければならない。経済的にその結果がどうなるかも興味深い。自由なインターネットは誰にとっても強力で生産的になる可能性をもつ。

カール・マルクスは、有名なことだが、生産力と生産手段を区別した。生産力とは何かを生産するすべてで、労働者と機械である。生産手段は、誰に何が属するのかを規定している制度や法律や所有関係である。第一次ならびに第二次産業革命では生産力と生産手段ははっきりと区別されていた。機械と工場は労働者でなく、民間人である利益享受者（つまり資本家）に、国家資本主義であれば国家に属した。デジタル社会では反対にまったく別のシナリオが可能である。にもかかわらず今後も両者が離れ離れになっていなければいけないのだろうか。私のノートパソコンもスマートフォンも私に属し、そこで私がした仕事の成果も私のものである。至るところ手を伸ばせば簡単に使える知識も、また膨大な機能を備えたマシンも安価であり、このような世界では蒸気機関と組み立てラインの時代と比べて生産関係も当然異なってくる。

正規の雇用関係にある人が少なくなることを考えると、ネット上で仕事を請け負う「クラウドワーカー」とよばれる人々が将来自分や公共団体のためでなく、デジタル大企業のためにどうして働かなければいけないのかが理解できなくなる。というのは、蒸気機関が発明された後の二世紀間と現在はすっかり異なり、今日では分散的ネットワークを通じて、新しいかたちの協働関係が可能になるからだ。将来、何百万もの人々が雇用されないで自分や社会に役立つプロジェクトに従事することを国家が望むなら、公益的性格のオープンソースやオープンコンテンツのプロジェクトが可能になるように、できる限りの努力をするべきである。これらのことは、現在保険のセールスマンやバスの運転手をしていて、この後失職する人々にはあまり役立たないかもしれない。でもこれからの若い人々に、従来のデジタル経済での満足のできない仕事をするのでなく、自分や公益団体や社会のために働ける可能性があることをしめすべきである。

このような精神を象徴的に表現することばは「共有地（入会地）」である。これは中世時代に農民が村の中で大地主が取り上げるまで共同で働いていた土地のことである。同様にウィキペディアも「共有地」で、誰もがそこで自分の羊に草を食べさせることができ、またみんなが利用できるように心がけられている。舞台裏をのぞくと、そこの記述で何が正しいかの決定はきわめて不平等なことがあるが、とはいってもその原則は敬意に値する。左翼の理想主義者のなかにはこの考え方の絶大なファンがいて、「共有地」経済はモノのインターネットとペアになって経済問題の万能薬扱いされている。この考え方が地球上の豊かな国々で重要な役割を演じることは素晴らしい夢となるが、どうなるかわからない。現状では、ウーバーやエアービーアンドビーなどのシリコンバレーのビジネスモデルは未来社会にとっての重要な無報酬の社会奉仕をつぶして、世界の隅々まで商化するばかりである。

「永久機関」としての資本主義がうまく行かないように、オスカー・ワイルドが夢見た「永久機関」としての社会主義のほうも機能しない。スマートフォンのために世界のどこかで希土類元素が発掘され、原材料の争奪戦はとっくにはじまっている。「スタートレック」のピカード艦長の世界では何もかもが3Dプリンターでプリントアウトされるから、お金の必要のない世界でもあるが、それがはじまるのは二四世紀からで、ずっと先の話だ。そこに至るには、暗号通貨も「共有地」経済も近道になるようには思われない。

だからといって、ベーシックインカムと公共色の強い経済の組み合わせが正しい方向への第一歩にならないとはいえないだろう。ちなみに、ここで「正しい」とは、生態学的観点からの判断である。私たちは、経済的にも精神的にも今のやり方を変えて、分け合うことによってなるべく全体の需要を抑える社会にしなければいけない。そうしないと私たちの孫の世代は、今住んでいる惑星（＝地球）で長生きできなくなるからである。今後必要とされるのは人間性についての教育である。私たちはデジタル技術と賢明なつきあい方を学び、またその価値を正しく評価し、その二進法の論理が限られていることを、またどの社会問題にもそのまま応用できないことを理解しなければいけない。啓蒙的な価値観を守るために、各政党は技術の「別の側面」を選挙公約の中心に置かなければならない。これまでの仕事・業績主義社会からロボット化した社会と自分で選んだ活動を中心とする社会に転換するために国家がしなければいけないことは少なくない。まとめると、次のようになる。

＊社会福祉システムの抜本的改革と、最低一五〇〇ユーロ（日本円で約一八万円）の無条件ベーシックインカムの導入。財源はたとえば金融取引税から。

＊市民の尊厳、私的領域に対する権利、自分の個人情報の自己決定権が、eプライバシー[v]の意味で明確に規制され、誤解が生じない法律によって確保されること。

＊検索エンジン、Eメール交信、AIアシスタント、非営業的ソーシャル・ネットワーキング・サービスといった基本的なデジタルサービスが国家によって支援され提供されること。

＊AIのビジネスモデルが広範囲に制約されること。特にビジネスの分野が倫理的に微妙なソースコードと関連するときには立法過程に市民を参加させて規制されること。

＊共同生活、社会的な事業の立ち上げ、共同事業、シェアエコノミーモデルを将来どのようなかたちにするかについての斬新なアイデアや、また持続可能性や公共経済といった考え方を促進すること。

＊デジタル化というイノベーションに直面しているからこそ、持続可能性という観点に立って天然資源をだいじにする義務をまじめに果たさなければいけないということ。

これらすべてを二〇四〇年まで引き延ばすことはできない。これらのうちの大部分は、今と同じように良い、あるいはもっと良い生活を実現するユートピアのために、これから一〇年以内に決定されなければいけない。今でも、ドイツの連邦議会の各政党は夢遊病者同然に自分の問題ばかりにかまけて、未来のことについては途方に暮れるだけである。本書が彼らの頭を整理するのに役に立てばいいと思っている。

今私たちが暮らしている時代は、人類が地球の生態系や気候に大きな影響を及ぼすようになったことから「人新世」[vi]とよばれることがある。でもこの表現も人間が時代の主人公のような誤解をあたえる。本当は、人間ではなく、お金や物、そして功利主義が支配的な時代である。ということは、私たちが暮らすのは「人新世」でなく経済優先の「お金の時代」である。誰もこの事態に甘んずることを強いられてはいけない。啓蒙思想が私たちに教えているように、人間が自分で考えながら未来を形成することが重要であり、未来を神の手に委ねたり、技術そのものによる進化に従ったりする必要はない。啓蒙主義的社会とは、神や資本や技術によって制御される他律的社会でなく、自律的社会である。私たちは、自分のためだけでなく、なによりも将来の世代のために自主性を取りも

v　eプライバシー法とはEUの法規制で、メールやクッキー等を取り扱う民間企業等に対し、EU市民のプライバシーの遵守を義務付ける法案であるが、二〇二〇年八月段階でまだ採択されていない。

vi　オランダの有名なオゾンホール研究者のパウル・ヨーゼフ・クルッツェン他によって、人類が気候や生態系におよぼす大きな影響を考慮して、「人新世（アントロポセン）」という新たな地質時代名が二〇〇〇年に提案された。

どさなければいけない。

第3部

夜思い浮かぶこと

終章

私たちと彼ら
――世界はデジタル化から逃れることはできない

トマス・モアは執筆中に感じたさまざまな迷いにふれることなく著書の『ユートピア』を終了はさせなかった。最後に彼は、「必ずしもその成立の根拠が合理的とは思われない点が沢山あるように、私には感ぜられた」[i 96]と告白する。彼の本はそれまでに人間同士の共存についてしるされたもののなかでもっとも近代的で人間的であったが、理想国家についての予言でなく、正直なことばで終わる。それは「ただ望むべくして期待できないものがたくさんあることを、ここにはっきりと告白しておかなければならない」[ii 96]。

この言葉ほど、筆者の心境に近いものはない。これまで、答えるような顔をしながら、本当は自分のほうこそ尋ねたかったことが何度あったことだろう。また昼間は簡単な話ではっきりしていると思われたことが、夜になっていろいろ悩みはじめると不明瞭で理屈に合わないように見えてくることも繰り返された。灰色の冬の日々の厭な予感と大きな失望の時期も二〇一七年から一八年にか

i 邦訳、平井正穂訳『ユートピア』岩波文庫、一八一ページ、一九九四。
ii 邦訳、平井正穂訳『ユートピア』岩波文庫、一八二ページ、一九九四。

わると春らしい楽観的気分に取って代わった。一方で、私の提案を過激で反技術主義と思う人々がいる。私はデジタル経済によって数十万の新しい職業が生まれる可能性を過小評価していないだろうか。また私が将来に自主性が失われることを心配するが、これも誇張で常軌を逸していないだろうか。反対に私の考えがおとなしくて充分でないと不満をもつ人々もいる。金融資本主義をそのままにしておいていいのだろうか。将来、暗号通貨や地域通貨によって変革をもたらすことができるのではないのか。「無条件の最大ベーシックインカム」で問題ないのか。資本主義がいつも成功すると思い込んでいる人もいるし、またそうでなくて直ぐにも廃止することを夢見る人もあとを絶たない。

夢見ることなどいくらでもできる。本書にとって重要なのは未来に至る道の上を飛行船で飛ぶのでなく、トラクターに乗って進むことである。そのとき過激過ぎるのか、おとなし過ぎるのかは、あまり心配にならない。ドイツをはじめ豊かな欧州諸国の繁栄社会での過保護な立場から考えているうちに世界の現実を見失うことのほうをおそれる。デジタル化では、技術的にきわめて発達した国々だけでなく、前世紀の七〇年代や九〇年代には欧米の工業の下請けだった南アジアの国々は、将来先進国で低い生産コストで稼働するロボットに対抗できなくなる。たとえば、繊維メーカーのなかにはそこから撤退し、ドイツ国内で生産しようとする企業も出てきている。開発途上国や新興工業国でこれまで牧畜や飼料栽培に従事してきた数億に及ぶ人々は、私たちが残酷な工業的な畜産をやめて、ペトリ皿で食肉を培養するようになったら、することがなくなってしまう。これらの国は無条件ベーシックインカムを導入することもできない。

工業国家は、これからも勝者であり続けるために何をしたらいいのかを思案しながら、貧しい国々と距離を広げ、敗者を生みだすばかりである。その結果は、これまでになかった規模の民族の大移動である。これと比べたら、これまでの難民の流れなど小さな予震に過ぎない。以前は、人類は何千年にも渡り、動物の群れを追って移動したが、今や資本の流れにしたがう。ところが、大規模なロボット化は彼らに生きていくために必要なものを何も提供できない。

デジタル革命は、より自主的に、より多くの情報を得て、ネットワークのなかで自分の人生を展開する大きな可能性を多数の人々に提供する。また経済も、今より環境にやさしく、生産においても廃棄物が少なくなり、イノベーションに向けて努力するだけでなく、以前のイノベーションが生みだしたゴミ処理まで配慮しなければいけない。でも私たちは現在の経済体制を根本的に変革できるのであろうか。次に私たちは本当に分け合うようになるのであろうか。そうすることによって私たちが幸せになるかどうかとは無関係に、二一世紀は、私たちの裕福な生活のために今まで負担をかけ、また今後も面倒をかける人々と豊かさを分け合う世紀である。人権は一八世紀に宣言され、一九世紀に欧州では部分的に受け入れられ、二〇世紀になって広範囲に承認された。二一世紀は地球規模で人権を真剣に扱わなければいけない世紀である。啓蒙思想に身を委ねるのは欧州だけにとどまらず、世界中のすべての人間に適用されるべきものである。

もっと分け合うだけでなく、同時に資源をだいじにするという二つのことをグローバルな世界で実現できるのであろうか。デジタル化が進む社会で暮らすうちに、生物や環境を見失う危険性はないのだろうか。地球上に暮らす人間だけでなく他の動物に対する責任を感じているのだろうか。本来、人間と動物は将来もっと近くで生活すべきであった。どちらも生き物で感情をもち、本来ＡＩより近い存在である。自然であって技術でない！　これこそ、本書のカバーの絵を眺める人に訪れる気持ではないのだろうか。この『蛇使いの女』はアンリ・ルソーの一九〇七年の作品で、第二次産業革命の頃に、パリ郊外で一度も熱帯の風景を見たことがないブルトン人の画家による自然叙情画である。夢のような完璧な自然のなかで共生する人間と動物、淡い月光で白くなった空の下の原生林と柔らかな緑の色に輝く草地で、時間の流れから抜け出した静物画であり、自然創生のときの平和を漂わせる。ここでは人間は支配者でも創造者でもなく、自然の改造や利用とは無関係で、野生の一部ですらある。ヘラサギは黒く見えるエバ[iii]を怖がらない。蛇はエバに魅了されて、天国を破壊することもない。

「狩人、羊飼い、批評家」の未来社会が本当の自然をすっかり忘れてしまわない限り、また技術の甘言に惑わされずに自然を破壊しないで、それどころか、その助けで天然資源の乱獲をへらし、その保護のために時間を稼ぐことできたら、技術は本当に人類の役に立つだろう。

これが成功する確率は残念ながら大きくない。シリコンバレーの巨大企業の圧倒的な力にひれ伏したり、機械による独裁支配への道を歩むしかないと信じたりする人がいても、私たちはデジタル化への動きを経済的にも社会的にも克服し、この結果新しい社会関係を築くことができるかもしれない。でもどのような犠牲を払うのだろうか。私たちの資源とエネルギーの消費で地球がどんどん破滅していくことは阻止することができない。アフリカ中西部サヘル地区では砂漠が毎日拡大しているし、また中央アジアのアラル海も、アフリカ大陸の中央部のチャド湖もほぼ消えつつある。また北極も南極も氷の溶解が加速しつつあり、熱帯雨林も消えるばかりだ。気候変動は、工業国によってろくろくブレーキもかけられず、世界中の多くの地域を住めなくしている。ここで思考転換して、大気を含めて自然全体を破壊することなく、何十億という人々に良い生存環境をもたらす可能性は低い。

悲観主義が育つ土壌には肥料が十分あり、豊穣である。でも皆が悲観主義者であると、誰もが良い方向に舵を切ろうとしないので、最後にはユートピアの反対のディストピアになるしかなくなってしまう。楽観主義者が勇気を必要とするあいだ、悲観主義者のほうは、同調者も多いだろうから自分こそが正しいと思って気楽に臆病のままでいることができるのだ。

楽観主義者は期待が満足させられなくても、自分が正しいと思い続けることができたことで悲観主義者より意義深い人生を過ごしたことになる。悲観主義は解決にはならない。

iii　昔から多くの人は、目しか見えないこの女性が笛を吹いて蛇を魅了するのを見ると、創世記のエデンの園のエバを連想するようである。

謝辞

この本の完成にあたり、いろいろなかたちで貢献してくださったすべての方々に感謝します。これまで行ってきたいくつかのイベントや講演会などでの数え切れない議論や寄せられた提案が参考になりました。

また、バイエルン州デジタル化研究センターのマンフレッド・ブロイ所長には、『ツァイト』紙でデジタル技術の将来について一緒に考えていただきました。本書の最初の読者である Hans-Jürgen Precht、Martin Möller、Fritz Fasse、Marco Wehr に感謝いたします。

解説

美濃口　坦

本書のテーマは、モバイル、IoT、ビッグデータ、ロボット、AI（人工知能）などのデジタル技術の普及が社会におよぼす影響である。これについては後述するが、その前に、日本ではあまり知られていない著者のリヒャルト・ダーヴィト・プレヒトについて少し紹介する。彼は一九六四年に刃物の町として有名なドイツのゾーリンゲンで生まれた。彼の肩書は哲学者兼著述家で、さまざまなテーマの討論番組やインタビューに登場し、また講演者としても人気を博し、多くの聴衆を魅了している。

プレヒトがこのように注目を浴びたのは、彼が書いた『私は何者なのか、もし答えられたら、私は何人いることになるのか（Wer bin ich - und wenn ja wie viele?, 邦訳『哲学オデュッセイ――挑発する21世紀のソクラテス』悠書館）』という奇妙な題名の哲学入門書が、二〇〇八年二月から二〇一二年一〇月まで四年近くもドイツの週刊誌『シュピーゲル』のベストセラーリストに載り続けたからであった。その間、一六週間も一位を占め続け、三二か国で出版されている。これほど売れたのは、哲学者たちが昔から取り組んできた問題を分かりやすく解説し、自明とされていることを読者に考え直すきっかけを与えたからとされている。こうして人気者になった彼は、地球温暖化、教育、対動物／人間間の倫理、移民、EU、デジタル革命といった時事的なテーマについて本を書き、どれもよく調べられていて、また普通の専門家とは異なった視点から書かれていて面白い。彼の本は、出版された途端につねにベストセラーの一位になり、数週間そこにとどまると言われている。本書の原著も、二〇一八年四月二八日に刊行以来、翌週に『シュピーゲル』のベストセラーリストで一位、八月までもほぼ一位になっている。

ドイツの「哲学者」

プレヒトは二〇一五年に四巻本の哲学史を書きはじめ、二〇一九年に三巻目が出版された。一度「どうして哲学者になったのか」と聞かれた彼は、「哲学の教授にならなかったから」と答えた。この返答はドイツでの知識人の在り方を考える上で面白い。ドイツで哲学者といえば大学教授で、彼らには自分の研究が学界で先人や同僚から評価されることが重要で、書かれたものも専門的で門外漢には分かりにくい。大学教授は、自分の専門分野での研究に集中し、その道に精通する人で、最高の権威者として見なされている。しかもドイツほど専門家が重視される国はない。たとえば、新型コロナウイルス対策でも、ウイルスや疫学に関する見解は専門家以外でも諸説あるにもかかわらず、政府は専門家に従ったことだけをことさらに強調している。こうするのが一番無難だからだ。

面白いことに、ドイツでは（たとえば、フランスと比べて）自国に政治や社会に影響をおよぼす知識人の伝統がないことがよく嘆かれている。これも当たり前の話で、この国には専門家ばかりで、いわゆる知識人などあまりいないからだ。このような精神風土のために、いろいろなアクチュアルな問題に自分の意見を表明するプレヒトは、デビュー当時は、専門性がないとして胡散臭く思われていた。

二一世紀に入ってから、メディアでは言論上の対立を巡って論争する機会は少なくなっているが、「哲学」の名のもとに縄張りを気にせず論争するプレヒトの存在は貴重である。こうして彼は、二〇一二年九月から、公共放送に「プレヒト」という名前の自分のテレビ番組をもち、二か月に一度、日曜日の夜に政治・経済・文化等の各分野から誰かを招き、時事問題について討論している。この種の番組はジャーナリストに任せるとインタビューになってしまうが、プレヒトの番組の対談／議論は内容が濃く緊張感に満ちている。たとえば、二〇一三年に、リーマンショックとユーロ危機をユーログループ議長在任中にかかわり、その後欧州委員長に就任したルクセンブルクの政治家・ジャン＝クロード・ユンケルをゲストとして迎えている。表舞台で活躍するこうした政治家が、「カジノ資本主義」に堕した国際金融のために哲学者相手に弁解する様子は新鮮であった。

二〇二〇年に入ってからは新型コロナウイルスの話ばかりである。テレワークでデジタル化に弾みがついたとか、企業はパンデミックを口実にしてデジタル化で不要になる人々を前倒しで減らそうとするとか、喧しい。新型コロナウイルスについて、プレヒトはインタビューや自分の番組でも発言しているが、本書のテーマとも関係があるので後述する。

ユートピアの復権

本書のテーマのデジタル技術の活用は、ドイツでは「第四次産業革命（インダストリー4・0）」と呼ばれることが多い。それはドイツが工業立国で、技術革新となると工場の話になるからである。しかし今回は「情報」であり、私たちの生活の隅々に浸透し、人々の意識や政治や社会に及ぼす影響は従来の「産業革命」よりはるかに大きい。プレヒトが指摘するのもまさにこの点で、ドイツでデジタル化というと、もっぱら技術的なものに限定され、あるいはせいぜい経済的なものとして見なされているに過ぎない。それも自国や自国企業の競争力に限定されて、「バスに乗り遅れるな」になってしまっていると警告する。

次に著者の立場で重要な点は、この技術に反対しているわけでないということだ。彼が納得できないのは、デジタル技術でどのような社会になるのかを、多くの人々が想像しようともしない点にある。結局のところ、私たちは技術的に可能だとして提供されているものを、便利なものとして受け入れてしまっているだけだという。私たちの未来が問題になっている以上、どのようなデジタル化を望むのかを考えるべきだと提案する。

ところが、国民の大多数は、デジタル化されても未来は良くならないと漫然と思っているようで、政治家もその事情を考慮して厄介な問題にふれないようにしている。だからこそ、本書でも言及されているように、メルケル独首相は、二〇一三年に自分の携帯電話が米諜報機関に盗聴されていると知らされたとき、「インターネットは私たちみんなにとっても新天地だ」といってデジタル化を推奨した。

デジタル化も含めて未来への行く末を問題視しないこうした事態にこそ、ビジョンを描くことを一切慎むというドイツ世論の現状がある。これではだめで、今こそ、後ろ向きの過去への憧憬（レトロピア）でもなく、それにまた破滅的な未来像（ディストピア）にも怖じけず、長いあいだ忘れられていたユートピアという言葉を思い出して、元気に前進すべきだと著者は主張する。

仕事がなくなる？

デジタル革命で問題にされることがあるとすれば、それは雇用の喪失だ。今日ではＡＩの発達で、どんな仕事もアルゴリズムに変換できれば機械に置き換え可能となる。その結果、会計士、税務署職員、行政機関専門職員、法律家、税理士、銀行員、証券アナリスト、保険外交員などの仕事がなくなるといった具合に、二〇一六年の世界経済フォーラム以来、さまざまな試算が出ている。たとえば、オックスフォード大学の経済学者マイケル・オズボーンによると、今後二五年以内に世界中で四七％が失職するとされる（二四ページ参照）。またプラットフォームビジネスで顧客サービスに従事していた人々がどんどんいなくなりつつある。

数学者や情報工学者を養成することによって、このような状況に対抗するべきだとされる。ところが、将来的にはＡＩがプログラムさえつくることができるようになると言われ、そうなると理工系でも特別に優秀な人は別にして、平均的な人は、中長期的には取り替え可能とされる。

これまでは産業革命で生産性が上昇すると、先進国を核とする世界経済圏に新たな国が加わり経済圏は拡大し、また新製品とそれに対する需要も生まれ、市場と生産は拡大し雇用も増大した。しかし、著者はそうなる雰囲気はないという。二一世紀の国際社会を眺めると、ケーキの分配はとっくに終了し、新しい国が登場してもドイツ製品を買ってくれそうもない。また強力なデジタル企業のほとんどはメーカーでなく、ただ顧客に何かを買わせる抜群のノーハウをもっているゆえに投資家から期待されているだけだ。その結果、時価総額が無暗に膨張するだけで、実体経済の存在感は弱い。たとえば、eBay社はドイツで売上が三〇億ユーロ（約三千七百億円）もありながら、従業員は八〇人しかいない（三二ページ参照）。

プレヒトは、長年需要が冷え込んで不正規雇用が増えているところに、デジタル化による本格的な雇用喪失がつけ加わることになると見ている。そこでは需要を人為的に増大させる経済成長路線も、地球温暖化の露骨な兆候に直面するとその実現は容易ではないという。以上が、従来の「産業革命」とは異なり、雇用が増大しない事情である。

著者が心配するのは別の点にある。それは、一八世紀の産業革命とともに生まれた社会が近々終わることである。それは私たちが職業をもち、仕事をして所得を得ることが重要とされていた社会である。ということは、失業し収入を失った者は自分の値打ちがなくなったと思い、また他人からもそう思われる。高収入の職についている者は低所得者より価値（地位）が高いと思われる社会でもある。毎日通勤することが標準とされていて、子供たちもその準備のために毎日通学する。私たちの道徳もこのような価値観に基づいてでき上がっており、たとえば、きちんと働かない者は怠け者（無価値）とされる。

本書で詳述されているが、こうした仕事重視主義は歴史上いつもこうであったわけではない。だが、ドイツを含めた多くの国で二世紀半以上も前から人々がこうした考え方を自分の価値や規範として受け入れている。ということは、プレヒトによると、デジタル化で社会の半分以上の人々が失職して、自分の価値が無になると思うような状況が到来すると、社会はあらゆる面で不安定になる危険性に晒されることになるという。

そのような事情から、彼は、これまでのようにデジタル化による雇用の喪失をタブーにしないで、所得と仕事に対する私たちの価値観について議論し、可能な限り多くの失職者が自分の状況を克服できるように準備をはじめるべきだとする。著者は、ボランタリー活動（市民の社会奉仕）の見直しと奨励、ならびに無条件のベーシックインカムの導入を提案している。どちらによっても、人々の意識の中で確固として結びついている所得と仕事が、互いに切り離されて考えられるようになるからである。

ドイツでは、現在、新型コロナウイルスで収入を失った人々や小企業のために、国民総生産のかなり大きな割合の金額が支援されているが、このことはベーシックインカムの予行演習だといわれる。

プライバシーの侵害

長年インターネットに親しんできた人は多いはずである。便利な検索エンジンを無料でつかわせてくれたり、すっかり忘れていた小学校の同級生に再会させてくれたり、メールの発信・受信のお世話をしてくれたりする。あるときから、自分が買おうと思っている商品、たとえば運動靴を勧めることまでしてくれるようになった。本書によると、このようなことはプライバシー侵害の証拠だという。こういわれてみれば、運動靴を勧めてくれることは、靴屋の店員に自分の好みを話して倉庫から適当な靴を持ってきてもらうのとは事情が異なり、日常生活の盗聴にも近い行為である。

著者によると、こうしたことにすぐに気がつかないのは、私たちがインターネットを特別扱いしている所以であるという。してみれば、すでに言及した「インターネットは私たちみんなにとっても新天地だ」と語ったメルケル首相と同じになってしまう。

米国に本拠を置く巨大IT企業GAFAは、ユーザーの交友関係や職業上の人間関係だけではなく、どこにいたのかまでも探り、「移動プロファイル」とか「パーソナリティプロファイル」とかいったものを勝手につくっては、これらを販売している。ユーザーのコンピューターやスマートフォンに侵入し、自分の姿は隠したままユーザーに合った広告を提供する。ということは、人々の欲求は、本人が知る前に把握済み。こうして密かに集められた情報を利用して人々の判断に影響を及ぼそうとする。プレヒトは、これらは、ジョージ・オーウェルの『一九八四年』やオルダス・ハックスリーの『すばらしき新世界』に描かれていたことで、合法的行為として通用していることが理解できないという。

プレヒトにとって、個人が理性を働かせて自主的に決断できることが重要である。この考えが多くのドイツ人には啓蒙主義と結びついていることもあって、プライバシーの尊重だけでなく、個人の自主的決断を可能にする自由や平等などの諸々の基本的人権は、本書のなかでは啓蒙主義的価値と呼ばれている。これらの価値は民主主義にとっても重要である。一方で、二〇一三年のスノーデンの告発によって米国大手の情報関連企業と諜報機関との協力関係が判明した以上、全体主義的な監視体制の存在も垣間見えている。

二〇一六年にEU一般データ保護規則ができたのは歓迎すべきことであるが、運用にあたって、GAFAと欧州連合との押し合いが続いている。ドイツのなかには「データは二一世紀の石油」といって、ビジネスの意味を誇張して考える人がいるが、著者は懐疑的である。ドイツにはビジネス的配慮からだけでなく、テロリスト対策からもまた欧州の基本的人権重視に反対する人たちがいるからだ。プレヒトは、米ＩＴ独占企業が遵守すべき法的秩序を示し、ブレーキをかけるほうが、欧州の後発組企業のための支援にもなるという。

人間も生き物？

本書の最も重要なテーマの一つは技術至上主義批判である。新型コロナウイルスについてもプレヒトは数々の発言をしてきているが、その一つはこの批判に関係している。

ドイツをはじめ先進国で暮らす私たちは、彼の見解によると、今回のパンデミックで自分も自然の一部で、生物であることを思い出したという。私たちが自分を動物の仲間だと思ったのは、自分でなくても、高齢の親族の誰かにコロナによって死ぬ危険があるといわれたからである。

それでも、プレヒトによると、人々が自分も自然の一部だと見なすこの状態は長続きせず、ウイルスに感染することを機械の故障と見なしているという。そうなるのは、私たちが知らないあいだに技術至上主義の立場を受けいれてしまい、自分さえも機械と同一視するようになったからで、長年他の生き物よりいつも手元にあるスマホのほうに私たちは親近感をもつようになったからだ。このような人間観は第一次産業革命以来あったが、しかし、それは他の宗教や、政治思想と結びついた人間観でもあった。

ところが、デジタル化がはじまってからは、この技術至上主義は過激になっている。シリコンバレーのＧＡＦＡ関係者で、なおかつ影響力のある人々の見解がそうだ。これまでの産業革命で改良されるのは機械であったが、プレヒトによると、今回は人間もその対象だという。またＧＡＦＡにとって、人間の在り方はデータ処理そのものであり、そうなると人間はコンピューターすなわち機械となる。人類史もデータ処理の効率化の歩みだったと説明される。

面白いことに、二一世紀のある日に、人間の能力を超えるAIの誕生がこのような技術至上主義者によって想定されているそうだ。シンギュラリティという。たとえば、グーグルの研究担当役員のセバスチャン・スランは「このAIによって私たちの感覚や能力が自然の生物的境界線を今まで以上に思い切って超えて、これまで考えもしなかったことを創造できる」という(八五ページ参照)。どうやらドイツ生まれのこの著名なAI研究者にとっても「自然の生物的境界線」は克服すべき限界で、これに成功すると人間は生き物でなくなり、シリコンバレーで好まれる「超人」になり、不死願望が実現する。

プレヒトはこのような他愛のないSF物語に隠されている徹底した利益追求精神に目を向けるべきだとする。というのは、これまでのデジタル化によって、本来人間がもつ能力の多くが失われ、そこに利益追求の輩が付け入るからだ。デジタル化が進めば、手仕事もろくろくできなくなり、字を書くのが覚束ない人も多くなる。「外部メモリ」のお陰で記憶力も衰えるばかりだ。ユーザーは消費者としての嗜好や健康についてのデータを渡して、商品やサービスの選択もどんどん任せるようになり、自分の方向感覚も身体感覚も失う。

プレヒトは、「人々は、近い将来、自らの頭脳にチップが内蔵されるようになり、それがないと外出もできない。彼らは石器時代に似て絵文字でコミュニケーションをし、幼稚なことに世界を好きか嫌いかに分けることしかできない」ようになるという(七七ページ参照)。このような人々からお金を巻き上げるのはいとも簡単である。GAFAは著者が理想とする啓蒙主義的価値とは無縁の世界の住人であり、人間の痴呆化に市場を見出す利益追求者である。どうやら人間と機械の融合を夢見る技術至上主義は着実に現実になりつつあるのかもしれない。

プレヒトは本書のカバーにアンリ・ルソーの絵画『蛇使いの女』を使用している。そしてこの絵に人間と自然との有機的な調和を、人間も自然の一部である情景を見るように促している。デジタル化された世界では、膨大な情報が狭い空間を超えて拡散されるためにますます豊かな世界が享受可能となっている。しかし、人間と自然が有機的に絡み合う絵の中のジャングルの豊饒さに比べて、この数と量の無機質な豊かさとは何かをこの絵は問いかけているようである。

持続可能な経済

ドイツにおいて、新型コロナウイルスと関連して、プレヒトだけでなく、多数の人々が驚いたことがある。驚いたのは、新型コロナウイルスと気候変動に対するドイツの政治家の対応があまりにも違っていたからであった。これまで温室効果ガスCO_2の削減要求に対して、政治家は理解を示すものの、実行にあたっては消極的で、経済成長にブレーキをかけることなど考えもしなかった。ところが、新型コロナウイルスではロック・ダウンやシャット・ダウンをして主要経済活動をあっさり停止したのだ。

プレヒトは、高齢者や病弱な人々に対する連帯精神を肯定するが、しかし新型コロナに対する政治家の反応について今一度考えてみるべきだという。そのために、私たちは、気候変動の結果起こりうることについても一度想像するべきだと指摘する。たとえば、猛暑や干魃で何億という人々が故郷で暮らすことができず逃げてきたり、人口数百万人の大都市が水没したり、熱帯病がドイツに来たり、世界経済全体が機能不全に陥ったりする。そのときに、ドイツの政治家はどんな対策をとるのだろうか。プレヒトは、これらの出来事と比べれば新型コロナウルスはあまり深刻でないという。

本書のテーマはデジタル化で、気候変動を直接扱っているわけでない。とはいっても、著者にとって地球温暖化は重要なテーマであり、そのことは行間から滲みでている。欧州では、地球温暖化がこのまま進行すると取り返しのつかないことになると考えている人は多数いる。プレヒトだけではない。それは、ドイツの多くの地域でこの数年来旱魃で森林が枯れたり、農民が困ったりしているからである。二〇二〇年六月末頃に報道されたように、シベリアで三八度を記録し永久凍土が融け出した。世界各地から地球温暖化の無視できない兆候が報道されている。

こうした温暖化の状況下では、プレヒトには、経済がこれまでの経済体制に舵を戻せるとは思えない。だがそれでも多くの人々は気候変動など遠い未来の話であると考え、政治家にはそれを変える意志がない。それは、これまで経済成長を維持するために天文学的数字の資金が注ぎ込まれることからもわかるのだ。

プレヒトは、今回の新型コロナウイルスの件で、これまで不可能だとされていたいろいろなことができることがわかったとする。EUの首脳陣が飛行機に乗ってCO_2を大量に放出しながら一同に会さなくても、ビデオ会議で済むことがわかったのもその一つである。著者は、「窓はまだ充分開いているので、私たちは外を見て別の可能性があるかどうかを考えることができる」と指摘する。

ちなみに、本書の邦題は『デジタル革命で機械の奴隷にならない生き方』となっているが、原書のタイトルは『狩人、羊飼い、批評家（Jäger, Hirten, Kritiker: Eine Utopie für die digitale Gesellschaft）』である。これはマルクスとエンゲルスの『ドイツ・イデオロギー』から引用したものである。『ドイツ・イデオロギー』によれば、労働が分業化されると、各人は一定の排他的な活動領域、たとえば、狩人、羊飼い、批評家のどれかを強いられて、そこから抜け出せなくなり、生活の手段を失いたくなければ、それであり続けざるをえないという。そして本来は、朝は狩りをし、昼には漁をし、夕方には家畜を追い、そして食後には批評をするといった具合に、どれか一つの活動領域に限定される必要はないと指摘する。なぜなら分業化は、労働者の部品化、機械への従属化などの非人間的な契機をはらんでいるため、個人の全体的な発展を望むのであれば、人間個人を社会的、職業的、地域的、性別的な偏狭さに閉じ込めてはならないからである。つまり分業を廃棄すべきなのである。そしてプレヒトも、労働の分業化や専門化、ひいては利益を見据えた専門性の特権化を批判していた。こうしてみれば、彼がなぜ本書にこのタイトルを選んだのか理解できるのではないだろうか。

終わりに

本書は事実に関する報告ではなく、著者プレヒトの事実に対する見解そのものであり、しかもどのような理由からある見解に賛成するのか、あるいは反対するのかが述べられている。それに論敵に対する辛辣で遠慮しらずの論法も読み応えがある。

次に面白い点は、デジタル化というテーマについての議論で、ドイツと日本では問題提起も、重点の置き方も、異なる点が多いことである。また問題にする内容も同じでないことが多い。このような点は日本の読者に入って行きにくいところでもあるが、これらの相違点は、日独共通のこのテーマの理解を一層深める上では重要である。

ここで本書の内容を大雑把にでも紹介したのは、汽車に乗って窓の外の景色を落ち着いて眺めようと思ったら、汽車がどこを走っているか、そして定刻通りなのかといったことにあまり頓着しないで、その代わりに時刻表を手にしていた方がいいのと同じ理屈からである。

デジタル革命について考えたい人が本書を読むことがあれば、翻訳者にとってこの上もない喜びである。

75. Sennett (2005), S. 128.
76. Robert B. Reich: Supercapitalism. The Transformation of Business, Democracy and Every Day Life, Vintage 2008.
77. http://www.bpb.de/mediathek/243522/netzdebatte-smart-city-special prof-armin-grunwald
78. http://www.sueddeutsche.de/wirtschaft/montagsinterview-die-grenze-ist-ueberschritten-1.3843812
79. http://www.taz.de/!426234/
80. Zu den kommerziellen Spionagenetzwerken siehe: https://www.privacylab.at/wp-content/uploads/2016/09/Christl-Networks_K_o.pdf （未確認）
81. https://www.privacy-handbuch.de/handbuch_12b.htm
82. Di Fabio (2016), S. 46.
83. 同上. S. 18.
84. 同上. S. 21.
85. Vgl. Evgeny Morozov: “Silicon Valley oder die Zukunft des digitalen Kapitalismus”. In: Blätter für deutsche und internationale Politik I/2018, S. 93-104.
86. Di Fabio (2016), S. 93.
87. Jaron Lanier: Wem gehört die Zukunft? “Du bist nicht der Kunde der Internetkonzerne. Du bist ihr Produkt”, Hoffmann und Campe 2014.
88. Heuer/Tranberg(2015).
89. Hofstetter (2018), S. 431.
90. Harari (2017), S. 419 f.
91. http://www.manager-magazin.de/politik/weltwirtschaft/bitcoin-energieverbrauch-beim-mining-bedroht-das-klima-a-1182060.html
92. https://www.youtube.com/watch?v=SLN407nvHwM
93. https://www.welt.de/wirtschaft/webwelt/article172870280/Rede-in-Davos-George-Soros-geisselt-Facebook-Google-und-die-CSU.html
94. Karl Marx: Grundrisse. In: MEW 42:602.
95. Mathias Greffrath: “Der Mehrwert der Geschichte”, S. 21. In: Ders. (Hg.) Re. Das Kapital. Politische Ökonomie im 21. Jahrhundert, Kunstmann 2017.
96. http://www.linke-buecher.de/texte/romane-etc/Morus--%20Utopia.pdf , S. 211.

arbeitet-nicht-in-regulaerem-vollzeit-job/11665150.html
47. https://www.vorwaerts.de/artikel/bedingungslose-grundeinkommen-zerstoert-wohlfahrtsstaat
48. http://www.zeit.de/2016/24/bedingungsloses-grundeinkommen-schweiz-abstimmung-pro-contra
49. Bestritten wird es für die USA von Robert J. Gordon: The Rise and Fall of American Growth. The U. S. Standard of Living Since the Civil War, Princeton University Press 2017, 4. Aufl.
50. http://worldhappiness.report/
51. http://www.neuinstitut.de/die-fuehrenden-laender-in-der-digitalisierung/
52. http://www.faz.net/aktuell/wirtschaft/menschen-wirtschaft/sebastian-thrun-im-gespraech-ueber-seine-online-uni-udacity-13363384.html
53. Vgl. dazu Eagleton: Kultur, S. 35 ff.
54. 同上. S. 37
55. Karl Marx an Friedrich Engels, 18. Juni 1862, MEW 30, S. 249.
56. Vgl. Hartmut Rosa: Beschleunigung und Entfremdung. Versuch einer kritischen Theorie spätmoderner Zeitlichkeit, Suhrkamp 2013.
57. http://www.deutschestextarchiv.de/book/view/goethe_wahlverw01_1809?p=81, S. 76
58. Richard David Precht: Anna, die Schule und der liebe Gott, Goldmann 2013.
59. https://www.gruen-digital.de/wp-content/uploads/2010/11/A-Drs.-17_24_014-F-Stellungnahme-Gigerenzer-Gerd-Prof.-Dr.pdf
60. Ursus Wehrli: Kunst aufräumen, Kein & Aber 2002.
61. Frederick J. Zimmerman, Dimitri A. Christakis und Andrew N. Meltzoff: "Associations between Media Viewing and Language Development in Children under Age 2 Years". In: Journal of Pediatrics, 151 (4), 2007, S. 364-368.
62. Robert Nozick: Anarchie. Staat. Utopia, Lau Verlag 2011.
63. https://de.statista.com/statistik/daten/studie/2229/umfrage/mordopfer-in-deutschland-entwicklung-seit-1987/
64. https://www.tagesschau.de/wirtschaft/autonomes-auto-103.html
65. Vgl. Michael Dobbins: Urban Design and People, John Wiley 2009; Douglas Murphy: The Architecture of Failure, Zero Books 2012.
66. Morozov (2013), S. 25.
67. William Makepeace Thackeray: On Being Found Out. In: Ders.: Works, Bd. 20, London 1869, S. 125-132.
68. 同上.
69. Heinrich Popitz: Soziale Normen, Suhrkamp 2006, S. 164.
70. 同上.
71. Zum U-Bahn-Vergleich siehe Morozov (2013), S. 317 ff.
72. Popitz: Soziale Normen, S. 167.
73. Morozov (2013), S. 16.
74. Di Fabio (2016), S. 39.

22. Wilde (2016), S. 18.
23. 同上. S. 18.
24. 同上. S. 9.
25. 同上. S. 4 f.
26. https://www.heise.de/tr/artikel/Durchbrueche-fuer-sieben-Milliarden-Menschen-1720536.html
27. https://de.wikipedia.org/wiki/Seasteading
28. http://www.zeit.de/2016/24/bedingungsloses-grundeinkommenschweiz-abstimmung-pro-contra/seite-2
29. Wilde (2016), S. 18.
30. http://www.zeno.org/Philosophie/M/Nietzsche,+Friedrich/Die+fröhliche+Wissenschaft/Viertes+Buch.+Sanctus+Januarius/329
31. http://www.faz.net/aktuell/finanzen/meine-finanzen/vorsorgen-fuer-das-alter/diw-studie-in-deutschland-wird-mehr-vererbt-als-angenommen-15091953.html
32. Michael T. Young: The Rise of Meritocracy 1870-2033, Thames and Hudson 1958; dt.: Es lebe die Ungleichheit. Auf dem Wege zur Meritokratie, Econ 1961.
33. https://netzoekonom.de/2015/06/18/die-digitalisierung-gefaehrdet-5-millionen-jobs-in-deutschland; https://www.stuttgarter-nachrichten.de/inhalt.digitalisierung-diese-berufe-koennte-es-bald-nicht-mehr-geben.33fe4bad-5732-4c40-ac6f-e77e0335ab27.html
34. http://107.22.164.43/millennium/german.html （未確認）
35. Bauman (2005) ならびに Sennett (2005) を参照.
36. http://www.zeit.de/politik/deutschland/2017-08/angela-merkel-wahlkampf-bundestagswahl-vollbeschaeftigung-quote-elektroautos
37. http://www.zeit.de/2016/24/bedingungsloses-grundeinkommen-schweiz-abstimmung-pro-contra/seite-2
38. https://www.vorwaerts.de/artikel/bedingungslose-grundeinkommen-zerstoert-wohlfahrtsstaat
39. https://chrismon.evangelisch.de/artikel/2017/36320/anny-hartmann-und-christoph-butterwegge-diskutieren-ueber-das-bedingungslose-grundeinkommen
40. Jakob Lorber: Das groβe Evangelium Johannes, Lorber Verlag 1983, Bd. 5, Kapitel 108, Abs 1.
41. Hannah Arendt: Vita activa oder Vom tätigen Leben, Piper 1981, S. 12.
42. http://www.faz.net/aktuell/wirtschaft/arbeitsmarkt-und-hartz-iv/dm-gruender-goetz-werner-1000-euro-fuer-jeden-machen-die-menschen-frei-1623224-p2.html; http://www.unternimm-die-zukunft.de/de/zum-grundeinkommen/kurz-gefasst/prinzip （未確認）
43. https://www.youtube.com/watch?v=PRtlr1e_UgU
44. http://www.microtax.ch/de/home-deutsch/ （未確認）
45. Vgl. dazu die Argumente des Wirtschaftsforschers Stephan Schulmeister auf https://www.boeckler.de
46. http://www.handelsblatt.com/politik/deutschland/arbeitsmarkt-jeder-fuenfte-

注 (2020年10月14日確認. リンク切れのURLには、未確認と記した：編集部)

1. http://www.youtube.com/watch?v=fw13eea-RFk ；「ファーストコンタクト」は米映画『スタートレック』の第8作. 1996年に制作.
2. Wilde (2016), S. 3.
3. http://mlwerke.de/me/me03/me03_017.htm, S. 33.
4. Zit. nach Terry Eagleton: Kultur, Ullstein 2017, S. 110.
5. Robert Musil: Der Mann ohne Eigenschaften, Rowohlt 1978, S. 40.
6. https://www.oxfordmartin.ox.ac.uk/downloads/academic/The_Future_of_Employment.pdf
7. Brynjolfsson/McAfee (2016), S. 249.
8. 同上.
9. Thomas L. Friedman: Die Welt ist flach. Eine kurze Geschichte des 21. Jahrhunderts, Suhrkamp 2008, 3. Aufl.
10. Die Idee, das “Monster in der Grube” als Metapher zu verwenden, entnehme ich dem schönen Aufsatz von Ingo Schulze über den Kapitalismus: “Das Monster in der Grube”, in der FAZ vom 5. August 2009, https://www.faz.net/aktuell/feuilleton/debatten/kapitalismus/zukunft-des-kapitalismus-16-das-monster-in-der-grube-1843083.html
11. https://digitalcharta.eu/
12. https://www.faz.net/aktuell/wirtschaft/netzwirtschaft/automatisierung-bill-gates-fordert-roboter-steuer-14885514.html
13. Zit. nach Morozov (2013), S. 9.
14. http://www.sueddeutsche.de/politik/neuer-ueberwachungsstaat-chinas-digitaler-plan-fuer-den-besseren-menschen-1.3517017
15. Andreas Geldner: “Google. Zurück zu guten alten Zeiten”. In: stuttgarter-zeitung.de vom 22. Januar 2011.
16. Zit. von Christian Stöcker: “Google will die Weltherrschaft”. In: spiegel.de/netzwelt vom 8. Dezember 2009
17. https://en.wikipedia.org/wiki/The_Human_Use_of_Human_Beings (Übersetzung R. D. P.)
18. https://t3n.de/magazin/udacity-gruender-superhirn-sebastian-thrun-ueber-bildung-241204/
19. Robert Brendan McDowell und William B. Todd (Hrsg.): The Writings and Speeches of Edmund Burke, Oxford University Press 1991, Bd. 9, S. 247. Aristoteles, Politik 1253b.
20. 引用はアリストテレスの『政治学』から. ダイダロスもヘーパイストスもギリシャ神話の登場人物で発明家として有名.
21. Lafargue (2015), S. 42.

著者　リヒャルト・ダーヴィト・プレヒト(Richard David Precht)
1964年生まれ．哲学者兼著述家であり，ドイツ語圏で最も著名な知識人の一人である．ルーハナ大学で哲学の名誉教授，ベルリンのハンス・アイスラー音楽院で哲学・美学の名誉教授を務める．『Wer bin ich - und wenn ja wie viele?（邦訳，『哲学オデュッセイ――挑発する21世紀のソクラテス』）』でセンセーショナルな成功を収めて以来，哲学や社会や政治的なテーマを扱ったすべての本がベストセラーとなり，40以上の言語に翻訳されている．2012年からは，ZDF（第2ドイツテレビ）の哲学番組「プレヒト」の司会を務めている．

訳者　美濃口 坦（みのぐち たん）
1945年，鎌倉生まれ．1965年，京都大学文学部を卒業後，ゲーテ・インスティテュート京都で文化事業企画担当を経て，1974年，ドイツ・ミュンヘンに移住．1992年からは，フリー・ジャーナリストとして『AERA』（朝日新聞社），『南ドイツ新聞』などにドイツの文化・政治・経済分野をはじめ時事・学問的領域に関する記事，評論，コラムを幅広く寄稿．さらにインターネットを中心に「欧州どまんなか」，「独逸見聞録・ビジネスコラム」などの週刊コラムを執筆し，綿密な取材に基づく独自の観点から，ドイツ・ヨーロッパ事情を分析し発信している．「世界の読書・ドイツ編」（朝日新聞『Globe』）において連載中．共訳書に，I.アイブル=アイベスフェルト『比較行動学1・2』（みすず書房）がある．

デジタル革命《かくめい》で機械《きかい》の奴隷《どれい》にならない生《い》き方《かた》
――ディストピアを超《こ》えて現代《げんだい》のユートピアへ

発行日　2021年1月15日　第1版第1刷発行

訳　者　美濃口 坦
発行所　株式会社 日本評論社
〒170-8474　東京都豊島区南大塚3-12-4
電話　03-3987-8621（販売）　03-3987-8599（編集）
印　刷　精文堂印刷
製　本　難波製本
装　幀　妹尾浩也

ISBN978-4-535-78903-6